탈성장 개념어 사전

탈성장
개념어 사전

무소유가 죽음이 아니듯, 탈성장도 종말이 아니다

자코모 달리사, 페데리코 데마리아, 요르고스 칼리스 엮음 | 강이현 옮김

그물코

차 례

3장 탈성장의 행동

무소유가 죽음이 아니듯,
탈성장도 종말이 아니다!

경제 성장을 가속화하기 위해 4차 산업 혁명 등 '신성장 동력'을 더 많이 찾아도 모자랄 판에 '탈성장'이라니, 이 무슨 뚱딴지같은 소리인가, 할 수도 있겠다. 사실, 2012년 12월 대선 국면이나 2017년 5월 조기 대선 국면에서 안철수 후보가 상당한 인기를 누릴 수 있었던 것도, 결국은 창업과 혁신의 성공자, 새로운 성장 동력을 이끌 지도자의 이미지 덕이 아니었던가.

그러나 갈수록 기존의 성장 담론은 핏기를 잃어가고 있다. 그것은 크게 보아 두 가지 측면에서 설명할 수 있다. 하나는, 현실적 요청 때문이다. 비록 우리의 머릿속에는 두 자리 성장률이라든지 고속 성장과 같은 과거의 황금기에 대한 향수가 여전히 강하게 남아 있지만, 실제 우리의 현실은 갈수록 성장이 아니라 침체를 경험한다. 정책가나 자본가들은 이를 일시적 현상으로 보려 애쓰지만 현실의 정직한 지표들은 저성장 내지 제로 성장 시대를 증명한다. 이른바 잘 나간다는 선진국조차 예외가 아니다. 예컨대, 은행 이자가 0퍼센트로 수렴하고, 대기업들이 투자를 못해 천문학적인 사내 유보금을 쌓아 놓는 현실이 그 대표적 증거다.

다른 하나는 규범적 요청 때문이다. 비록 우리의 현실적 생활 방식은 무한 생산, 무한 유통, 무한 소비, 무한 폐기가 가능한 것처럼 이뤄지고 있지만, 삶의 진실은 우리가 지구라는 한정된 공간에 산다는 데 있다. 이른바 지구 '자원'은 제한되어 있는데, 지구 인구의 20퍼센트 정도가 80퍼센트 이상의 자원을 쓰고 있다. 나머지 80퍼센트의 인구가 자원의 20퍼센트를 나눠 쓰려니 생존 경쟁이 치열하다. 지구 밖의 달이나 화성에 시선을 돌려 봐도 허사다. 게다가 지구는 현 세대만을 위해 존재하는 게 아니다. 오래 전부터 조상으로부터 물려받아 잘 살다 다시 후세들에게 물려주어야 할 공유재다. 그럼에도 우리는 무책임하게 산다. 일례로, 이미 석유 등 재생 불가능한 자원이 고갈 위기에 처했고, 물이나 공기, 토양 오염은 심각하며, 지구 온난화로 상징되는 기후 위기와 더불어 핵 발전이나 핵무기가 인류 전체의 생존을 위협한다.

이런 상황 속에서도 대한민국은 물론 세계 전체가 거의 예외 없이 경제 성장과 개발에 목숨을 건다. 마치 경제 성장률이 하락하거나 "마이너스"가 된다면 더 이상 희망이 없이 죽는 줄 안다. 그래서 선거를 통해 새 정부가 들어설 때마다 '신성장' 동력 또는 '새 먹거리'를 찾아내야 한다고 역설한다.

그러나 윤리적이고 규범적인 차원에서는 물론, 경제적이고 현실적인 차원에서 더 이상 (고도) 성장은 불가하다. 이미 각국의 사회 경제 시스템은 물론 그 속에 사는 우리 자신이 대부분 성장 중독증이라는 치명적 질병에 걸려 삶의 진정한 필요나 충분함의 미학을 잊은 지 오래다. 따라서 우리에게 시급한 일은, 우리 자신과 시스템이 모두 성장 중독증에 걸려 삶의 진실과 의미를 모른 채 허우적거리고 있다는 '불편한 진실'을 직시하는 것, 그리고 성장 중독증을 지탱하는 모든 구조적, 정책적, 제도적, 행위적, 문화적 요소들을 해체하거나 건강하게 바꿔 내는 것이다.

그것은 요컨대, 현재 경제적 합리성에 경도된 가치관이나 시스템을 사회적, 생태적 합리성 중심으로 다시 균형을 잡는 일이다. 즉, 돈벌이를 위해 사람이나 자연을 희생시키는 시스템이 아니라 사람과 사람, 사람과 자연이 더불어 살 수 있는 새 시스템으로 완전히 바꾸는 것이다.

바로 이런 맥락에서 칼리스, 데마리아, 달리사가 땀 흘려 만든 이 책은 이러한 변화의 긴 여정에 필요한 이론적, 개념적, 행동적, 조직적 자원들을 제공한다. 수많은 학자와 실천가들의 창의적 개념들과 용어들이 쉽고도 압축적으로 제시된다. 모두 진지한 내용들이지만 일반인들도 비교적 이해하기 쉽게 정리가 잘 되어 있다. 탈성장 개념에 대해 처음엔 고개를 갸우뚱했던 이들조차 점차 고개를 끄덕이게 될 것이다.

한편, 이 책은 탈성장 사회가 드러낼 다양성을 주목하기에 다소 복잡하게 보일지 모른다. 그도 그럴 것이, 탈성장 담론 자체가 성장의 한계나, 자율성의 확장, 재정치화 과정, 자본주의 지양, 시스템 전환의 실천 등 다양한 결 또는 맥락을 지니고 있기 때문이다. 또, 이는 아마도 자본주의 생산 양식 자체가 인간 삶의 다양한 측면, 아니 거의 모든 측면을 파괴하고 희생시켜 왔기 때문일 것이다. 특히 우리는 물질적 성공을 위해 자신의 영혼을 팔아버린 '파우스트 계약'에 걸려들었다. 그 결과 오늘날 우리는 돈벌이로 표상되는 경제적 합리성만 숭배하는 '중독 사회'에 살고 있다.

그렇다고 모두가 돈벌이를 잘 하며 잘 살고 있는 것도 아니다. 현실은 정반대를 가리킨다. 극소수를 제외하고는 돈벌이도 잘 안 되면서 대부분 스트레스와 불안감 속에 산다. 전혀 인간의 길이 아닌 줄 알면서도 모두들 '어찌할 바를 몰라' 또다시 어리석은 길을 반복한다. 그 길의 끝은 죽음이다. 개인도 죽고 사회도 죽고 지구 전체가 죽는다. 물리적 죽음만이 아니라, 삶의 기쁨, 관계의 즐거움을 누리지 못하는 삶이란 사실상 죽음이 아닌가.

만일 우리가 이런 비극적 결말을 미리 인식한다면 오늘 하루를 좀 더 지혜롭게 살아갈 수 있지 않을까? 2014년 4월의 세월호 참사는 어리석은 국가 시스템으로 말미암아 304명의 목숨을 잃게 했다. 반면, 이 책은 지구촌 인구 70억 이상을 살리기 위해, 또 지구 전체가 세월호처럼 침몰하지 않도록, 미리 지혜로운 길을 알려 주는 등대이자 구명보트 역할을 할 것이다. 법정 스님의 무소유가 궁핍이 아니라 오히려 내면의 풍요를 뜻하는 것처럼, 탈성장 역시 결코 종말이 아니라 오히려 인간적 성숙을 촉진할 것이기 때문이다.

강수돌 고려대 교수, 『행복한 살림살이 경제학』 저자

서문

일상에서 쓰는 언어로 뚜렷한 설명이 불가능할 때, 우리에게는 새로운 어휘가 필요하다.

지금 우리는 침체 시대에 살고 있다. 빠른 속도로 방대한 인구가 빈곤으로 내몰리고, 불평등은 심화되고 있다. 카트리나, 아이티, 필리핀의 자연재해와 후쿠시마 원전 사고, 멕시코만의 기름 유출, 캄파니아의 유해 폐기물 매립, 기후 변화, 그리고 여전히 토지나 물, 식량이 없어 죽어가는 이들에 이르기까지 우리는 사회 생태적 재앙 속에 살고 있다.

이런 위기에 대응하는 데 있어 급진적인 사상가들조차 경제 성장과 개발 외의 새로운 방안을 제시하지 못했다. 성장에 대한 욕구가 경제, 사회,

환경 위기를 부른다면 성장은 지금 위기에 대한 해법이 될 수 없다.

새로운 공동 생활 방식, 공동 생산과 소비부터 성장 없는 사회에 걸맞는 새로운 제도까지 다행히도 다양한 대안이 땅에서 움트고 있다. 그러나 이러한 대안들을 연결하고 설명하려면 주요 흐름에 맞서는 보다 포괄적인 설명이 필요하다. 우리는 그러한 설명에 쓰일 수 있는 핵심 용어들을 이 책을 통해 제시하고자 한다.

탈성장은 다양하게 해석되며, 다양한 이들이 여러 각도에서 탈성장에 접근한다. 어떤 이들은 성장의 한계를 느끼며 탈성장을 주장하고, 경기 침체 시대를 맞아 성장 없는 번영을 모색하기 위해 탈성장이 필요하다는 이들도 있다. 또는 진정한 평등 사회는 끝없는 확장을 추구하는 자본주의의 속성에서 자유로워지고, 집단적으로 스스로를 통제하며, 사리사욕을 위해 효용을 계산하지 않으며 일하는 사회여야 한다고 믿기 때문에 탈성장을 추구하는 이들도 있다. 또 다른 이들은 본인들이 선택한 삶의 방식과 비슷하기 때문에 탈성장을 옹호하기도 한다.

이 책의 저자들은 다양한 학파와 분야 그리고 다양한 생활 방식을 추구하는 이들이다. 생태경제학자(생물경제학 또는 정상 상태[1]경제학자), 반

---

1 경제 전체의 산출량 수준에 변화가 없이 생산과 교환, 소비 등이 같은 규모로 순환하

공리주의자, 신마르크스주의자, 정치생태학자, 협동조합주의자, 나우토 피아[2]인을 비롯해 여러 사회 운동가와 활동가들이 이 책을 함께 만들었다. 이들은 탈성장을 서로 조금씩 다르게 바라본다. 모든 이들이 꼭 다른 이들의 의견에 동의하지는 않는다. 그럼에도 탈성장은 이들을 엮고 연결하는 틀이다.

탈성장은 하나의 정의로 설명하기 불가능하다. 자유나 정의 같은 단어처럼 탈성장은 단순한 문장으로 설명할 수 없는 열망을 표현한다. 탈성장은 다양한 사고방식, 상상, 행동 방식이 합쳐진 틀이다. 우리는 이러한 다양성이 바로 탈성장의 강점이라 본다. 그래서 우리는 탈성장을 느슨한 형태의 사전이라는 형식으로 소개하기로 했다. 탈성장에 관한 용어들은 아이디어와 대화의 네트워크이며, 급진적이고 비판적인 전통에 뿌리를 두지만 다양한 연결 고리에도 가능성을 열어 둔다.

이 책은 세 저자가 쓴 글에서 출발했기 때문에 다른 이들의 글보다 서론 분량이 많은 편이다. 이는 우리가 스스로에게 좀 더 관대해서가 아니라, '탈성장'이라는 이 책의 핵심 단어를 책에 소개된 다른 단어들과 연

는 상태.

2 '나우(now)'와 '유토피아(utopia)'가 합쳐진 말로 더 나은 세상을 만들어가기 위해 지금 실현 가능한 실천의 태도.

계해 소개하고자 했기 때문이다. 서론에서 우리는 탈성장이라는 단어의 역사와 탈성장에 관한 다양한 제안과 아이디어를 소개한다.

서론에 이어 이 책은 네 개의 장으로 구성된다. 1장은 인식론 등 탈성장의 지적 뿌리를 짚어 보기 위해 탈성장과 관련된 학설을 요약해 설명한다. 2장은 소위 '유일무이한 선택'이라고 하는 성장을 두고 탈성장 관점에서 비판할 때 쓰이는 핵심 개념들을 소개한다. 3장은 행동을 중점으로 다루며, 구체적인 제도적 대안과 탈성장이 실제로 어떻게 이뤄질 수 있는지 생생한 예시를 제시한다. 국가 정책부터 활동가 프로젝트까지 다양한 주제를 다루며, 탈성장이 상상하는 자본주의 이후의 다양한 사회상을 다루고자 했다. 마지막으로 4장은 이 책에서 가장 짧은 장으로 탈성장 연맹을 들여다본다. 탈성장과 많은 부분을 공유하지만 아직까지는 느슨한 관계에 있는 학설, 운동, 개념 등을 소개한다. 이러한 학설, 운동, 개념은 훗날 탈성장의 개념이 확장되고 강화될 수 있는 발판이자 연결고리이다.

독자들은 이 책을 처음부터 차례대로 읽을 수 있다. 그러나 이는 어쩌면 가장 지루하게 이 책을 읽는 방법이 아닐까 한다. 그 대신 가장 흥미롭다고 여기는 항목부터 시작해 굵은 글씨로 표시한 교차 참고어로 다른 항목을 탐색해 나갈 수 있다. 꼼꼼한 독자라면 한 항목에서 언급한 모든 항목을 읽은 뒤에 같은 방식으로 다른 항목으로 넘어가 끝까지 책을 읽어 나가는 방법을 선택할 수도 있다. 우리는 독자들이 자기만의 독서법을 찾고, 탈성장이 각자에게 어떤 의미인지 생각을 일구어 나가기를 바란다.

이 책의 결론인 '내핍에서 데팡스[3]로'에서는 이 책을 준비하는 과정에서 우리가 탈성장에 대해 느낀 점을 적었다. 이는 이 책에 대한 우리 스스로의 정치적이고 선택적인 견해를 서술한 글이다. 우리는 독자들이 이 책의 웹사이트(vocabulary.degrowth.org)에 방문해 책에 관해 자유롭게 의견을 남기길 바란다.

우리는 이 책에 참여한 저자들에게 되도록 단순하고 명료한 방식으로 글을 써달라고 요청했다. 이 책은 전문가가 아닌 일반 독자들을 위한 책이며, 책을 읽는 데 특별히 용어나 논쟁에 대한 사전 지식이 필요하지 않다. 그러나 이 책의 내용은 학술서 수준의 엄격한 기준과 전문성에 토대를 두고 있다.

이 책은 공동의 결과물인 한편, 참여 저자와 항목을 선정하고 조율한

---

3 '지출'이라는 뜻의 프랑스어로, 이 책에서는 사치품, 전쟁, 종교, 게임, 축제, 예술 등 인간 사회에서 이뤄지는 비생산적인 지출을 의미한다.

우리의 견해가 담긴 책이다. 여느 지적 산물과 마찬가지로 이 책에 실린 글은 우리만의 것이 아니라 우리가 참고한 책의 저자, 함께 토론한 이들의 활동이 담긴 결과물이다. 이 책은 재생산을 하는 사회와 가족 활동을 구현하는 동시에 그러한 활동들 안에서 탄생했다. 또한 이 책은 공유화의 결과이다.

이 책에 실린 우리의 생각은 대부분 스페인 바르셀로나에 있는 연구와 탈성장[4](Research & Degrowth)의 월요 독서 모임에서 싹텄다. 이 협력 집단의 많은 회원이 이 책 저술에 참여했다. 연구와 탈성장 회원들 가운데 일부는 바르셀로나자치대학교의 환경과학기술원(Institute of Environmental Science and Technology, ICTA) 소속이다. 이 자리를 빌어 감사를 전하고 싶다. 필카, 비비아나, 클라우디오, 말타, 크리스토퍼, 에릭, 크리스티안, 이아고, 크리스토스, 다니엘라, 디에고, 리타, 루차, 아겔로스, 마르코, 그리고 때때로 모임에 참석했던 다양한 이들까지. 특히 환경과학기술원을 급진적인 생각들의 안식처로 만들어 우리가 같이 일할 수 있게 해 준 조안 말티네즈 – 알리에, 그리고 탈성장에 관한 열정을 우리와 함께 나눈 프랑소와 슈나이더에게 깊은 감사를 전한다. 또한 아래와 같은 이들이 없었다면 이 책은 완성되지 못했을 것이다. 탈성장 역사에 대한 지식을 우리에게 알려 준 자크 그리네발드, 책 표지와 본문 그림을 맡

---

4 탈성장을 연구하는 학술 단체. 홈페이지 degrowth.org

아 준 바바라 카스트로 우리오, 그리고 한국어 판에서는 특별히 강이현에게 감사의 인사를 보낸다. 강이현은 우리에게 한국어판 출판을 제안하고 출판사 연락부터 번역까지 많은 일을 맡아 주며 여러 업무 능력을 보여 주었다. 끝으로 그물코출판사의 장은성 대표와 편집을 맡은 김수진, 김원영 두 분께 감사 드린다.

앞서 말했듯이 이 책에는 여러 저자가 참여했다. 우리는 그 중 좀 더 일을 많이 한 저자일 뿐이다. 우리는 가장 아끼는 이들에게 이 책을 바치고 싶다. 자코모 달리사는 그의 현재이자 미래인 그의 아내 스테파니아와 자녀 클라우디아와 니콜라스에게 이 책을 바친다. 페데리코 데마리아는 그의 아내 베로니카와 부모님, 그리고 그의 형에게. 요르고스 칼리스는 그의 아내 아말리아와 그의 부모님, 여동생에게. 마지막으로 우리의 모든 동료들에게 이 책을 바친다.

2018년 9월, 바르셀로나에서

자코모 달리사(Giacomo D'Alisa)

페데리코 데마리아(Federico Demaria)

요르고스 칼리스(Giorgos Kallis)

서 론

탈성장의 시작

탈성장을 뜻하는 프랑스어 '데크로상스'는 프랑스 학자 앙드레 고르가 1972년 처음으로 사용했다. 앙드레 고르는 오늘날에도 여전히 탈성장 논의에 핵심적인 질문을 던졌다. "지구의 균형을 이루기 위해서는 물질 생산에 있어서 무성장, 나아가 탈성장이 필요 조건이다. 그렇다면 지구의 균형은 자본주의 시스템과 양립할 수 있는가?(고르, 1972)" 다른 프랑스어권 학자들은 '성장의 한계'(메도우스 외, 1972)의 후속 작업에서 이

[참고]
Ecologie et liberte(1977)를 1980년에 영어로 번역하면서 '성장의 도치'라는 단어를 썼는데, 이는 '데크로상스(decroissance)'를 잘못 번역한 결과이다. 우리는 이를 여기에서 다시 '탈성장'으로 바꾸었다.

용어를 쓰기 시작했다. 예를 들어, 철학자 앙드레 아마르는《네프 까이에》저널이 '성장 반대론자들'을 주제로 다룬 호에서 '성장과 도덕 문제'에 관해 썼다.

몇 년 후, 앙드레 고르는『생태와 자유(Ecology as Politics)』에서 탈성장을 다음과 같이 명쾌하게 옹호했다.

"희소한 자원을 계속 소비하면 결국 자원이 완전히 소모되는 결과를 낳는다는 상식을 가진 경제학자는 니콜라스 조르제스쿠-뢰겐(Nicholas Georgescu-Roegen)이 유일하다. 이런 상황은 성장이 없는 성장 제로 상태에서도 마찬가지다. 결국 문제는 더 많은 소비를 억제하는 것이 아니라, 소비 자체를 줄이는 것이다. 미래 세대를 위해 아직 남은 자원을 보전하는 길은 이것뿐이다. 이것이 바로 생태적 현실주의이다. (…) 성장 없는 평등에 관한 고민을 거부하는 급진론자들은 '사회주의'가 또 다른 방법을 통한 자본주의의 연장이라고 증명하는 것이나 다름없다. (…) 오늘날 비현실적인 주장은 탈성장을 통해 더 많은 복지를 이루고, 우리 시대를 지배하는 삶의 방식을 전복하자는 주장이 아니다. 경제 성장이 여전히 인간 복지를 증진하고, 물리적으로 경제 성장이 가능하다고 상상하는 것이 바로 비현실적이다(고르, 1980: 13)."

고르는 **정치생태학**의 선도자였다. 그는 생태학을 급진적인 정치 변혁의 본질이라고 여겼다. 고르가 영감을 얻은 조르제스쿠-뢰겐은 생태경제학과 **생물경제학**의 개척자였다. 1971년 그는 역작인『엔트로피 법칙과 경제 과정』을 출간했다. 1979년 제네바대학 교수인 자크 그리네발드와 이보 렌은 조르제스쿠-뢰겐의 논문을 모아 『탈성장의 내일』이라는 제목의 책을 발간했다(흥미롭게도 이들은 고르가 '탈성장'이라는 용어를 사용한지 몰랐다). 그리네발드는 조르제스쿠-뢰겐의 동의를 얻어 책 제목을 정했고, 조르제스쿠-뢰겐의 논문 가운데 '최소 생태 경제 프로그램'에서 사용된 '하강'이라는 단어를 프랑스어 '탈성장'으로 번역했다(그리네발드, 1974).

석유 파동이 끝나고 신자유주의가 출현한 1980년대와 1990년에 성장의 제한과 탈성장에 관한 관심은 줄어들었다. 그러나 1990년대에 프랑스어권 지역에서는 이 주제에 관한 논쟁이 다시 활발해졌다. 1993년 프랑스 리옹에서 활동하는 환경 운동가이자 비폭력 운동가인 미첼 버나드는 그리네발드에게 연락해 자신이 발행하는 잡지 《침묵》에 조르제스쿠-뢰겐의 '생물경제학과 생물권'에 관한 글을 써달라고 요청했다. 이 글에서 그리네발드는 탈성장을 다루었다. 이후 2001년 7월 리옹에 있던 브루노 클레멘틴과 빈센트 세이네는 '지속 가능한 탈성장'이라는 용어를 사용했다. 이들은 훗날 란달 겐트와 함께 《카서스 드 펍》을 창간하고 광고를 담당했다. 클레멘틴과 세이네는 이 용어를 고안한 날짜를 기념하고자 지적 재산으로 등록해 앞으로 있을지도 모를 잘못된 사용과 관례화를 유쾌한 방식으로 경고했다. 탈성장에 대한 공개적인 논의는 2002년 프랑스에서 조르제스쿠-뢰겐에 헌사하는 의미로 발간한 《침묵》특별호에서 시작됐다. 이 특별호는 오천 부가 팔렸고, 3쇄까지 발행됐다. 오늘날 탈성장 운동은 여기에서 시작됐다고 볼 수 있다.

1970년대 탈성장 논의 초기에는 자원 한계 문제에 초점을 맞췄다. 그러나 2001년에 시작된 두 번째 논의 단계에서는 '지속 가능한 발전[1]'이라는 지배적인 아이디어에 대한 비판이 논쟁의 동력이 되었다. 경제인류학자인 세르주 라투슈는 '지속 가능한 발전은 물러가라! 공생공락[2]의 탈성장이여 영원하길!'이라는 제목의 기고문에서 지속 가능한 발전은 모순 어법이라고 주장했다. 2002년 '개발을 철회하고, 세상을 다시 만들자'라는 표제를 건 회의가 팔백 명이 참석한 가운데 프랑스 파리 유네스코에서 열렸다. 이 회의에서 버나드, 클레멘틴, 세이네 등 리옹의 환경 운동가들과 라투슈가 속한 '포스트 개발' 학계 간 연대가 형성됐다(**개발** 참고). 2002년, 지속 가능한 탈성장에 관한 경제 및 사회 연구소가 리옹에 설립됐다. 1년 뒤 연구소는 지속 가능한 탈성장에 관한 제1회 국제 학회

---

1 개발과 발전은 영 단어 development를 번역한 것이다. 그러나 한국에서는 이 두 용어를 혼합하여 사용한다. 예를 들어 국제 개발, 개발학 등의 용어에서는 개발을 사용하고, sustainable development는 대개 지속 가능한 발전이라고 번역한다. 발전이 개발보다 좀 더 긍정적인 의미를 내포한다는 점에서 어떤 용어를 쓸 것인지에 대한 논란이 있다. 이 책에서는 대체로 개발이라고 번역했으나, 지속 가능한 발전의 경우 통상적인 용례를 따랐다.

2 원문 Conviviality, 사전에서는 유쾌함으로 번역되지만, 이 책에서는 이반 일리치가 이 단어에 부여한 의미를 따랐다. 즉 보다 폭넓게 자율적인 삶을 함께 이루어가며 즐거운 삶을 누린다는 개념으로 쓰였다.

를 개최했고, 프랑스, 스위스, 이탈리아에서 삼백여 명이 참석했다. 여기에는 세르주 라투슈, 자크 그리네발드, 마우로 보나유티, 폴 아리에스, 프랑소와 슈나이더, 피에르 라비 등 탈성장에 관해 가장 왕성한 활동을 하는 저자들이 발표자로 포함돼 있었다. 같은 해 버나드, 클레멘틴, 세이네는 『탈성장의 목표』라는 제목의 책을 출간했다. 이 책은 팔천 부가 팔려 3쇄를 발행했으며 이탈리아어, 스페인어, 카탈로니아어로 번역됐다.

'데크로상스', 즉 탈성장은 2000년대 초반 리옹에서 차 없는 도시, 거리에서 공동 식사, 음식 협동조합, 광고 반대 캠페인 등을 주장하는 운동에 이어 하나의 운동으로 활발하게 전개됐다. 프랑스에서 시작된 탈성장 운동은 2004년 이탈리아에서 녹색 및 반세계화 운동가들이 슬로건으로 사용하기 시작했고, 2006년 스페인에서도 사용하기 시작했다. 2004년 프랑스에서 열린 여러 학회에서 탈성장이 더욱 알려졌고, 《라 데크로상스: 삶의 즐거움에 관한 잡지》 같은 잡지를 발행하는 등 직접 행동을 통해 퍼져 나갔다. 이 잡지는 오늘날 매달 삼만 부씩 팔린다. 같은 해, 연구가이자 활동가인 프랑소와 슈나이더는 탈성장을 알리기 위해 당나귀를 타고 1년간 프랑스 전역을 여행해 언론의 주목을 받았다. 2007년, 슈나이더는 데니스 바욘, 파브리스 플리포와 함께 '연구와 탈성장'이라는 이름의 연구 단체를 프랑스에 설립하고 일련의 국제회의를 조직했다. 제 1차 회의는 2008년 파리에서, 제2차 회의는 2010년 바르셀로나에서 열렸다. 영어로 번역된 탈성장이라는 단어는 '공식적'으로는 파리 회의에서 처음 사용됐고, 이는 국제 연구 공동체가 탄생하는 계기가 되기도 했다. 바르셀로나 환경과학기술연구소는 제2차 회의를 유치하면서 탈성장 운동에 합류했다. 이로써 탈성장 연구 공동체는 근거지인 프랑스와 이탈리아를 벗어나 점차 확장됐다. 환경과학기술연구소는 생태경제학계, 라틴아메리카의 **정치생태학**과 **환경 정의** 단체와의 연결을 주선했다. 파리와 바르셀로나 회의가 성공적으로 개최된 데 이어 몬트리올(2011년), 베니스(2012년), 라이프치히(2014년), 부다페스트(2016년)에서도 회의가 열렸으며, 플랑드르, 스위스, 핀란드, 폴란드, 그리스, 독일, 포르투갈, 노르웨이, 덴마크, 체코, 멕시코, 브라질, 푸에르토리코, 캐나다, 불가리아, 루마니아 등지로 탈성장 운동은 퍼져 나갔다.

2008년 이후 영어로 번역된 탈성장은 백여 개 이상의 논문에서 사용됐고, 일곱 개 이상의 상호 심사 논문에 쓰였다(칼리스 외, 2010; 카타네오 외, 2012; 사에드, 2012; 칼리스 외, 2012; 세쿨로바 외, 2013; 화이트헤드, 2013; 코소이, 2013). 탈성장은 파리의 사이언스포와 같은 저명한 학교를 비롯해 세계 각지 대학에서 강의 주제로 논의된다. 프랑스와 이탈리아 정치인들이 이 용어를 사용하며, 《르몽드》, 《르몽드 디플로마티크》, 《엘파》, 《가디언》, 《월스트리트저널》, 《파이낸셜타임즈》 등 유수의 언론에서 이 주제를 다루었다.

그렇다면 탈성장은 구체적으로 무엇을 의미하는가?

오늘날의 탈성장

탈성장은 무엇보다도 **성장**에 대한 비판을 의미한다. 탈성장은 경제 지상주의의 언어로부터 공적 토론을 분리하고, 경제 성장을 사회의 공동 목표에서 제외하자고 주장한다. 또한 탈성장은 더 적은 자연 자원을 이용하고, 오늘날과 다른 방식으로 구성되는 사회에 대한 희망을 반영하기도 한다. '나눔', '**단순성**', '**공생공락**', '**돌봄**', '**공유물**' 등은 탈성장 사회상을 나타내는 단어들이다.

대개 탈성장은 '더 작은 것이 아름답다'는 발상과 연결된다. 생태경제학자들은 탈성장을 생산과 분배 규모의 공평한 축소라고 정의한다. 이러한 축소는 사회의 에너지와 원료 처리량을 줄일 것이다(슈나이더 외, 2010). 그러나 우리는 그저 '보다 적게'가 아닌, '다름'에 초점을 맞춘다. 탈성장은 보다 작은 **메타볼리즘**, 다른 구조와 새로운 기능을 가진 메타볼리즘이 있는 사회를 의미한다. 우리의 목표는 코끼리를 날씬하게 만드는 것이 아니라, 코끼리를 달팽이로 변환하는 것이다. 탈성장 사회에서는 모든 것이 달라진다. 즉 다른 활동, 다른 에너지 양식과 이용, 다른 관계, 다른 성 역할, 유급과 무급 노동 간의 시간 할당 변화, 인간과 비인간 세계 사이의 관계 변화 등을 기대할 수 있을 것이다.

탈성장은 다양한 발상과 개념, 제안을 연결하는 틀을 제공한다(드마리아 외, 2013). 그러나 이 틀 안에도 몇몇 무게 중심이 있다. 첫 번째는 성장에 대한 비판이고, 두 번째는 영속적인 성장을 필요로 하는 사회 구조인

자본주의에 대한 비판이다. **국내총생산**과 **상품화**에 대한 비판 역시 탈성장 논의의 주요 흐름 중 하나이다. 상품화는 사회 물자, 사회 생태적 서비스와 관계를 돈의 가치로 환산하여 상품으로 만드는 과정을 의미한다. 그러나 탈성장이 비판만 하는 것은 아니다. 건설적인 측면에서 탈성장의 상상계는 **돌봄**의 재생산 경제를 중심으로 돌아가며, 사유화되었던 오래된 **공유물**을 되찾고 새로운 공유물을 형성하는 사회이다. 공공 돌봄은 **생태공동체**나 **협동조합** 같은 새로운 형태의 삶과 생산에 내재되어 있으며, **일자리 나누기, 기본 및 최고 소득** 등 새로운 정부 제도로 뒷받침된다. 이러한 제도는 유급 노동 시간을 줄여 무급의 공공·돌봄 노동을 장려할 것이다.

탈성장이 곧 국내총생산 감소를 의미하지는 않지만, 현재로서는 탈성장이 국내총생산 감소 결과를 낳을 것으로 예상된다. 환경친화적인 돌봄과 공공 경제는 좋은 삶에 도움이 되지만, 국내총생산을 2~3퍼센트씩 늘리지는 않을 것이다. 탈성장을 지지하는 이들은 경제가 성장하거나 몰락하는 경향을 보이는 자본주의 구도 안에서 불가피하면서도 바람직한 국내총생산의 감소가 사회를 어떻게 지속 가능하게 만들 수 있는지 탐색하고 있다.

대부분 사람들은 성장을 여전히 개선, 좋은 삶 같은 개념과 연관 지어 생각한다. 때문에 일부 진보적인 학자들은 탈성장이라는 단어를 사용하는 데 이의를 제기한다. 우리가 원하는 변화를 '부정적인' 단어로 나타내는 것은 부적절하다는 주장이다. 그러나 긍정적인 프로젝트에 부정적인 어휘를 쓰는 것은 성장만 추구하는 미래상에서 벗어나려는 우리의 목표를 나타낸다. 우리는 '탈성장'이라는 단어를 통해 성장을 자연스레 '개선'과 연결하는 고리를 깨뜨리고자 한다. 일반 상식에 불문율로 자리잡은 성장에 대한 욕구는 탈성장주의자들이 '다른 미래'에 관해 토론할 때 반드시 부딪혀야 하는 문제다(라투슈, 2009). 탈성장은 의도적으로 고안된 전복적인 구호다.

교육, 의료, 재생 에너지 등 일부 분야는 미래에도 성장하겠지만, 환경을 오염시키는 산업이나 금융 분야는 축소될 것이다. 이런 종합적인 결과가 탈성장을 이룬다. 우리는 보건이나 교육을 이야기할 때 '성장'이나 '개발' 보다는 '번영' 같은 단어를 쓰기를 선호한다. 바람직한 변화는 예술이 번영하는 것과 같은 질적인 변화이지, 산업 생산량 증가와 같은 양적인 변화가 아니다.

'개발'이라는 단어는 그간 축적된 역사적 의미를 제외하거나, '균형 잡힌', '지역', '지속 가능한' 등의 아름다운 수식어를 붙인다고 하더라도 여전히 문제 있는 단어이다. 이 단어는 이미 정해진 결말을 향한 전개를 제안한다. 태아는 성숙한 어른으로 개발되고 나이 들어 죽는다. 그러나 현대의 자유 사회는 궁극적인 결말을 부정하며 상승 이외의 어떤 것도 거부하는 것을 전제로 한다. 개발은 자기 지시적인 단어가 됐다. 개발을 위한 개발이 됐고, 이미 정해져 버려 더 이상의 의문을 허용하지 않는, 끝이 보이지 않는 성장의 화살표가 됐다(카스토리아디스, 1985).

탈성장 제안에 대한 주요 비판 중 하나는 탈성장이 과도하게 성장한 북반구[3] 국가에만 적용 가능하다는 점이다. 남반구의 가난한 국가들은 여전히 기본적인 필요를 위해 성장이 필요하다고 주장한다. 그러나 실제로 '선진국'에서의 탈성장은 남반구 개발도상국에서 성장할 수 있는 생태적 공간을 늘릴 수 있다. 남반구의 빈곤은 북반구에서 적은 비용으로 자연·인적 자원을 착취한 결과이다. 북반구에서의 탈성장은 자연 자원과 산업 물품에 대한 수요와 가격을 낮추는 효과를 불러와 남반구 국가들이 개발 과정에서 이들 자원에 더 쉽게 접근하도록 만들 수 있다. 그러나 북반구에서 탈성장을 추구하는 근거는 남반구가 똑같은 개발의 길을 가도록 하기 위함이 아니라, 이들 국가가 스스로 정의하는 '좋은 삶'의 길을 찾는 개념적 공간을 열기 위해서다. 남반구에는 라틴아메리카의 **부엔 비비르**나 에콰도르의 수막 카우사이[4], 남아프리카의 **우분투**, 인도 간디의 **영속의 경제** 같은 대안적인 이상이나 정치 프로젝트가 풍부하다. 이들 이상은 개발과 사회 경제 체제의 대안을 제시하고, 세계 환경 정

---

3 'Global North'를 번역한 말로 국제개발학에서 유럽, 북미 등 서구권을 중심으로 한 선진국을 의미한다. 이와 반대로 쓰이는 단어 '남반구(Global South)'는 대부분의 아시아 국가를 비롯해 남미, 아프리카 등 개발도상국을 일컫는다. 이들 단어는 지리적 구분이 아닌 사회경제적 구분의 성격이 강하며, 북반구 국가가 반드시 지구의 북반구에 위치하거나 반대로 남반구 국가가 꼭 남반구에 위치한다는 뜻은 아니다.

4 '좋은 삶'을 뜻하는 에콰도르 원주민어.

의를 주장한다. 이러한 이상은 북반구 국가가 다른 국가에도 강요하면서 추구해 온 성장의 사회상이 후퇴할 때에야 비로소 꽃피울 수 있다.

탈성장의 파노라마

우리는 탈성장에 대한 그간의 논의를 다음 다섯 가지 주제로 나누어 정리했다. 첫째, 성장의 한계. 둘째, 탈성장과 자율성. 셋째, 재정치화로서의 탈성장. 넷째, 탈성장과 자본주의. 다섯째, 탈성장으로의 이행이다.

첫째, 성장의 한계

탈성장에 대한 기초 논지는 '성장은 비경제적이고 부당하며, 생태적으로 지속 가능하지 않고, 충분한 성장이란 없을 것'이라는 점이다. 나아가 성장은 안팎의 한계에 부딪혀 끝을 맞이할 것이라는 점이다.

성장은 적어도 선진국에서는 비경제적이다. 이는 '쓸모없거나 유해한 재물[5]'이 유용한 재물(부)보다 빠르게 증가하기 때문이다(데일리, 1996). 성장의 대가는 정신 건강 악화, 장시간 노동, 교통 체증과 환경오염을 포함한다(미샨, 1967). 국내총생산은 교도소를 짓거나 하천을 정화하는 비용을 편익으로 간주한다. 결과적으로 국내총생산은 계속 증가할 수 있으나, 대부분의 선진국에서 참진보지수(Genuine Progress Index, GPI)나

---

5 illth, 허먼 데일리가 창안해 'wealth'에 반대되는 개념으로 쓰였다.

지속가능경제복지지수(Index of Sustainable Economic Welfare) 같은 복지 지표는 1970년대 이후 정체되어 있다. 국가 소득이 일정 수준에 도달한 뒤에는 성장이 아닌 평등이 삶의 질을 향상시킬 수 있다(윌킨슨과 피켓, 2009).

성장은 부당하다. 무엇보다 성장은 눈에 보이지 않는 가정의 재생산 노동으로부터 보조받고 유지되기 때문이다(**돌봄** 참고). **페미니스트 경제 학**은 이 노동의 대부분을 여성이 맡아 하는 점을 증명했다. 또한 성장은 중심국과 주변국, 또는 중심 경제와 주변 경제 간 불공평한 자원 교환을 통해 이득을 얻는다. 성장을 가능하게 하는 에너지와 물질은 주로 원주 민 거주 지역이나 저개발 지역의 **상품 개척 경계**로부터 추출한 것이며, 이들 지역은 채굴 사업에 따른 피해를 입는다. 폐기물과 오염 물질은 사 회 구성원 다수가 사는 지역이 아닌 주변 지역, 소외된 공동체, 하층민이 나 다른 인종, 민족이 사는 지역 등에 버려진다(**환경 정의** 참고). 성장이 비경제적이고 부당해도 그 이익이 권력을 가진 이들에게 축적되고 비용 은 소외 계층으로 이전되기 때문에 성장은 지속될 수 있다.

성장의 핵심 요소인 **상품화**는 사회성뿐 아니라 많은 것을 부식시킨다. 전통적으로 **돌봄**, 환대, 사랑, 공적 의무, 자연 보전, 영적 명상 등의 관계 또는 '서비스'는 개인의 이득 논리에 따르지 않았다(**반-공리주의** 참고). 그 러나 현대 사회에서 이러한 관계와 서비스는 시장 교환의 대상이 되었 고, 공식적인 국내총생산 경제에 따라 평가되고 매매된다(히르슈, 1976).

성장은 일정 수준을 넘어가면 **행복**을 증진하지 않는다. 이는 기본 물질적 필요가 충족되면 추가 수입은 위치재(이웃보다 더 큰 집 등)에 점점 더 많이 쓰이기 때문이다. 상대적 부는 위치재에 대한 접근성을 결정한다. 모든 이들은 지위를 높이기 위해 성장을 바란다. 그러나 모든 이의 지위가 올라가면 누구도 남들보다 더 잘 살 수 없다. 이는 '제로섬' 게임이다. 더 심각한 문제는 성장이 위치재의 가격을 올린다는 점이다. 이것이 성장의 사회적 한계이다. 성장은 지위 경쟁을 결코 충족시킬 수 없고 오로지 악화시킨다. 따라서 모든 이를 위해 충분히 생산하는 성장은 불가능하다(스키델스키와 스키델스키, 2012).

성장은 생태적으로 지속 가능하지 않다. 계속되는 경제 성장으로 인해 대부분의 지구 생태계는 위험 경계를 넘어갈 것이다. 국내총생산과 기후 변화에 영향을 미치는 탄소 배출 사이에는 강력하고 직접적인 상관관계가 있다(앤더슨과 바우스, 2011). 이론상으로 더 깨끗하고 효율적인 기술이 발전하거나 서비스 경제로 구조를 전환함으로써 탈탄소에 이를 수 있다. 그러나 해마다 2~3퍼센트씩 세계 경제가 성장한다면, 우리가 필요한 만큼의 탈탄소를 이루기란 거의 불가능하다. 2050년 세계 탄소 집약도는 지금보다 20~130배 낮아야 한다. 그런데 1980년부터 2007년까지 탄소 배출 감소는 23퍼센트에 불과했다(잭슨, 2008). 또한 현재까지 성장하면서 물질 소비 또는 탄소 배출을 실제로 줄였다고 주장할 수 있는 국가는 없다. 만약 그렇게 주장하는 국가가 있다면, 이는 오염이 심한 산업을 개발도상국으로 이전했기 때문이다. 에너지와 물질 소비를 절대적으로 감축하는 일은(**비물질화** 참고) 기술 발달을 통해 이뤄지지 않을 것이다. 기술이 발달하고 경제가 효율적일수록 자원 값은 싸지기 때문에 더 많은 자원이 소비된다(**제본의 역설** 참고). 서비스 경제 또한 물질적으로 가벼운 경제가 아니다. 서비스는 높은 **에머지**[6]를 가지고 있다. 컴퓨터나 인터넷은 많은 희소 물질과 에너지를 내포하며, 지식과 노동은 에너지와 물질을 동원해 '생산'된다(오둠과 오둠, 2001).

아마도 선진국에서 성장은 끝날 것이다. 이는 한계 수익[7]이 줄어들거나(보나유티, 2014), 기술 혁신이 한계에 이른 경우(고든, 2012) 또는 자본 축적에 효과적인 수요와 투자 수단을 복리로 창출하는 데 한계가 찾아올 수 있기 때문이다(하비, 2010). 천연 자원 측면에서도 역시 성장의 한계를 예측할 수 있다. 경제 성장은 고위 에너지(낮은 **엔트로피**)를 저위 에너지(높은 엔트로피)의 열과 배출로 바꿔 분해한다. **석유 정점**, 인과 같은 필수재의 추출 정점, 탄소 배출에 따른 기후 변화 등은 이미 성장을 제한하고 있다. 셰일 가스 같은 새로운 석유 대체재도 결국 고갈될 것이며, 석탄이나 타르 샌드[8] 같은 '더러운' 대체재는 기후 변화를 더욱 악화시킨

---

6 체화된 에너지를 뜻하며, 어떤 물질이나 활동에 투입된 모든 에너지를 합한 것.

7 생산자가 상품 한 개를 더 팔 때 얻는 추가 수익(매출액).

8 오일 샌드, 역청탄으로 불리며 원유를 포함한 흙이다. 최근 대체재로 떠오르지만, 이산화탄소 배출량이 많고 수질 오염을 일으키는 문제 때문에 논란이 일고 있다.

다. 태양이나 풍력을 이용한 재생 에너지는 깨끗하지만, 현존 기술로 만드는 재생 에너지원은 화석 연료에 비해 잉여 에너지(투자 대비 에너지 수익, EROI) 생산율이 낮다. 재생 에너지로의 전환에는 기존 에너지가 많이 쓰일 것이다. 재생 에너지의 낮은 잉여 에너지 생산률을 고려해 볼 때, 재생 에너지에 의존하는 이른바 태양 문명은 소규모의 경제만 지탱할 수 있다. 따라서 재생 에너지로의 전환은 필연적으로 탈성장으로의 전환이 될 것이다.

탈성장 관점에서 보면 현재 경제 위기는 성장의 구조적인 한계에 따른 결과이다. 이는 순환적인 위기나 신용 구조의 잘못이 아니다. 2008년에 불거진 미국의 위기는 석유 값 상승에서 시작됐다. 이로 인해 미국 유통업이 어려움을 겪었고, 교외에서 통근하는 노동자들이 기름 값을 감당할 수 없게 되었으며, 결국 대규모 주택 압류로 이어졌다. 이는 서브 프라임 모기지 사태[9]를 낳았다. 금융과 개인 대출의 거품 경제가 커진 이유는 성장에 다른 방도가 없고, 수요를 유지하는 데에도 다른 방안이 없기 때문이었다. 개인과 공공 부채는 다른 방법으로 유지될 수 없는 성장률을 지탱해 왔다(칼리스 외, 2009). 경기 침체는 연기되었으나, 이는 일시적이었다.

둘째, 탈성장과 자율성

---

9 2007년, 초대형 모기지론 대부업자들이 파산하면서 시작된 연쇄적인 국제 경제 위기.

성장의 한계가 있고, 언젠가 성장은 끝난다는 사실이 꼭 나쁜 것만은 아니다. 많은 탈성장주의자들에게 탈성장은 피할 수 없는 한계에 대한 적응이 아니라, **자율성**을 확보하기 위해 추구해야 하는 프로젝트이다. 자율성은 이반 일리치, 앙드레 고르, 카스토리아디스 같은 사상가에게 핵심 단어였다. 그러나 자율성의 의미는 사상가들마다 조금씩 달랐다. 일리치(1973)가 말하는 자율성이란, 대규모 기반 시설과 이를 관리하는 특정 공공 집단 또는 사적인 관료주의 제도로부터의 자유였다. 고르(1982)에게 자율성은 임금 노동으로부터의 자유였다. 자율은 개인과 협력 집단[10]이 돈이 아닌 스스로를 위해 생산하고 여가를 즐기는 무임금 노동의 영역이다. 카스토리아디스(1987)에게 자율성이란, 하나의 협력 집단이 신의 율법(종교)이나 경제 법칙(경제)과 같은 외부(타율)의 명령과 기정사실로부터 벗어나 공동으로 미래를 결정할 수 있는 능력을 의미했다.

　탈성장주의자들이 일리치와 같이 화석 연료를 반대하는 것은 단지 **석유 정점**이나 기후 변화 때문이 아니라, 높은 에너지 사용이 복잡한 기술 체계를 뒷받침하기 때문이다. 복잡한 체계에서는 이를 관리하기 위해 특화된 전문가와 관료제가 필요하다. 이러한 체계는 필연적으로 불평등하고 비민주적인 위계질서를 낳는다. 이에 비해 **자율성**은 사용자들이 쉽게 이해하고 관리할 수 있는 공생공락의 장치들을 필요로 한다. **도시 텃밭**,

---

10　collective. 아직 정확하게 번역된 한국어가 없다. 이 책에서는 캠브리지 사전 정의에 나오는 내용을 따라 협력 집단으로 번역했다.

자전거, 직접 만드는 어도비 하우스[11]는 유쾌하고 자율적이다. 그러나 잡초에 내성이 있는 유전자조작농산물(GMO)이나 고속 철도, 에너지 효율적인 '스마트 빌딩'은 그렇지 않다. 탈성장주의자들은 생태적 근대화와 녹색 성장을 표방하는 첨단 기술 사업들이 지속되기 어렵다는 점뿐만 아니라, 자율성을 방해한다는 점을 비판한다. 탈성장을 상징하는 사업들은 공터 농업, 의도적으로 자본주의 문화를 거부하는 저작권 침해 프로그래밍, 자전거 수리점 등이다. 이들 프로젝트는 공생공락을 위하고, 자원 활동을 동반하며, 참여자들이 주도하고 다듬어 나간다(**나우토피아** 참고).

자율성에 관한 주장들은 '성장의 한계'보다 집단적인 '자기 제한'을 강조한다. 자기 제한은 자연을 위해서 또는 **재앙**을 피하기 위해서가 아니다. 좋은 삶이란 단순한 삶이고, 우리가 어쩌다 살게 된 비인간 세계에 우리가 남기는 발자국을 줄이는 것이기 때문이다. 또한 제한은 무한한 선택에 따른 마비로부터 우리를 해방시킨다. 뿐만 아니라 제한된 규모의 체계만이 사용자들이 직접 통치할 수 있기 때문에 진정으로 평등하고 민주적일 수 있다. 따라서 제한은 "사회적 선택이며 환경 문제나 다른 문제에 따른 외부의 강제가 아니다(슈나이더 외, 2010; 513)." 환경적·사회적 해악과 위험, 즉 기후 변화, 석유 정점, 비경제적 성장은 집단적 자기 제한의 명분을 강화할 뿐이다.

탈성장주의자들이 맬서스가 아닌 에마 골드만과 같은 **신맬서스주의** 내

---

11 짚과 점토를 섞어 만든 건축재로 지은 집.

무정부 페미니스트들로부터 영감을 받은 것은 우연이 아니다. 골드만과 그의 동료들은 인구 폭탄을 이유로 의식적인 출산을 옹호한 것이 아니다. 이들은 자본주의가 여성의 몸을 착취해 군대와 저렴한 노동력을 생산하는 것에 대한 저항의 일부로 의식적인 출산을 주장했다. 이 둘의 차이점은 미세하지만 매우 중요하다. 신맬서스주의자들은 사회정치적 변화를 위해 의식적인 재생산 제한을 선택했다. 도덕적 명분이나 '그래야 하기 때문에' 이러한 행동을 한 것이 아니다. 또한 재앙을 피하기 위해서도 아니었다. 이들의 행동은 **정치적**이었다. 그들이 만들고 또 살기를 원하는 세상을 보여주기 위해서였다.

셋째, 재정치화로서의 탈성장

탈성장은 분명히 **환경주의**를 재정치화하기 위한 '미사일'로서 제시됐으며, 지속 가능한 발전을 둘러싼 비정치적 합의를 끝내기 위해 제시됐다(아리에스, 2005). 지속 가능한 발전은 사람들이 원하는 미래를 둘러싼 진정한 정치적 대립을 비정치화한다. 또한 지속 가능한 발전은 환경 문제를 기술적이고 유망한 윈윈 해결책, 그리고 환경을 해치지 않는 (실제로는 불가능한) 영속적인 **개발** 문제로 바꾼다. 지속 가능한 발전이 약속한 생태적 근대화는 현재 핵심 논지를 회피한다. 라투르(1998)에 따르면, 이 논지는 '현대화할지, 생태화할지'의 문제이다. 탈성장은 한 쪽을 택한다. 탈성장주의자들은 사회 생태화에 대해 보다 나은, 혹은 더 친환경적인 개발을 이행하는 것이 아니라고 주장한다. 이는 현대 개발에 관한 대안적인 이상을 상상하고 행동에 옮기는 것이다.

이와 함께 탈성장은 점차 증가하는 정치의 기술화에 맞서 과학 기술의 정치화를 주장한다. 세계 경제나 기후 변화와 같은 문제를 다룰 때에는 과학과 정치의 분명한 구분이 어렵다. 이러한 문제들에는 '진실의 전쟁'이 벌어지며, 서로 다른 가치들은 행위자의 지식을 만든다. 민주적인 지식 생산의 새로운 모델이 필요하다. **탈정상 과학**은 의사 결정에 필요한 과학 조언의 질을 보장하는 전문가들의 상호 검토 공동체 확장을 제안한다. 이러한 공동체 확장은 일반인뿐만 아니라 이해관계가 있는 모든 이를 포함한다. 탈정상 과학은 과학위원회나 자문위원회와 같은 '전문가 공동체'가 좌우하는 결정으로부터 해당 문제에 관심이 있거나 영향을 받는 이들이 함께 참여하는 '확장된 전문 공동체'가 내리는 결정으로의 전환을 주장한다(달리사 외, 2010).

지속 가능한 발전에 관한 무정치적이고 기술 관료적인 담론은 자유 민주주의에서 공적 토론을 **비정치화**하려는 폭넓은 과정의 징후이다. 이에 따라 정치는 대안적인 이상들이 치열하게 부딪치는 투쟁이 아니라, 미리 틀이 짜여 있는 문제에 대한 기술 관료적인 해법을 찾는 것으로 축소되었다. **정치생태학**은 이러한 비정치화를 신자유주의와 워싱턴 컨센서스[12]가 활개치는 탓으로 돌린다. 신자유주의와 워싱턴 컨센서스는 주권

---

12 미국 국제경제연구소가 중남미 국가에 제안한 미국식 경제 위기 해법.

에 따른 정치적 선택을 규제되지 않은 자본과 자유 시장의 필요에 종속시키기 때문이다. 탈성장 학자들은 이런 정치생태학 관점에 동의하지만 비정치화의 기원을 좀 더 앞선 시기로 추정한다. 신자유주의 개혁은 **성장**의 이름으로 정당화됐고 지금도 그러하며, 성장은 개발의 일환으로 정당화된다. 이 개발 컨센서스는 정치 이념의 좌우로부터 모두 동의를 얻어 왔으며 철의 장막을 뛰어넘기도 했고, 정치 이슈가 신자유주의에 떠밀려 나가게 했다. 사회주의 경제는 성장과 개발을 추구하는 덫에 걸려 국가 자본주의와 비슷해져 버렸다.

근대 자본주의 사회와 사회주의 경제의 특징은 사회적 잉여의 상당 부분을 새로운 생산에 제도적으로 투자한다는 것이다. 이 결과 사회적 잉여(**데팡스** 참고)를 어떻게 사용할지에 대해 결정하는 정치적 주권 행사가 부인되었다. 이러한 정치적 주권은 이전 사회에서는 탁월하게 행사되던 것이었다. 과거 사회에서 잉여는 공리주의 목적에 부합하지 않는 '쓸데없는' 지출에 쓰이곤 했다(**반공리주의** 참고). 피라미드, 교회, 축제, 축하연 등에 대한 지출은 성장에 기여하기 때문이 아니라, 이들 사회에서 '좋은 삶'을 나타내는 지표였기 때문에 인정됐다. 현대 산업 문명에서 이러한 쓸데없는 데팡스는 상업화되고 개인화되었다. 현대 사회에서 삶의 의미는 개개인이 찾아야 하며, 각 개인은 이를 위해 필요한 모든 자원을 동원할 권리가 있다는 것이 전제된다. 이는 사회 수준에서는 협상이 불가능한 성장을 요구한다. 즉, 오로지 성장만이 '제한되지 말아야 할' 개개인의 요구를 충족할 수 있다는 논리이다. 개인들이 삶의 의미를 어렵게 찾으려는 반면, 집단적인 데팡스를 통해 사회적 의미가 건설되는 진정한 '정치적' 영역은 증발하고 성장의 압력에 종속된다.

넷째, 탈성장과 자본주의

에릭 홉스봄은 말년에 "생물권에 대한 경제의 영향을 줄이거나 적어도 통제해야 할 필요성과, '이익을 위한 최대치의 성장'이라는 자본주의 시장의 강제 사이에 명백한 갈등이 있다."고 주장했다(2011; 12). 이 주장 속에는 두 전제가 깔려 있다. 첫째, 앞서 제시했듯 경제 성장은 필연적으로 단위 시간 당 제품의 생산 및 배송량, 즉 처리량을 늘리고 생물권에 부정적인 영향을 미친다는 점이다. 이는 녹색 성장과 녹색 자본주의 지지자들이 환경에 대한 영향 감소와 **성장**을 동시에 이룰 수 있다고 말하는 것과 상반된다. 둘째, 자본주의는 성장을 강제한다는 점이다.

이론적으로 볼 때 자본주의는 성장 없이 살아남을 수 없다. 자본주의 경제는 어쩔 수 없이 저성장, 제로 성장 또는 마이너스 성장의 시기를 거친다. 그러나 이것들은 일시적이어야 한다. **자본주의** 아래서 **성장**이 이뤄지지 않으면, 이익률을 유지하기 위해 노동력 착취 강도를 높이는 결과로 이어진다(블라우호프, 2012 / 하비, 2010). 강도 높은 착취는 폭력, 그리고 이에 맞서는 폭력에 의해 지속된다. 따라서 성장의 결핍은 자본주의와 자유 민주주의를 불안정하게 만든다. 역사적인 사례로 대공황 이후

파시즘이 기승을 부린 것이나 러시아에서 공산주의 부상, 자본주의를 바꾸거나 종식하려던 정치 프로젝트들이 있다. 성장은 갈등의 재분배를 막고 자본주의를 정치적으로 유지한다. 따라서 자본주의가 성장을 강제한다는 주장은 추상적 외침이 아닌 구체적인 논리에 기반한 것이다.

역사적으로 볼 때 자본주의 국가가 자발적으로 성장을 포기할 가능성은 매우 희박하다. 그러나 정치 세력이 민주적으로 집권하여 **자본주의**의 작동을 환경 · 사회적 한계 안에서 유지시키며 자원 사용을 제한하고, 사회적 최소치(실업자를 위한 **일자리 보장** 등)를 시행하는 시나리오를 상상할 수 있다(론, 2005). 그러나 이러한 상상이 현실이 되기 위해서는 정치권력의 과감한 재분배가 필수다. 규제, 새로운 세금, 임금 또는 일자리 보장 프로그램이 시행되면, 정권에 접근하기 쉽고 경제적으로 유리한 세력에게는 불리하다. 블라우호프는 혁명이 아닌 이상 이런 제도 개혁은 어렵다고 주장했다(2012). 극적인 정치, 제도 변화가 가능한 체제를 여전히 자본주의라고 볼 수 있을까? 잭슨은 체제가 자본주의 체제일 수는 있지만 매우 다를 것이라고 내다보았다(2009). 잭슨은 성장 없는 번영이 이뤄지는 미래에서 그러한 체제에 어떤 이름을 붙일지에 대한 토론에는 관심이 없다고 선언했다. 그러나 스키델스키는 "성장의 끝은 자본주의 이후의 삶이 어떨지 우리가 상상하기를 요구한다. 더 이상 자본이 축적되지 않는 경제 체제는 그렇게 불리든 말든 간에 더 이상 자본주의가 아니기 때문이다."라고 주장했다(2012: 6).

물론 탈성장은 단순히 물질 생산량을 줄인다는 뜻이 아니다. 이는 또 다른 사회, 즉 사회 구성원들이 스스로 충분히 가졌고, 더 이상 축적하지 않는다는 점을 받아들일 수 있는 사회를 상상하고 건설하는 것이다. 자본주의는 제도(개인 자산, 기업, 임금 노동, 이율이 붙은 개인 신용과 돈 등)의 총체이다. 이러한 제도는 더 많은 이익, 즉 축적을 위한 역학 관계를 낳는다. 탈성장 세계를 의미하는 대안 프로젝트와 정책은 필연코 자본주의적일 수 없다. 이러한 프로젝트와 정책은 자산, 돈 등 자본주의 핵심 제도의 중요성을 약화시키고, 다른 가치와 논리를 지닌 제도로 대체한다. 따라서 탈성장은 자본주의를 넘어선 전환을 의미한다.

다섯째, 탈성장으로의 이행

탈성장으로의 이행은 일관된 궤도를 따라 하강하는 것이 아니다. 이는 삶을 단순하게 만들고, 모두가 더 적게 가지고 살아가는 유쾌한 사회로 전환하는 것이다. 전환을 가능하게 하는 여러 실행과 제도에 관한 아이디어, 실행과 제도를 연결하고 활성화하는 방안에 대한 아이디어가 이미 나와 있다.

풀뿌리 경제 실천

생태 공동체, 온라인 커뮤니티(**디지털 공유물** 참고), '**다시 땅으로**' 커뮤니티, **협동조합, 도시 텃밭, 공동체 통화**, 시간은행[13], 물물 교환 시장, 보육 또는 의료 서비스 연합 등 기존 제도가 사람들의 기본 필요를 충족하는 데 실패하면서 비자본주의적인 새로운 실천과 제도가 아르헨티나, 그리스, 카탈로니아 등지에서 자발적으로 확산되고 있다(코닐 외, 2012).

풀뿌리 경제 실천은 다섯 가지 특징을 지닌다. 첫째, 교환을 위한 생산에서 사용을 위한 생산으로의 변화이다. 둘째, 임금 노동을 자원 활동으로 대체함으로써 일을 비상업화, 비전문화한다. 셋째, 일정 정도 이익 추구가 아닌 상호 '선물' 교환을 통해 재화가 활발하게 순환하는 논리를 따른다(**반공리주의** 참고). 넷째, 자본주의 기업과 달리 풀뿌리 실천 활동은 태생적으로 축적과 확장을 위한 것이 아니다. 다섯째, 풀뿌리 실천은 '공유화' 과정의 결과물이다. 참여자들 사이의 연결과 관계는 그 자체로 본질적인 가치가 있다. 풀뿌리 실천들은 비자본주의적이다. 즉, 사유 재산과 임금 노동의 역할을 약화시키고, 새로운 형태의 **공유물**을 제안한다.

이 실천들은 좀 더 제한적인 의미의 탈성장에 관한 예시이다. 이러한 활동들은 국가 또는 시장 시스템이 공급하는 똑같은 서비스에 비해 탄소 배출이 적으며, 물질 처리량도 적다. '상품' 단위로 따졌을 때 이들이 더 비효율적일 수 있는 것은 사실이다. 이는 전문화와 노동 분업의 정도가 덜하기 때문이다. 예를 들어 대안적인 유기농 식품망은 기업식 농업

---

13 시간을 교환 단위로 상호 간 서비스를 제공하는 일. 과거 우리나라의 품앗이나 두레와 비슷한 개념이다.

에 비해 비료, 농약 및 화석 연료를 더 적게 쓰더라도 상품 단위당 더 많은 노동자가 필요할 수 있다. 그러나 실업 문제를 감안하면 이는 반드시 나쁘지만은 않다. 물이나 에너지 생산에서 분권화된 협력 시스템은 노동 단위당 또는 투입되는 자원 단위당 더 적은 물이나 에너지를 공급할 수도 있다. 그러나 이는 보다 친환경적일 가능성이 높다. 낮은 생산성이 규모를 제한하기 때문이다(**제본스의 역설** 효과와 반대). 따라서 단위당 효율이 더 낮고, 전체적으로 더 작아진다.

공유화의 대안 활동들은 공공 서비스를 갱신하고 사유화를 방지하기 위한 혁신의 원천이다. 협동 의료, 대안 교육 시스템은 공공 의료나 교육을 대체하지 않는다. 공공 의료비와 교육비가 오르는 문제는 부모를 자녀 교육에 참여시키거나, 의사와 환자의 지역 네트워크를 만들어 예방 건강 검진과 기본적인 응급 서비스를 제공함으로써 줄일 수 있다. 환자에 대한 친밀한 정보에 바탕을 둔 예방 의료 서비스는 첨단 기술을 통한 진단과 치료보다 훨씬 저렴하다. 다만 첨단 기술은 특수한 경우에는 필요할 것이다. 이용자들이 참여하는 공공 서비스는 일반적으로 이윤을 추구하는 민간에 비싸게 위탁하는 것보다 더 저렴하고 민주적이다. 따라서 탈성장은 공공 서비스를 저해하지 않고 개선할 수 있다.

성장 없는 복지 제도

성장이 없으면 실업률은 증가한다. 탈성장으로의 이행에서 새로운 복지 제도는 성장으로부터 유급 고용을 분리하거나 좋은 삶을 유급 고용과 상관없이 누릴 수 있도록 하기 위해서도 필요할 것이다. 전자의 예시는 **일자리 보장** 제도이다. 이는 국가를 최후의 고용자로 만들어 실질적인 실업률을 0퍼센트로 줄이는 것이다. 또 다른 예는 조건 없는 **기본소득**을 모든 시민에게 보장하는 제도이다. 고소득에 대해서는 **최대소득**으로 과세하는 등 소득 및 이윤에 대한 진보적인 세제와 소비세로 재원을 마련할 수 있다. 이 같은 제도를 통해 유급 노동을 하지 않아도 모든 이에게 최저 생활과 사회 안전에 대한 기본 수준을 보장할 수 있다. **일자리 나누기**, 즉 유급 노동 시간을 줄여 피고용자와 실업자 간 일을 재분배하는 것 역시 소득 손실 없이 실업률을 줄이고 부를 재분배하는 방안이다.

기본소득이 기본적인 생활을 충족시키고, 일자리 나누기가 사람들을 유급 노동에서 자유롭게 할 경우, 자주적인 자원 활동과 공생공락 활동은 확장될 것이다. 일자리 보장은 돌봄, 교육 서비스, 도시 텃밭, 협동조합, 무료 소프트웨어 생산 등 자율적인 분야에 활동 재원을 공급할 수 있다. 따라서 새로운 복지 제도와 풀뿌리 경제 활동은 상호보완적이다.

돌봄, 교육, 의료 및 환경 복원 서비스는 사회적 가치가 높고 의미 있는 일자리를 제공한다. 이들 분야는 성장 없이 번영하는 새로운 경제의 중추를 형성할 수 있다. 이러한 경제는 노동력이 많이 필요하기 때문에 실업 문제가 줄어들 것이다.

공동체 통화, 시간은행 및 지역 교환 거래 체계는 경제 활동 규모를 축소하고 재지역화하는 데 기여한다. 또한 지역 내 유통을 촉진한다. 공동체 통화는 위기가 닥친 시기에 시장 경제로부터 외면 받는 이들에게 생활에 꼭 필요한 서비스를 제공하는 보완 역할을 해왔다. 그러나 국가 화폐는 탈성장으로 전환하는 데 여전히 가장 중요한 개입 지점이다. 우선 전반적인 경제 순환에서 큰 부분을 차지하는 세금을 국가 화폐로 거둔다. 또한 공동체 통화는 현재 우리가 살고 있는 복잡한 경제 구조 속에서 이뤄지는 지역 간 거래나 국제 거래에서 필요한 요구 사항을 충족할 수 없다.

탈성장은 민간 은행에서 새로운 화폐를 만드는 것에 대한 통제권을 정부가 다시 회수하도록 제안한다(**공공 자금**). 민간 은행은 사실상 대출을 통해 새로운 화폐를 창출한다. 민간 은행이 오직 대출을 통해 부채 형식으로 화폐를 발행할 수 있다면, 정부는 공공의 이익을 위해 부채 없이 화폐를 발행할 수 있다. 예를 들어 국가 정부는 **기본소득**이나 **일자리 보장** 제도를 지원하기 위해 화폐를 발행하거나, **협동조합**, **돌봄** 서비스, 환경 보전, 재생 에너지 등을 보조하기 위해 화폐를 발행할 수 있다. 공공 자금은 공공 재정을 개선할 것이다. 왜냐하면 국가가 다시 화폐주조세(액면가와 생산 비용 간 차이)를 거두고, 공적 지출을 위해 민간 은행에서 돈을 빌리지 않을 것이기 때문이다.

부채 형태로 창출된 화폐는 **성장**의 역학 관계를 형성한다. 부채는 이 자와 함께 상환되고, 이자는 성장을 필요로 한다. 경제는 허구의 성장을 유지하기 위해 과거에 축적된 **부채**를 상환하기에 충분한 만큼의 속도로 계속 성장할 수 없다(칼리스 외, 2009). 부채는 사회관계이다. 역사를 돌이켜 보면, 부채를 탕감하고 새롭게 시작한 사회를 수없이 볼 수 있다. 서구 사회는 부채를 미래에 상환할 것을 약속함으로써 물질적으로 풍족한 생활을 유지해 왔다. 부채 탕감은 필연적으로 소규모 채권자와 저축인들의 삶의 질을 저하시킬 것이다. 탈성장의 관점에서 보면, 부채 탕감은 어떻게 성장을 재가동하고 부채를 갚을지가 아니라, 탕감의 비용을 어떻게 공정하게 분산시키느냐에 그 목적이 있다. 시민들이 운영하는 부채 감사의 핵심은 어떤 부채가 타당한지를 결정하는 것이다. 예를 들어 기본 생계를 위협하는 부채는 탕감하고, 높은 수익을 위해 대출한 이들의 부채는 탕감하지 않는 것이 타당하다.

탈성장으로 가는 정치

탈성장의 가치를 지닌 대안 제도가 어떤 정치와 전략으로 현재 **자본주의** 제도를 대체할 수 있을지에 관해 탈성장 논의에서 모아진 견해는 없다. 일정 정도의 자주적 생활과 생산 경험을 공유하는 무임금 노동의 **나우토피아**부터 현존하는 사회 운동, 정당, **노동조합**에 이르기까지 저마다 선호하는 전략과 정치 주제는 다양하다. 지금껏 탈성장 공동체 안에서 모아진 의견에 따르면, 탈성장으로의 이행은 다양한 전략과 주체가 만드는 결과여야 한다. 또한 탈성장으로의 전환 운동은 모두의 생활과 국가 제도를 바꾸는 운동들의 운동이 되어야 한다(데마리아 외, 2013).

달리사 외(2013)는 탈성장 전략과 주체를 '민간'과 '비민간'으로 분류했다. 이들은 비민간을 '정부에 포섭되기를 거부하는 이들'로 정의했다. 조직된 **불복종**은 탈성장 활동가들의 특징이다. 불복종은 버려진 집을 점유하는 것부터 대규모 사업이나 석탄 발전소에 반대해 농성하는 것에 이르기까지 다양하다. 일자리가 없고 땅이 없는 이들이나 가난한 소농들이 벌이는 토지 점유도 여기에 포함될 수 있다. 금융 불복종은 엔릭 두란의 행동을 예로 들 수 있다. 그는 바르셀로나에 사는 선도적인 탈성장 활동가로, 2008년 금융 위기 직전에 사십구만 이천 유로를 서른아홉 군데 은행에서 대출 형식으로 '도용'해 대안 프로젝트에 기부함으로써 신용 체계의 투기 행태를 고발했다.

라투슈(2009)는 의회 정치와 풀뿌리 행동을 통해 변화가 온다고 보았다. 그는 '탈성장 정당'을 만드는 것은 반대하지만, 탈성장을 좌파 정당의 의제로 간주한다. 또 다른 이들은 점령 운동에서 이뤄졌던 집회가 보여 주듯이 **인디그나도스** 같은 사회 운동이 의회 체계를 보다 직접적인 민주주의로 바꾸리라는 믿음을 가지고 있다. 한편 교육, 돌봄, 식량 제공, 정치적 생활과 생산 등 비자본적인 풀뿌리 경제 활동이 비록 정당, 선거, 의회와 같은 전통적인 정치 활동은 아니지만 변혁의 잠재력이 있다고 강조하는 이들도 있다. 이러한 활동은 자본주의의 지배적인 제도에 대항하고 보편화될 수 있는 탄탄한 대안을 개발하며, 계속해서 대안 만들기에 도전하기 때문에 정치적이다. 인디그나도스 운동에서 보여준 농성, 광장에 농장 만들기(당시 광장을 점령한 시위대가 작게 텃밭을 만든 것을 의미한다), 공동체 부엌, 물물교환 등 흥미로운 활동들은 대안 프로젝트의 가치를 보여 준다. 이 운동은 나우토피아인들의 정치 표현일 수 있다.

우리는 탈성장으로 가는 체계 변화가 과거 다른 체계 변화와 유사한 길을 따르리라는 가설을 가지고 있다. 새로운 경제 활동(기업, 거래 계약, 은행, 투자) 간 연계를 구축하고, 경제 활동을 뒷받침하기 위해 관련 제도(군주제와 봉건적 특혜 폐지, 공유물 폐쇄, 자유민주주의, 사유 재산 보호법 등)가 만들어지면서 자본주의가 봉건 제도 속에서 탄생했다. 이 글에서 살펴본 풀뿌리 행동과 복지 · 금융 제도는 자본주의의 마지막 위기와 성장, 확장의 시기가 끝나가는 가운데 싹트는 새로운 변혁의 씨앗일지 모른다.

탈성장의 미래

탈성장의 미래는 열려 있다. 비록 일반 학계와 사회가 수용하기에는 아직 갈 길이 멀지만, 탈성장 공동체에서 확고하게 수립된 탈성장의 기본 논리를 뒷받침하기 위한 연구는 여전히 필요하다. 이 논리는 기술 진보를 통한 비물질화가 불가능하다는 점, 성장을 계속할 경우 재앙적인 기후 변화를 피할 수 없다는 점, 선진국 경제가 자원 한계 등으로 인해 총체적인 침체기에 진입했다는 점, 성장 포기는 끔찍한 분노를 유발하는 대신 정치를 살리고 민주주의를 촉진한다는 점을 포함한다. 더 많은 연구가 실행되면 성장 없는 사회에 시민과 정부가 어떻게 적응하는지 이해하는 데에 도움을 줄 것이다. 또한 어떤 풀뿌리 행동은 실패하거나 주류로 통합되는 반면, 어떤 풀뿌리 활동은 성공하는지에 대한 이해도 높일 수 있다. 더불어 어떠한 여건에서 새로운 복지 제도가 원하는 결과를 이룰 수 있는지에 대한 이해를 도울 것이다.

탈성장으로의 이행을 이루는 사회 역학, 주체, 동맹 및 탈성장의 과정은 정치적인 질문이다. 이는 단순히 지적 의문이 아니다. 사회 변화는 창조의 과정이며 미리 예측할 수 없다. 탈성장에 대한 학술 연구는 전환의 정치에 생기를 불어넣는 논리와 서사를 제공할 수 있다. 이 책에서 설명하는 아이디어들은 이미 그 역할을 했다. 그러나 탈성장이 낡지 않고 살아 있는 개념으로 유지되려면 아이디어만으로는 부족하다. 우리는 탈성장 용어의 '원료'를 활용하여 지속적으로 새로운 세계를 상상하고, '긴축이냐 지출이냐' 같은 거짓 딜레마에서 벗어날 수 있는 논리를 만들어야 한다. 이것이 우리가 맺음말에서 탈성장을 **데팡스**로 설명하는 새로운 논지의 틀을 짠 이유이다.

1장

탈성장의 지적 뿌리

반 공 리 주 의
생 물 경 제 학
개발 비판
환경 정의
환 경 주 의
사회적 메타볼리즘
정 치 생 태 학
정상 상태 경제

반공리주의

오노프리오 로마노

반공리주의는 경제학을 인식론적으로 상정하는 헤게모니를 비판하는 학파이다. 반공리주의자들은 사익 추구가 아닌, 사회적 유대의 중요성을 강조한다. 이들은 사회과학의 두 가지 주요 사고틀인 전체론과 방법론적 개인주의를 뛰어넘기 위해 선물 교환 패러다임을 제시한다.

1981년, 프랑스 사회학자인 알랭 카이에와 스위스 인류학자 제럴드 베르투는 사회과학 내 반공리주의 운동(Mouvement Anti-Utilitariste dans les sciences socials, MAUSS 이하 모스)을 주창했다. 모스라는 이 뛰어난 약

오노프리오 로마노(Onofrio Romano)
이탈리아 바리대학교 문화사회학 교수. 포스트모던 문화와 지중해 사회에 연구 초점을 맞추고 있다. 저서로 『위기의 시대 속 지식의 사회학』(2014) 등이 있다. onofrio.romano@uniba.it

어는 『증여론』(1924)의 저자인 마르셀 모스의 성을 딴 것이다. 모스는 칼 폴라니와 함께 이 운동에 영향을 미친 학자이다. 알랭 카이에와 제럴드 베르투는 1980년, '선물 교환'이라는 주제로 철학자, 경제학자, 정신분 석학자 등과 함께한 학제 간 토론에 참석했다. 당시 함께한 참석자들은 선물을 주고받거나 후한 태도를 보이는 인간의 행동 뒤에는 자기중심적 인 계산 전략 이외에는 다른 아무것도 없다는 확고한 믿음을 가졌다. 알 랭 카이에와 제럴드 베르투는 이에 실망했고, 둘은 새로운 지적 모험을 시작하기로 결심했다.

알랭 카이에 주도로 시작한 이 운동에 여러 분야의 지식인들이 참여했 다. 경제학자면서 철학자인 세르주 라투슈, 경제학자면서 정치학자인 아 메트 인셀, 사회학자면서 철학자인 장 뤽 봐리오, 인류학자인 자크 고드 보, 경제학자면서 인류학자인 필립 로스파베 등이 이 운동에 참여했다. 이들은 우선 회보 《빌텡 뒤 모스》를 창간했고, 1988년에는 프랑스의 권 위 있는 출판사 라 데코베르트를 통해 《레뷔 뒤 모스》를 발간했다. 《레뷔 뒤 모스》는 계간지로 발간하다가 1993년부터 연 2회 발간하고 있다.

오늘날 모스는 유럽, 북미, 북아프리카, 중동에 있는 연구자들의 네트 워크로 자리잡았다. 모스는 폭넓은 접근법, 주제, 적용 분야를 다룬다. 이 들은 이론적으로 보편주의와 민주주의를 위한 새로운 인식론적 기초를 세우려 한다. 이러한 노력은 개인, 사회 유대, 정치라는 세 가지 주요 사 고의 축으로 뻗어 나갔다. 더욱 체계적이고 전반적인 내용은 알랭 카이에의 여러 저서에서 볼 수 있다.

반공리주의는 인간의 모든 행동이 '개인'이라는 중심축에서 시작되어 자기만족으로 귀결된다고 해석하는 이론적 접근에 도전한다.

즐거움이나 고통에 대한 이기적인 계산 논리, 이익, 취향에 따라 인간이 좌우된다는 주장이나 개인과 그들 공동체의 **행복** 외에 어떠한 윤리적 규범도 개인행동의 토대가 될 수 없다는 주장에 기반을 둔 모든 신조를 우리는 공리주의라 명명한다. (카이에, 1989: 13)

반공리주의자들의 비판 대상은 학문을 포함해 보다 넓은 문화를 가로지르는 이념적 기반이다.

공리주의는 현대 사회의 철학적 체계나 지배적인 이념의 일부가 아니다. 이는 현대인들이 유용성이나 도구적 효과성으로 변환될 수 없는 것이 있다는 것을 이해하지 못하고 받아들이지 못하게 하는 공통 이념 그 자체가 되었다. (카이에, 1989: 4-5)

반공리주의자들은 공리주의가 인간을 낮춰 본다고 비판한다. 이들은 인간의 복잡하고 다양한 삶의 형태를 인지할 것을 요구하는 논쟁을 계속해야 한다고 주장한다. 반공리주의는 반현대성과 거리가 멀다. 반공리주의는 현대성의 참된 의미를 재발견하고자 하며 과학만능주의에 맞서는 과학적 정신과 합리주의에 맞서는 이성, 기술 관료주의에 맞서는 민주주의를 복원하고자 한다. 이런 점에서 카이에는 인간의 목적에 대한 브라만의 분류인 푸루샤르타[1]를 재조명한다. 푸루샤르타는 인간의 목적을 기쁨, 이익, 의무, 모든 목적으로부터의 해방이라고 보았다(카이에, 1989: 89 ff.). 카이에에 따르면, 공리주의는 삶의 다양한 목적을 오직 '이익'으로 축소시켰다. 그는 존재론적인 다양성을 나머지 세 개의 목적 중 하나로 해석한 다른 학파에 대해서도 비판적이었다. 즉 프로이트 학파는 기쁨에 치중하고, 전체론적 학파는 의무에 초점을 맞추며, 실존주의 학파는 해방을 추구한다. 반공리주의자들이 제안한 것은 브라만교에서 정의한 모든 존재 단계, 즉 '시민의 다양한 상태'에 대한 현대적 시민권이다. 이 주장은 학술적으로 또한 정치적으로 보다 정교해졌다. 학술적으로 인간 존재에 대한 다중 목적론은 존재론적 함의를 가진다.

두 번째 생각할 지점인 사회 유대는 선물의 논리를 재평가하는 것과 유사하다. 모스에 따르면, 선물은 '총체적인 사회적 사실'로 이해할 수 있다. 레비스트라우스가 구상한 '근본에 있는 무의식 구조'와 마찬가지로 선물은 개인 간, 그룹 간 연대를 보여주는 전형적인 수단 또는 보편적인 상징 모체가 된다. 선물은 미시사회학 수준에서 '주고, 받고, 돌려주는' 세 의무 장치로 작동한다. 그러나 이는 중시사회학 규모에서는 '연

---

1 인간이 평생에 걸쳐 마땅히 추구해야 할 가치.

대, 제휴'라는 의미로 확장될 수 있으며, 거시사회학 틀에서는 '정치적' 의미를 가질 수 있다. "선물, 연대, 정치라는 각각의 단어는 서로 다른 것을 해석하는 데 쓰이는 비유이자 상징이며 도구이다(카이에, 1998: 236)."

1990년대 후반에 반공리주의 운동의 정치적 성향은 더욱 또렷해졌다. 신좌파, 보편주의적 좌파를 위한 30편의 논문이 그 시작이었으며,《레뷔 뒤 모스》의 1997년 9권 1호 이후 반공리주의가 활발하게 논의됐다. 정치적 측면에서 반공리주의는 '민주주의를 위한 민주주의' 프로젝트와 일치한다. 민주주의의 이상은 공적 토론에서 자기중심적인 목적이나 이익을 추구하지 않을 때에야 비로소 실현될 수 있다. 카이에에 따르면, 민주주의의 주요 장애물이자 정치가 쇠퇴하는 주된 까닭은 사회적 삶의 대안이 결핍되었기 때문이다. 예를 들어 선호하는 삶의 방식을 토론하거나 선택하는 것조차 공리주의적 사상으로부터 방해 받는다(**탈정치화** 참고). 민주주의는 삶의 다양한 방식을 제공하고, 토론을 위한 공적 공간을 늘리며, 자아실현의 가능성을 다원화함으로써 다양화를 촉진해야 한다. '급진적으로, 조건 없이' 지급되는 **기본소득**은 이를 위한 핵심 제안이다. 소득을 사회적 편익에서 분리할 필요가 있다. 소득과 사회적 편익이 연계되면, 결코 단순해질 수 없는 인간의 다양한 존재 목적을 실현하기 위한 자유를 제한하기 때문이다. 가능한 한 많은 이들이 자기 자신을 실현할 수 있는 기회를 누려야 하며, 자기 자신이 누군지, 무엇이 되고 싶은지 표현해야 한다.

카이에와의 차이점으로 인해 모스의 대척점으로 불리는 세르주 라투슈는 반공리주의 운동을 탈성장의 중심축으로 자리잡게 했다. 라투슈는 서구 자본주의에 보다 비판적이며, **개발**에 대한 비판을 중심으로 **자본주의**에 접근한다. 카이에가 도착된 현대성에 맞서 현대성의 '진정한' 의미를 복원하려 했다면, 라투슈는 급진적으로 현대성을 재고할 필요가 있다고 주장한다. 이는 현대성과 공리주의의 본질적인 연결 고리를 끊기 위해서이다.

대부분 반공리주의자들은 라투슈가 '탈성장'이라는 용어를 썼다며 비난한다. 사회 활동의 생산적인 면에 대한 언급('**성장**'이라는 용어로 인해)은 비록 그것을 뒤집어서 '탈성장'이라고 하더라도 대안을 경제 문제의 틀 안에 가둔다는 것이다. 따라서 막스 베버가 처음으로 언급했던 서구 **자본주의**를 규정하는 윤리 규율과 비슷하게, 탈성장에 영감을 얻은 모든 대안은 결국 금욕적인 생활과 경제적 제한으로 귀결된다는 비판이다. 그 대신 많은 반공리주의자들은 윤리적 담론에서 한발 떨어져 무한함과 과잉에 대한 '정치적' 비판이 필요하다고 주장한다(드지미라, 2007). 이들은 '(공동의 존재를 위협하는 진보의 외부 효과에 맞선)가역성'과 '(개발도상국 사회 및 미래 세대의 삶과 행동의 기회를 제한하고 위협하는 대부분 선진국의 힘에 맞선)호혜성'의 원칙을 실현할 정치 프로젝트를 주창한다. 또한 탈성장 담론을 두고 생명 보호를 강제하는 데 중점을 두는 것은 공리주의적 정치 철학인 '상쇄화'의 다른 모습이 될 위험이 있다고 주장한다.

즉 정치가 '생물적' 삶을 보호하기 위한 단순한 기능으로 전락할 수 있다는 것이다(생명을 위한 생명). 이러한 담론은 반공리주의자들에게 개발 시대가 추구하는 '삶의 풍요화(성장을 위한 성장)'라는 주요 목표와 크게 다르지 않다. '생명을 위한 생명', '성장을 위한 성장'은 모두 개인 간 네트워크가 주요 영역이라 가정하고, 삶의 의미를 건설하기 위한 정치 및 공동의 작업에 관심이 없다. 전략은 바뀌었지만, '어떠한 정치적 의미도 없는 삶'이라는 목표가 같은 것이다.

반공리주의와 그들의 탈성장 후계자들 사이 상호 비판은 모두 일리가 있다. 이들은 모두 서로 다른 이유로 우리 사회의 공리주의적 근본과 단절된 인식을 생산하려는 시도에 실패할 수 있다. 반공리주의와 탈성장을 위한 보다 확실한 길은 바타이유가 **데팡스**라는 개념으로 열었던 이론적 흐름을 통합하는 것이다. 더불어 아직 알려지지 않은 서구 사회의 다양한 반공리주의적 행동과 경험을 폭넓게 찾아나서는 것이다(로마노, 2012).

생물경제학

마우로 보나유티

생물경제학은 니콜라스 조르제스쿠 – 뢰겐의 연구가 중심이 된 학문 분야이다. 조르제스쿠 – 뢰겐은 경제학에 물리학과 생물학을 통합한 결과를 최초로, 그리고 가장 급진적으로 연구한 학자이다(보나유티, 2011: 1-48). 비록 조르제스쿠 – 뢰겐의 생물경제학을 특징짓는 사전 분석 전제의 일부는 생태경제학 창시자들(달리, 코스탄자 등)을 자극한 전제와 매우 다르지만, 학문 분야로 보면 생물경제학은 생태경제학과 다르지 않다. 조르제스쿠 – 뢰겐의 사전 분석 전제는 대부분 생태경제학자들의 관

마우로 보나유티(Mauro Bonaiuti)
이탈리아 볼로냐, 모데나, 파르마대학 등에서 강의를 했고, 지금은 투린대학교에서 강의 중이다. 경제, 생태계, 사회관계에 관심이 있다. 이탈리아 탈성장협회 공동 설립자이다. 『위대한 전환』(2014) 집필 등에 참여했다. mauro.bonati@unito.it

점과 확연하게 다르다. 특히 조르제스쿠 – 뢰겐은 지속 가능한 발전에 매우 강력하게 반대했다. 조르제스쿠 – 뢰겐은 "지속 가능한 발전은 가장 유독한 방안 가운데 하나"라고 말했다(보나유티, 2011:42).

지속 가능한 발전에 대한 그의 예리한 비판은 왜 조르제스쿠 – 뢰겐의 생물경제학이 초기부터 탈성장의 근간으로 간주되었는지를 보여준다. 1960년대 후반, 조르제스쿠 – 뢰겐은 신자유주의적 환원주의자들에 반대하며 열역학 혁명을 창시해 20세기 물리학과 자연과학의 세계로 경제학을 안내했다(조르제스쿠 – 뢰겐, 1971).

'생물경제학'이라는 용어는 1960년대 말 체코슬로바키아 아카데미의 이리 제만이 처음으로 사용했다. 그는 "거의 모든 측면에서 경제 과정 속 생물적 실체를 충분히 인정해야 한다"는 의미를 붙인 '신경제학'을 설명하기 위해 이와 같은 표현을 편지에 썼다(보나유티, 2011: 158). 이 용어가 마음에 든 조르제스쿠-뢰겐은 1970년대 초반부터 그의 연구 생애에서 도달한 결론의 핵심을 표현하는 용어로 '생물경제학'을 사용했다.

생물경제학의 첫 번째 시사점은 물리적, 생물적 근원을 지닌 경제 과정은 물리학 법칙에 따른 한계, 그중에서도 **엔트로피** 법칙을 간과할 수 없다는 점이다. 이는 경제 활동의 근본적인 목적인 생산과 소비가 제한 없이 **성장**하기란 경제 활동이 유한한 물질 · 에너지 자원을 기반으로 하기 때문에, 자연의 기초 법칙에 부합하지 않는다는 점에 대한 고려로 이어진다. 오늘날 생태경제학자들은 이 결론을 수용하지만, 주장이 처음 발표되었을 때는 충격적이었을 것이다.

생물경제학의 두 번째 시사점은 방법론이다. 경제 과정 순환에 대한 설명은 모든 경제학 교재 첫 장에 나온다. 이는 수요가 어떻게 생산을 자극하고, 생산은 새로운 수요를 창출하는 데 필요한 소득을 어떻게 발생시키는지 보여 준다. 이 과정은 무제한으로 재생산이 가능한 것으로 보인다. 그러나 이는 진화의 논리로 대체되어야 한다. 진화의 논리 안에서 경제 과정은 생물 물리적 근원과 가치, 제도와 상호 작용한다. 가치, 제도와의 상호 작용은 중요하다. 경제 과정이 '사회 문화 조직'들과 만들어 내는 상호 작용을 비롯해 **성장** 과정에서 규모의 도약과 연계된 질적 전환(출현)은 조르제스쿠-뢰겐과 **정상상태경제학** 창시자들과의 관점이 근본적으로 다른 이유를 설명한다. 조르제스쿠-뢰겐은 달리가 주장한 것처럼 **개발**을 단지 '더 많은 효용'을 의미하는 추상적인 과정이 아니라, '경제 성장과 뗄 수 없는' 견고한 역사 과정이라고 보았다(보나유티, 2011: 46). 물질과 에너지 소비(석유 등)의 불가피한 감소, 이에 따라 모든 사치품을 포기하는 사회로 나아가야 하는 시급성, 인구 감소, '최소 생물경제학 프로그램'의 핵심인 '기술 혁신에 대한 사회 통제'는 단순한 정책을 통해 이룰 수 없다. 이를 위해서는 오늘날 경제 사회의 전반적인 제도를 재검토해야 한다.

조르제스쿠-뢰겐은 '탈성장'이라는 용어를 쓰지는 않았지만 자신의 생물경제학 저서를 프랑스어로 번역 출간한 책에서 이 용어를 쓰는 것을 승인했다. 당시 프랑스어 번역은 자크 그리네발드(Jacques Grinevald)가 맡았으며 1979년에 출간되었다. 이 책은 '탈성장의 미래'라는 제목으로 출간되었다. '탈성장' 구호는 2002년에 『침묵』 리뷰 단행본에서, 같은 해 파리에서 열린 '개발을 철회하고, 세상을 다시 만들자'라는 주제의 국제회의에서 부활했다. 생물경제학적 비판과 이반 일리치(1973), 코넬리우스 카스토리아디스(Cornelius Castoriadis, 2010), 세르주 라투슈 등이 성장 사회에 가한 '문화·제도적' 비판이 '탈성장'이라는 새로운 구호 아래 모일 수 있다는 것은 곧 명확해졌다.

'문화·제도적' 비판을 하는 이들은 남반구, 특히 아프리카에서 개발 정책이 실패한 점을 지적하며 개발이라는 개념 자체에 대한 추상적인 가정과(**반공리주의** 등) 개발의 역사·사회적 영향을 급진적으로 비판했다. 문화·제도적 비판 학파와 생물경제학적 비판 학파는 마치 서로를 이미 알고 있었다는 듯 지속 가능한 발전을 비판하는 점에서 일치했다(라투슈, 보나유티, 2014: xiv 추천사).

훗날 이 연합의 성공이 어디에서 기인했는지 돌아본다면 흥미로울 것이다. 근본적인 이유는 개발에 대한 생물경제학적 비판, 그리고 문화적 비판이 유사한 (사전 분석) 전제를 가지고 있기 때문이다. 특히 조르제스쿠-뢰겐은 생물경제학 이론을 개발하기 전부터 '자연 및 일반 기초가 없는 경제 법칙'이 특정한 문화적 전제와 제도 안에서 구체화되었다고 생각했다. 조르제스쿠-뢰겐이 1960년~1966년 루마니아에서 지낸 기억에 영감을 받고, 인도(1963년), 브라질(1964년, 1966년, 1971년), 가나(1972년)에서 머물며 확신을 얻어 쓴 인구 과잉 사회의 소농 경제에 관한 글들을 보면, 그는 자본주의 경제에 유효한 처방이 소농 경제에는 치명적일수 있다는 점을 명확하게 알았다. 달리 말해 조르제스쿠-뢰겐의 생물경제학은 개발에 대한 비판(일리치, 1973 / 카스토리아디스, 2010)에 힘입어더욱 발전했으며, 서구 모델이 사회 생태적으로 지속될 수 없는 근본적인 이유는 문화적 전제 및 이와 연계된 제도에 있다는 최종 결론을 내릴수 있었다. 조르제스쿠-뢰겐은 정상 상태 개념처럼 시장 경제의 인류학적, 제도적 근간에 급진적으로 도전하지 않는 지속 가능한 발전을 강력하게 반대했다. 조르제스쿠-뢰겐은 말년에 순수 물리와 논리적 토대(열역학 제4법칙) 위에서 주류 모델을 비판하며, 생태적 지속 불가능성은 성장 경제를 특정짓는 문화, 제도적 전제의 결과일 뿐이라고 주장했다.

조르제스쿠-뢰겐이 마르셀 모스와 칼 폴라니의 글을 읽고 이반 일리치를 1970년대에 멕시코에서 만났다면, 탈성장 운동의 주요 주장이 30년 일찍 형성됐을지도 모른다. 그러나 지난 세기 마지막 25년간 제기됐던 앙드레 고르의 제안들과 마찬가지로 (앙드레 고르는 일리치를 멕시코 중부 도시인 쿠에르나바카에서 실제로 만났다) 조르제스쿠-뢰겐의 '최소 생물경제학 프로그램'에 대한 침묵은 시기가 무르익지 않았다는 점을 보여준다.

그렇다면 무엇이 변했는가? 1970년대 이후 석유 파동과 3차 산업 분야 내 케인즈-포드식 축적 구조[1]가 유동적 축적 구조로 전환하며 자본주의 사회에서 성장과 생산율은 지속적으로 감소했다. 반면, 지나치게 복잡해진 관료적, 경제 금융적 초과학기술과 연관된 사회 생태적 비용은 증가했다. 1970년대의 위기는 S자로 오르내리는 축적의 순환이 제2기로 진입했음을 보여 주었다. 즉 '한계 수익이 감소하는' 시기이다(보나유티, 2014). 이 시기는 2007년 금융 위기 이후, 보다 심각해진 사회 복지의 감소를 동반한다.

---

1 정부의 지출을 늘려 소비 진작을 통해 경제를 활성화해야 한다는 케인즈주의(Keynesian economics)와 대량 생산과 소비 체제를 일컫는 포디즘(Fordism)을 합한 용어.

개발 비판

아르투로 에스코바

개발은 하나로 정의할 수 없다. 많은 이들은 개발을 가난한 국가들이 근대화하는 데 필수 전략이라 여긴다. 어떤 이들에게 개발은 부유한 자본주의 국가들이 가난한 국가에 강요하는 제국주의적 폐해이며, 따라서 반대해야 할 무엇이다. 또 다른 이들에게 개발은 서구 사회가 비서구 사회를 문화적으로 지배하기 위해 발명한 담론이어서 경제 효과를 떠나 비난받아야 마땅한 것이다. 마지막으로 일반 대중에게 개발은 품위 있는 삶에 대한 열망의 반영인 동시에 파괴적인 과정이라는 두 얼굴로 다가

아르투로 에스코바(Arturo Escobar)

미국 노스캐롤라이나대학교 채플힐 캠퍼스 인류학 교수. 정치생태학, 디자인, 개발 인류학, 사회운동, 과학과 기술에 관심이 있다. 주요 저서로 『개발을 만나다: 제3세계 만들기와 허물기』(1995, 제2판 2011)가 있다. aescobar@email.unc.edu

온다. 전체적으로 봤을 때 개발은 사회, 경제, 정치, 문화적 측면을 포함한 최근의 역사 과정이라고 할 수 있다.

개발이라는 개념은 1940년대 후반까지 현재의 의미를 갖지 않았다. 당시 '경제 개발'은 '미개발된 지역'에서 산업화 국가들을 특징짓는 조건들을 되풀이하기 위한 과정과 연계되었다(넓게 말해 농업의 기술화, 도시화, 산업화, 근대 가치 채택). 개발 개념의 시초는 식민 시대 후반기로 거슬러 올라가 찾을 수 있는데, 당시에는 빈곤 퇴치를 위한 노골적이고 계획적인 과정으로 여겨졌다(1929년 영국의 식민지개발법과 1930년대 남아프리카의 일부 '커뮤니티 개발' 계획 등). 오늘날 개발 개념은 제2차 세계대전 이후 이뤄진 대규모 재조정의 산물이다. 또한 브레튼 우즈 기구[1] 및 대부분 제3세계 자본 계획 기관을 포함한 대대적 제도 장치이기도 했다. 따라서 '개발'과 '제3세계'라는 개념은 제3세계의 근대화를 유발하는 뛰어난 전략으로 개발을 선택한 역사의 산물이다(에스코바, 1995 / 리스트, 1997). 1940년대 후반 해롯과 도마(Harrod and Domar)의 성장 경제학과 함께 부활한 자본 축적에 관한 관심은 자본 산출 비율을 통해 성장을 저축과 투자에 연결 지었으며, 이는 이후 개발 개념이 성장과 연결되는 또하나의 중요한 배경이 되었다. 바티모나 두셀과 같은 일부 철학자들에게 개발과 진보는 근대화의 중심축이었다. 개발과 진보가 모든 국가가

---

1 1984년에 설립된 미국 비영리 순수 민간단체이다. IMF와 세계은행의 핵심 역할에 대한 개혁 방안을 마련하기 위해 설립됐다.

같은 역사의 단계를 때로는 강제적으로 밟아 나가야 한다고 주장하는 '개발주의자의 오류'에 부여하는 불가피한 특권인지 여부는 문제가 아니었다.

지난 60년 동안 사회 과학에서 개발의 개념화는 세 번의 주요 분기가 있었다. 이는 서로 대조되는 세 가지 이론의 탄생과 일치한다. 즉 1950~1960년대 성장에 관한 이론과 연계된 근대화 이론, 1960~1970년대 마르크스주의에 영감을 받은 종속 이론과 이와 연관된 주장들, 그리고 1990~2000년대 문화적 담론으로서 개발에 대한 비판이 그것이다. 근대화 이론은 많은 이론가와 전세계 지식인의 머릿속에 확실성 시대의 개시를 알렸다. 종속 이론은 이러한 확실성을 강타했다. 종속 이론은 가난한 국가들이 외부적으로 부유한 국가에 종속되고, 내부적으로는 부유층이 빈곤층을 착취하는 상황이 연결되는 지점에서 저개발의 근원을 찾을 수 있다는 이론이었다. 즉, 저개발이 자본이나 기술, 근대적 가치의 부족에 기인하지 않았다는 주장이다. 종속 이론가들은 개발에 따른 문제가 자본주의가 불러오는 문제만큼 크다고 보지 않았기 때문에 이들은 성장에 대한 가정은 그대로 두고 사회주의적 개발 형태를 지지했다. 1980년대에 세계적으로 늘어난 문화적 비판은 **개발**의 근본 아이디어에 의문을 제기했다. 이들은 개발이 서구에서 만든 담론으로 제3세계의 문화적, 사회적, 경제적 생산을 위한 강력한 기제로 작동한다고 분석했다(에스코바, 1995 / 리스트, 1997). 이러한 세 번의 분기점은 이론이 탄생한 근원 배경에 따라 분류될 수 있을 것이다. 즉, 자유민주주의, 마르크스주의, 후기구조주의 이론이 그 배경이다. 중첩되고 절충되는 이론 조합에도 불구하고, 일부 근대화 패러다임은 현재까지 대다수의 주장에 영향을 미치고 있다. 이는 신자유주의 세계화의 틀이기도 하다. 시장이 과거 개발 시대에 비해 더욱 집중화되었음에도 불구하고 신자유주의 세계화는 여전히 성장, 진보, 근대 가치, 합리적 정책을 핵심 가정으로 삼는다. 마르크스주의자와 문화주의자들의 관점은 사라지지 않았다. 이는 21세기 사회주의가 논의되는 라틴아메리카의 사례(마르크스주의에 영감을 받은 관점)와 자유주의적, 신자유주의적 틀에 도전하는 **부엔 비비르**에서 볼 수 있다.

후기구조주의자들의 주장은 마르크스주의적 비판보다 덜 알려지긴 했지만, 이들의 주장을 강조할 필요가 있다. 왜냐하면, 후기구조주의자들의 주장이 성장을 포함한 개발의 중요한 문화적 가정에 급진적인 의문을 제기하고, 이탈리아와 프랑스에서 논의된 초기 탈성장 이론에서 중요한 역할을 했기 때문이다. 후기구조주의자들의 비판은 1992년 볼프강 삭스가 편집해 출간한 공동 저서『개발 사전(The Development Dictionary)』에서 무르익었다. 이 책은 논란의 여지가 있는 주장으로 시작한다. "지난 40년은 개발의 시대로 불릴 수 있다. 이 시대는 끝나고 있다. 부고문을 써야 할 시기가 오고 있다(삭스, ed. 1992: 1)." 만약 개발이 죽었다면 그 후에 무엇이 오는가? 일부에서는 이러한 질문에 대해 '포스트개발 시대'에 대한 논의를 시작했다. 그리고 이러한 생각에 살을 붙이기 위해 두 번째 공동 저서인 『포스트개발 교재(The Post-development Reader)』를 출간했다(라네마와 보트리, 1997). 라투슈를 비롯한 일부 탈성장 이론가들은 북반구에서 이러한 관점을 확산하는 데 기여했다. 이후 이에 대한 반향으로 학문, 정치 모든 면에서 활발한 토론이 이어지고 있다. 이러한 토론은 다양한 학문 분야에서 활동가들과 학자들을 불러 모은다.

포스트개발은 더 이상 개발이 사회적 삶의 중심 원칙이 아닌 시대를 의미한다. 포스트개발은 다른 두 개의 상상계와 연관된다. 경제를 장악하는 자본주의에 의문을 제기하는 포스트자본주의, 경제·사회 생활의 중심에서 성장을 떼어 놓는 포스트성장 또는 탈성장이 그것이다. 그러나 이러한 틀이 북반구와 남반구에서 각각 어떻게 간주되고 구축되는지에 대한 지리적인 불균형은 분명 존재한다. 북반구에서 탈성장에 관한 학문적, 정치적 토론이 점차 주목을 받는 데 비해, 남반구에서는 아직 그렇지 않다. 일부에서는 적어도 몇몇 분야의 성장은 필요하다고 주장한다(의료, 교육, 생계 등). 남반구의 토론은 개발을 재정의하는 것에 더욱 집중한다. 지난 5년간 특히, 라틴아메리카에서 개발에 대한 토론이 다시 활발해지기도 했다. 현재 분위기는 '개발의 문화적, 이념적 기본에서 탈피해 다른 상상계, 목적, 실천을 생산하며, 더욱 깊은 의미에서의 대안을 물색하자'는 것이다(구디나스와 아코스타, 2011: 75). 지난 10년간 라틴아메리카의 진보 정권 물결이 토론에 도움이 되었으며, 사회 운동은 토론의 추동력이 되었다. 부엔 비비르로 불리는 좋은 삶에 대한 권리와 자연의 권리는 핵심 토론 주제이자 운동 주제이다. 이 토론은 문명 모델의 변화, 채굴주의 이후 모델로의 전환에 관한 토론과 같은 선상에 있다. 북반구의 탈성장과 전환, 남반구 개발에 대한 대안과 문명 변화, 채굴주의 이후로의 전환 사이에 보다 명확한 연결 고리가 필요하다. 그러나 북반구는 탈성장이 필요한 한편, 남반구는 '개발'이 필요하다는 생각의 덫에 빠지지 않는 점이 중요하다. 지정학적, 인식적 특징들을 존중하면서 탈성장과 개발에 대한 대안을 나란히 토론할 때, 북반구와 남반구에 변화가 생길 것이다.

세계적으로 경제의 지구화는 특히 아시아에서 거대한 힘을 얻으며 '개발'에 대한 비판적 토론을 뒤로 제쳤다. 개발에 대한 토론은 또한 '새천년개발목표(MDGs)' 담론 안에 길들여졌으며, 2015년 이후에는 '지속 가능한 발전 목표(SDGs)' 담론 안에 길들여졌다. 그러나 세계적 운동과 더욱 심각해지는 빈곤, 환경 파괴로 인한 비판적인 대화는 계속되고 있다. 이러한 대화는 개발에 관한 토론을 인식의 탈식민화와 사회 · 환경 정의, 문화적 차이에 대한 방어, 포스트자본주의와 포스트성장으로의 전환에 대한 의문과 연결시킨다. 이들 운동에서 신자유주의와 같은 기존의 개발은 더 이상 선택지가 아닌 것이 명확하다. 따라서 라틴아메리카에서 개발 대안을 다시 논의하는 것은 희망의 횃불이다. 세계사회포럼의 구호와 같이 "또 다른 세계는 가능하다"면 개발에 대한 대안들 역시 가능하다는 것이 명확해지고 있다. 사회 운동과 전환을 지지하는 많은 이에게 개발의 형태나 개발에 대한 대안은 그 어느 때보다도 **성장**, 채굴주의, 심지어 근대성에 대한 의문을 가져다 줄 것이다.

환경 정의

이사벨 앙게로브스키

환경 정의는 자신의 집과 주변 환경에 안전하게 머물 수 있고, 통제되지 않는 투자와 성장, 오염, 토지 수탈, 투기, 투자 회수, 부식과 유기 등으로부터 보호 받을 권리를 일컫는다.

1970년대 후반 널리 알려진 최초의 환경 정의 운동이 미국 뉴욕주 러브캐널(1978년), 노스캐롤라이나주 워런 카운티(1982년)에서 조직됐다. 이들 운동의 목적은 분명했다. 환경오염과 오염이 건강에 미치는 영향을 줄이기 위함이었다. 러브캐널에서는 백인 노동자 계급 주민들이 집

이사벨 앙게로브스키(Isabelle Anguelovski)
도시 계획을 공부했다. 도시 불평등, 환경 정책과 계획, 개발학 연구를 한다. 『난민 이웃: 공동체 재건, 공간 다시 만들기, 도시 내 환경 정의』를 최근 펴냈다. isabelle.Anguelovski@uab.cat

과 학교 아래 묻혀 있는 2만 톤의 유독 화학 물질에 반대하는 운동을 조직했고, 833가구가 이주하기로 합의하는 데 성공했다. 워런 카운티는 역사적으로 소외된 집단에 영향을 미치는 환경 문제를 인종 차별과 연결 지었다. 이곳 아프리카계 주민들은 쓰레기 매립지에 버려진 1만 트럭 분량의 오염된 토양으로 인해 피해를 받았다. 이는 환경보호청이 승인한 결정이었다. 이들의 저항 운동은 유색 인종이 유독 폐기물 매립지의 유해성에 불공평하게 노출된다는 점, 환경 불평등과 환경적 인종 차별이 긴밀한 관계를 가진다는 점을 역설했다.

1980년대 이후, 오염에 대한 노출이 집단별로 차이가 있는 점과 폐기물 매립지, 소각로, 정유 시설, 교통, 소규모 지역 내 원인 물질로 인한 건강상 위협에 대해 사회학, 환경 정책, 환경 보건 분야에서 광범위한 연구가 이루어졌다(지, 2007). 농약이나 유해 폐기물을 쓰는 농장이나 공장 노동자들의 일터 역시 유해 물질 및 위험에 노출되어 있다. 이와 유사하게 남반구에서는 금광 내 수은 유출, 구리 및 석탄 노천 광산, 석유 추출과 벌목, 단일 경작 농업으로 인한 산림 파괴와 토지 침식, 수력 발전 댐 등이 수백 만 헥타르의 자연을 황폐화하며 빈곤층의 건강을 위협한다. 이에 더해 산업, 농업 및 전자 제품에서 발생하는 천문학적인 규모의 유독 폐기물과 폐기되어야 할 선박 등은 가난한 국가에 수출되고 있다(카르민과 아그예만, 2011).

환경 부정의에 대항한 운동은 북반구에서 활발했으며, 특히 미국에서 적극적이었다. 환경 시민단체, 지역 단체, 과학자, 변호사와 함께 주민들은 정제소, 폐기장, 재활용 시설 등 지역에서 원하지 않는 토지 이용에 반대하는 운동을 조직했다. 환경 인종주의를 다뤄야 한다는 요구는 인권과 성 평등의 관점 이전에 시민권의 관점에서 시작됐다. 미국에서 시작된 환경 정의 운동은 1990년대 중반부터 세계적인 운동이 됐다. 북반구에서 탄생한 이 운동은 '환경 정의'라는 용어를 전 세계에 퍼뜨렸고, 특히 환경 정의 운동은 남반구에서 빈곤층의 **환경주의**라 불린 운동과 라틴아메리카에서 이미 토지 갈등, 환경 재앙을 둘러싸고 벌어지던 갈등과 연결되었다. 환경 정의 운동을 미국에서 이끌고 연구한 로버트 블라드는 1990년대 브라질과 남아프리카에서 영향을 받아 미 전역에서 환경정의 운동을 추진했다. 오늘날 천연자원을 둘러싼 갈등은 전 세계에서 벌어지며, 빈곤층과 원주민들은 천연자원 채굴과 이로 인한 오염으로부터 자신의 땅과 생계, 문화적 가치와 정체성을 지키려 한다.

환경 불평등은 유해 물질 분배나 천연자원 채굴 문제에만 존재하지 않는다. 환경재와 서비스 분배에서도 환경 불평등은 존재하며, 이는 특히 도시에서 두드러진다. 가난한 지역에는 대개 녹지, 거리 청소, 쓰레기 수거 등의 환경 서비스가 열악한 반면, 부유한 지역에서는 공원, 해안, 공용 공간 등 환경적 특혜를 누릴 수 있다(파크와 펠로, 2011). 이들 조건은 종종 주변 이웃의 쇠락과 연결된다. 이와 유사하게 남반구의 뭄바이나 자카르타 같은 대도시에는 환경 편의 시설 혜택을 누리는 부유한 계층과 쓰레기 수거나 수도 공급 서비스조차 누리기 어려운 슬럼 간 극단적인 불평등이 존재한다.

결과적으로 지난 10년간 환경 정의에 관한 논의는 확장되고 더욱 다각화되었다. 여기에는 공정한 지속 가능성의 문제도 포함된다(아그예만 외, 2003). 오늘날 북반구 도시의 환경 정의 단체들은 편리하고 저렴하며 깨끗한 교통 시스템, 건강하고 신선하며 지역에서 생산하는 식품, 친환경적이고 저렴하며 건강한 주거, 재활용이나 주거 환경 녹지, 녹색 경제 훈련과 직업 등을 위해 활동한다. 소외된 지역에서 이뤄지는 **도시 텃밭**과 같은 환경 사업은 직간접적인 도시의 쇠락이 몇 년간 계속된 데에 대한 대응이다. 공동체 농장 같은 프로젝트는 사회화 도구를 제고한다거나 사회 유대를 건설한다는 목적을 넘어, 분절된 공동체를 회복하고 환경 트라우마를 극복하도록 도와준다. 예를 들어 1980년대 미국 보스턴의 두들리 지역은 방화와 유기로 황폐화되어 있었고 공터 천 오백 군데가 있었다. 오늘날 공동체 텃밭, 농장, 공원, 놀이터 등의 프로젝트는 주민들이 소외와 환경의 질 저하, 빈곤에 노출되어 있다는 불안을 극복하는 데 도움을 준다. 주민들은 다시 자신들이 사는 동네에 안정감을 느낄 수 있다. 일부 환경 정의 사업은 탈성장에 포함되기도 한다. 이러한 사업들이 **공유물**에 기반을 두고 더 작고, 단순하며, 대안적인 경제 형태를 조성하기 때문이다.

로간과 몰로치 등의 학자들은 엘리트, 금리 생활자 및 이들을 둘러싼 정치 경제적 연맹이야말로 규제되지 않는 **자본주의**와 사적 자본의 축적, 공간적 불평등의 원동력이라고 지적하는 데 성장 기계 이미지를 사용했다. 투자는 성장, 평가 절하, 파괴, 재투자, 조직의 순환 속에서 이곳저곳으로 이동한다. 따라서 개발은 도시 안에서 균등하게 이뤄지지 않는다. 다르게 말하면, 생산의 쳇바퀴는 투자자, 지식인, 정책 결정자에게 유리하며, 사회 피라미드 하위에 있는 이들에게는 부정적 영향을 미친다(슈네버그 외, 2002). 부유한 집단은 자원이 풍부한 동네에 살며 환경재와 편의 시설 혜택을 누리는 동시에 소외된 동네로 환경 부담을 전가할 수 있다. 농촌 지역에서 자원 채굴을 둘러싼 갈등이 증가하는 이유는 **상품 개척 경계**의 확장을 통해 이뤄지는 사회 **메타볼리즘**의 증가, 새로운 공급과 자원이 필요하기 때문이라고 설명할 수 있다.

도시와 농촌, 남반구와 북반구에서 토지는 개인의 전용, 투기, 이용을 위한 것이다. 따라서 **성장**은 부당성을 만들어 내는 과정의 일부이다. 기술의 진보는 생산과 소비를 시너지가 생기는 방향으로 확장하도록 이끈다. 또한 국가, 투자자, 노동자들은 직업 창출, 수입, 생산의 순환, 물질 자원 채굴, 폐기물 축적, 불균등한 지역 개발을 영속화하기 위해 경제 성장에 기댄다. 따라서 오늘날 환경 정의 운동의 새로운 주제이자 가장 근본적인 문제는 공간, 땅, 거주지에 대한 권리 보호이다. 농촌의 가난한 농부들은 농산물 바이오 연료 생산, 광업, 석유 및 가스 추출로 인한 토지 약탈에 저항하며, 그들의 땅과 물을 보호해야 할 공유물로 여긴다. 북반구 도시의 많은 환경 정의 단체들은 폐기물 매립지와 쇠락한 공간 재건이라는 기존 주제에서 적정한 주거비를 위한 투쟁, 재건된 공간에서 주민들이 생활을 유지할 수 있도록 하는 투쟁으로 운동의 방향을 전환했다. 인도 방갈로르나 멕시코의 멕시코시티 같은 남반구 도시에서 많은 이들이 지역에 영향을 미치는 공항이나 고속도로, 출입 제한된 거주지에 대한 반대 운동을 전개하고 있다. 인도 폐기물 수집 연합(Alliance of Indian Wastepickers, AIW) 같은 단체들은 개인이나 공장에서 버린 물질들을 수거, 분류, 재활용 및 판매하는 생계 수단을 지키려 하며, 이들의 소득원을 앗아갈 수 있는 소각장 건립에 맞서고 있다.

결과적으로 많은 환경 정의 운동가들이 도시에 대한 권리 싸움에 참여하고 있으며, 이는 탈성장 담론과 연결된다. 도시에 대한 권리를 비롯해 생산 공간의 통제뿐 아니라 도시 이용과 조성의 중요성에 대해 논한 르페브르의 담론을 보면, 미국의 '도시에 대한 권리 연맹'과 같은 연합은 경제·환경 정의와 더 큰 민주주의를 옹호하는 활동을 한다. 또한 이는 부동산 투기, 지역 공간 사유화, 젠트리피케이션[1]의 종식과 연결된다. 이들은 지역 공간과 텃밭이 호화 주택으로 대체되는 데에 저항하며, 도시를 아름답고 깨끗하게 만들면서 교환 가치를 최대화하는 사업에 의문을 제기한다. 남반구에서는 강제 이주에 맞선 저항이 비아캄페시나, 브라질

---

1 낙후됐던 구 도심이 번성해 중산층 이상의 사람들이 몰리면서 임대료가 오르고 원주민이 내몰리는 현상.

의 토지 없는 노동자 운동, 인도의 부미 우츠헤드 프라티로드 위원회 등의 토지권 운동과 연결된다.

조직이나 정치적인 관점에서 볼 때 이러한 운동들은 전환적 주장을 형성한다. 국가로부터 자율성을 확보하고, 민주주의와 의사 결정을 보다 즉흥적이고 직접적인 형태로 건설해야 한다고 주장하기 때문이다. 환경 정의 운동은 경제 체제의 급진적인 전환과 경제 성장의 수정으로부터 벗어날 것을 요구하는 집단(에콰도르 토속민이 지지하는 수막 카우사이, **부엔 비비르** 등)과 현재 체제에 대한 근본적 대안을 제시하지 않고 자유 시장 자본주의를 개선하기 원하는 집단으로 나뉘어져 있다. 후자는 생산과 소비의 증가, 자원 채굴, 불평등한 환경 시설 부지 선택 등이 가져오는 장기적이고 폭넓은 함의를 고려하지 않는다.

결론적으로 환경 정의 운동은 더 적게 소비하고 생산하는 것으로는 불충분하다는 것을 일깨워주는 역할을 한다. '더 적은' 생산품이 더 '공평하게' 분배되어야 하며, 사람들이 생산 과정을 통제함으로써 보다 평등한 도시와 농촌 관계를 이루어야 한다.

환경주의

조안 마르티네스-알리에

환경주의에는 세 가지 주요 흐름이 있다. 자연 보호 운동(Cult of Wilderness), 생태효율성주의(the Gospel of Eco-Efficiency), **환경 정의** 또는 빈곤층의 환경주의(Mantra of environmental justice)이다. 이들은 한 그루 나무에서 뻗은 세 개의 가지, 또는 강 하나를 가로지르는 세 개의 물줄기이다.

미국에서 자연 보호 운동의 기원은 스코틀랜드 태생 미국인 자연학자 존 뮤어의 저서와 요세미티 국립공원, 옐로스톤 국립공원 조성이다. 유

조안 마르티네스-알리에(Joan Martinez-Alier)
스페인 바르셀로나자치대학교와 에콰도르 키토 라틴아메리카 사회과학원(FLACSO) 명예교수. 『생태경제학: 에너지, 환경, 사회』(1987) 및 『빈민의 환경주의: 생태 갈등과 평가 연구』(2002) 저자이다. joanmartinezalier@gmail.com

럽과 다른 지역에서도 유사한 운동이 있었다. 1980년대 '자연 보호'보다 '빈곤층의 환경주의'가 주창된 인도에서도 조류 관찰의 오랜 전통과 중산층, 상류층의 자연 보호 활동이 존재했다.

　활용 가능한 인적 · 경제적 자원 측면에서 볼 때, 자연 보호 운동의 규모는 매우 크다. 19세기 이후 이 흐름의 주요 관심사는 깨끗한 자연을 인간으로부터 떼어 놓음으로써 지키고, 야생 동식물을 경제나 생계를 위해서가 아니라 생태적이고 미적인 가치를 위해 보호하는 것이다. 세계적으로 자연 보호 운동은 점차 경제적 언어로 치환되고 있다. 비록 많은 구성원들이 '심층 생태학(deep ecology, 자연의 본질적 가치)'을 믿고 자연을 신성하게 여긴다고 주장하지만, 이미 '자연 보호' 운동은 경제학자들의 행렬에 동참했다. TEEB(생태계와 생물다양성의 경제학, The Economics of Ecosystems and Biodiversity) 보고서는 세계야생생물기금(World Wildlife Fund, WWF)과 세계자연보전연맹(IUCN)의 지지를 받은 프로젝트의 일환으로 2008~2011년에 작성됐으며, 유엔환경계획(UNEP)의 후원으로 출간되었다. 이 보고서는 다음과 같이 주장했다. 생물다양성의 손실을 가시화하기 위해 우리는 하나의 생물종이 아닌 생태계 전체에 초점을 맞춰야 하며, 인간에 대한 생태계 서비스에 초점을 맞추고 이러한 서비스에 경제적 가치를 매겨야 한다는 것이다. 이는 정치인과 기업인의 관심을 자연 보전으로 유도할 것이라는 주장이다. TEEB 보고서는 광업 기업 리오틴토의 원칙인 '순수 긍정 효과'를 극찬한다. 그러나 이 원칙은 국가나 기업이 국립공원 조성이나 맹그로브 옮겨심기를 지원한다면 어디에서든 노천 광산을 운영할 수 있다는 주장을 내포한다. 존 뮤어는 이러한 제안을 끔찍하게 여겼을 것이다.

환경주의의 두 번째 흐름인 생태효율성주의는 아마도 오늘날 가장 강력한 흐름일 것이다. 이 명칭은 1959년 사무엘 헤이스가 낸 책 제목 『보전과 효율성주의: 진보적 보전 운동, 1890~1920』을 상기시킨다. 이는 미국 내에서 쓰레기를 줄이고 산림을 보호하거나 목재 플랜테이션으로 전환하기 위한 초기 연방 환경 정책을 설명한다. 생태효율성주의의 주요 인사는 유럽에서 임업 훈련을 받은 기포드 핀초트였다.

'지속 가능성(Nachhaltigkeit)' 개념은 19세기 독일 산림 관리 분야에서 소개됐다. 이는 청정한 자연에 대한 존중을 의미하는 것이 아니라, 산림을 최고로 지속 가능하게 경작하여 임산품을 생산함으로써 자연을 통해 어떻게 이익을 창출하는지 보여주기 위한 것이었다. 이 아이디어는 오늘날 지속 가능한 기술, 환경 경제 정책(세금, 거래 가능한 어업 쿼터제, 오염권 시장 등), 자원 추출의 최적 비율, 잃어버린 '자연 자본'을 대체하는 제조 자본, 환경 서비스의 가치 평가와 지불제, 경제의 비물질화, 동식물의 서식지 거래 또는 탄소 거래 등 지속 가능한 발전 비법 모음에서 볼 수 있다. '생태효율성주의'는 '생태근대화주의' 또는 '환경 쿠즈네츠 곡선[1]'

---

1 러시아 경제학자 쿠즈네츠가 경제 성장이 이뤄짐에 따라 소득 불평등도가 어떻게 변화하는지 곡선으로 제시.

에 대한 믿음과 일맥상통한다. '지속 가능한 발전'은 1987년 브룬틀란 보고서 출간과 함께 널리 알려졌다.

　탈성장주의자들은 지속 가능한 발전을 두 가지 이유에서 반대한다. 첫째, 이들은 경제 **성장**이 환경적으로 지속 가능할 수 있다고 믿지 않는다. 둘째, 많은 탈성장주의자들은 **개발**이라는 아이디어 자체에 반대한다. 아르투로 에스코바, 볼프강 삭스 등이 1980년대에 설명한 바와 같이, 개발은 미국식 생활양식을 위한 획일적 변화 유형을 의미했기 때문이다. 미국식 생활양식은 오늘날 일부 남반구 국가에서 나오는 **부엔 비비르**나 수막 카우사이가 강조하는 바와 매우 다르다(반헐스트와 벨링, 2014).

　탈성장 운동은 높아진 생태 효율성이 **제본스의 역설** 또는 리바운드 효과[2]로 인해 쉽게 무효화될 수 있다는 점을 강조한다. 그럼에도 불구하고 대부분 정부와 유엔은 '생태효율성주의'를 따르고 있다. 한편 **환경 정의** 운동은 세계자연보전연맹만큼 잘 조직되어 있지는 않지만 지역별 저항 운동과 네트워크의 종합체이다. 이러한 운동들은 생계, 사회, 문화, 경제, 환경 문제를 결합한다(마티네즈 – 알리에 외, 2014). 이들은 생계 수단과 생물다양성을 지키며, 석유, 광물, 목재, 바이오 연료의 추출 논리를 따르는 상품 개척 경계 반대편에 '도덕 경제'를 놓는다. 도덕 경제는 기후 정의와 물 정의에 대한 요구도 포함한다.

2　자원 사용의 효율을 높이는 새로운 기술로 얻은 절약 효과가 행동 양식이나 다른 영향으로 인해 감소하거나 오히려 사용량이 증가하는 현상.

환경 부정의에 대항하는 운동이 증가하는 가운데, 전 세계 많은 이들이 환경을 지키는 과정에서 살해되고 있다.

빈곤층은 환경주의자들처럼 생각하고 행동하지 않는다. 이를 믿는다면 뻔한 궤변일 것이다. 가난한 이들의 환경주의는 세계 경제가 화석 연료와 유한한 자원에 의존한다는 사실로부터 발전했다. 세계 경제는 화석 연료와 유한 자원을 찾아 지구 끝까지 가서 청정한 자연과 인간의 삶을 오염시키고 저해하며, 종종 여성이 이끄는 빈곤층과 토속민 저항과 부딪친다. 빈곤층과 토착민들은 때때로 경제적 보상을 요구하기도 하지만, 대개 인권, 토지권, 생계, 위기에 처한 산과 강의 신성함과 같은 가치에 호소한다.

환경 보호 운동은 가난한 이들의 환경주의를 무시해 왔다. 또한 유럽과 북미에 뿌리를 둔 탈성장 운동과 **정상 상태 경제** 운동은 자원을 둘러싼 세계적인 투쟁의 강도를 저평가했다. 그러나 정치생태학의 주요 가설 중 하나는 세계 사회 **메타볼리즘**의 증가로 인해 자원 채굴과 매립지를 둘러싼 갈등이 점차 늘어난다는 것이다. EJOLT(Environmental Justice Organizations, Liabilities and Trade)프로젝트[3]가 구축하는 개방형 데이터베이스에 전 세계에서 발생하는 많은 환경 분쟁을 국가별, 항목별로 모으고 있다(www.ejatlas.org, 2018년 6월 기준).

---

3 환경을 주제로 EU가 진행하는 프로젝트이며, 환경 정의 단체와 과학자, 운동가가 참여한다.

그간 산림 파괴, 바이오 연료, 광업, 플랜테이션, 댐 등에 맞서 싸우는 가난한 이들과 토착민의 환경주의에 환경 보호 운동을 더욱 밀접하게 결합시키려는 시도가 있었다. 예를 들어 맹그로브는 새우 양식에 맞서 보호될 수 있는데, 이는 맹그로브가 주민들의 생계와 연관되어 있을 뿐만 아니라 생물다양성과 미적 가치를 지니기 때문이다. 환경 보호 운동을 환경 정의와 잇는 기회가 있음에도 불구하고, 이를 실현하기가 어려운 이유는 환경 보호 운동이 기술자, 경제학자와 너무 가까울 뿐 아니라, 보호 운동이 셸이나 리오틴토 같은 기업에게 단체 후원금이나 연구비를 받으며 양심을 팔아버렸기 때문이기도 하다.

이와 달리 탈성장 운동은 환경 정의 운동과 가난한 이들의 환경주의와 쉽게 연결될 수 있다. 그러나 정치적 좌파(브라질의 룰라 또는 루세프 대통령, 인도 서벵갈의 공산당, 볼리비아의 에보 모랄레스 대통령, 에콰도르의 라파엘 코레아 대통령 등)는 빈곤층과 토착민들의 환경주의를 좋아하지 않는다. 이들의 운동이 모두가 필요로 하는 식량, 건강, 교육, 주거 수요를 지속 가능하게 충족할 경제를 건설하기 위해 시장 체계의 침투와 사회적 메타볼리즘의 성장에 맞서 싸우는 데도 불구하고 말이다.

환경주의의 세 가지 주요 흐름 사이에는 깊은 간극이 있다. 하지만 생물다양성 상실을 우려하는 보호주의자들, 생태적 빚 청산과 태양 에너지를 위한 기술 변화를 요구하며 기후 변화의 부당성을 우려하는 많은 이들, 에코페미니스트, 일터에서의 건강 문제를 우려하는 일부 사회주의

자와 노동조합원들, 경제 성장 약속을 핑계로 경제 정의를 영원히 미룰 수 없다는 것을 아는 이들 사이에 뜻이 모아질 수 있다는 희망이 존재한다. 또한 시장으로부터의 '자율성'을 설파하는 도시의 점유 운동가들, 농업 생태주의자들, 새로운 농촌 또는 '**다시 땅으로**' 운동가들, 탈성장주의자들, 일부 부유한 국가의 '성장 없는 번영' 지지자들, 비아캄페시나와 같은 대규모 국제 소농 운동들, 기술 변화의 위험과 불확실성에 대한 비관주의자(혹은 현실주의자), **상품 개척 경계**에서 환경 보호를 요구하는 토착민들, 세계 **환경 정의** 운동 사이에 뜻이 모아질 수 있다는 희망 역시 존재한다.

정책 면에서 볼 때, 탈성장 운동은 '자원 사용 제한'을 주장한다. 이는 일부 국가에서 이산화탄소 제한과 화석 연료 사용 제한을 위해 이미 쓰는 정책이다. 이러한 정책은 광물과 바이오매스 사용 제한을 위해 확대될 수 있다. 에콰도르의 야수니 ITT(Ishpingo, Tambocha, Tiputini) 계획[4] 같은 제안과 나이지리아의 '석유를 땅속에(oil in the soil)' 같은 시도는 탈성장 관점과 완벽하게 일치한다(마티네즈-알리에, 2012).

가난한 이들의 환경주의를 포함한 환경 정의 운동은 탈성장 운동의 또 다른 주요 주장인 '이재학[5] 측면에서 경제의 사회 관련성을 낮추자'는 주장과 일치한다. 이는 일반화된 시장 체계를 집단적 상상 속의 사회 조직

---

4 유전을 미개발 상태로 남겨 아마존 열대림을 보호하자는 계획.

5 돈으로써 더 많은 돈을 추구하는 것.

원칙에서 배제시키자는 뜻이다. 이는 전 세계 많은 이들이 생계를 위해 **공유물**과 같은 공동 관리 체계를 통해 자연 자원에 대한 접근권을 지킴으로써 가능하다.

사회적 메타볼리즘

알레프굴 H. 소르만

사회는 계속 작동하기 위해 에너지와 물질의 흐름을 대사 작용한다. 이 과정을 사회적 메타볼리즘이라 일컫는다. 살아 있는 생명체의 신진대사에는 복잡한 화학 반응이 필요하다. 마찬가지로 사회적 메타볼리즘은 인간 사회의 구조, 기능, 재생산과 연계되는 에너지와 물질 흐름 양식의 특징을 나타내기 위해 쓰인다. 인간 사회의 메타볼리즘은 체외 에너지 이용(신체 바깥에 있으나 인간의 통제 아래 대사 작용을 하는 에너지)에 기반하며, 이는 체내 에너지(신체 안에서 대사 작용을 하는 에너지)가 확장된 형태이다.

알레프굴 H. 소르만(Alevgül H. Şorman)
스페인 바르셀로나자치대학교 환경과학기술연구소 연구원. 에너지 체계의 다차원 분석과 사회 메타볼리즘을 연구한다. alevgul@gmail.com

‘메타볼리즘’ 개념은 19세기 몰레스호트, 폰 리비히, 부생고, 아레니우스, 포도린스키의 저술에서 유기체와 환경 간 에너지와 물질 교환, 생명 체계 내 생화학적 반응의 전체성을 나타내고자 사용됐다. 이러한 체계 는 생물학적 세포뿐 아니라 법체계 또는 자본주의 국가도 될 수 있다. 이 들은 자동 생산 체계이며, 재생산과 자체 유지가 가능하다. 마르크스와 엥겔스는 사회환경적 변화 및 진화의 역학 관계를 묘사하기 위해 ‘메타 볼리즘’이라는 용어를 사용한 초기 학자들이다. 오늘날 메타볼리즘이라 는 용어에 대한 다양한 관점이 존재한다. ‘사회적’ 메타볼리즘에 관해 비 엔나학파는 경제 사회에 관한 물질과 에너지 흐름을 분석했고, 농업 및 산업 경제 간 역사적 전환과 흐름의 수량화에 초점을 맞췄다(피셔-코발 스키와 하벨, 2007). **정치생태학**에서 메타볼리즘 개념은 인간과 자연 사이 의 ‘균열’, 도시 공간을 만드는 데 필요한 물질과 자원의 흐름을 통제하 는 사회적 역학 관계, 또는 세계적으로 **상품 개척 경계**에서 갈등을 일으 키는 에너지와 물질의 흐름 증가를 표현하기 위해 쓰였다. 그러나 이 글 에서는 마리오 기암피에트로와 고조 마유미가 개발한 접근법인 ‘사회적’ 메타볼리즘에 초점을 맞춘다(기암피에트로 외, 2012, 2013).

사회적 메타볼리즘은 흐름의 수량화에만 초점을 맞추지 않고, 고유의 정체성을 유지하면서 투입을 산출로 전환하는 주체와 흐름 간 관계를 구 축하는 데에 주목한다. 여기에서 주체란 조르제스쿠-뢰겐이 1971년 **생 물경제학**의 정의를 내릴 때 일컬은 자금 요소를 의미한다. 예를 들어 자동차를 생산할 때 쓰이는 물질(알루미늄, 철), 에너지(조립 공정과 원자재 추출 과정에서 소비), 물은 '흐름'이 될 수 있다. 한편 인간 활동(노동자), 땅, 제조 설비 등은 '자금'이 될 것이다. 사회적 메타볼리즘은 따라서 자금(과정의 주체와 전환 주체)과 흐름(사용되어 소진되는 요소들)을 연결하여 체계의 특징을 보여주는 지표를 생산하려 한다. 지표의 예로 생산 과정에서 노동 시간당 에너지, 또는 헥타르당 소요되는 물 등이 있다.

사회적 메타볼리즘은 재화와 서비스의 생산, 소비를 보장하는 생물 물리적 과정에 주목한다. 즉, 무엇이 어떻게 생산되는지, 생산의 목적은 무엇인지, 누가 소비하는지 등이다. 이것은 생산 요소 투자에 관한 부가 가치 생산 분석과 연결된다. 따라서 이 분석은 재화와 서비스의 생산, 소비 과정에 연관된 경제 과정의 화폐적 측면과 생물 물리학적 전환의 측면 간 연결 고리를 성립시킨다. 이는 인구와 같은 다차원적 문제와 함께 서로 다른 공간과 시간 차원의 공존과 같은 다차원적 경제 문제를 고려하는 통합적인 분석이다.

일례로 한 국가의 사회적 메타볼리즘 특징에 대한 설명은 한 체계에서 생물 물리적, 경제적 성과 평가 '기준'으로 사용되는 전형적인 수량 지표에 기반을 둔다. 구성과 기능에 따라 각각의 사회는 서로 다른 메타볼리즘 특징을 보인다. 기준은 지속 가능성의 사회경제적 측면(서비스 분야에서 시간당 에너지 소비)이나 생태적 측면(농업 분야 헥타르당 물 소비)이 될 수 있다.

생산 분야에서 시간당 에너지 흐름 정도는 유럽 국가 간 차이가 매우 크다. 예를 들어 에너지, 광업, 건설, 제조 분야에서 시간당 에너지 처리량은 시간당 130~1,000메가줄(MJ)이다. 이들 분야의 노동 생산량은 시간당 10~50유로로 큰 차이가 있다(기암피에트로 외 2012, 2013). 핀란드나 스웨덴 같이 채굴 산업이 발달한 국가는 대개 생산 분야에서 노동 생산성이 높으며, 에너지 처리량 비율도 높은 메타볼리즘 특징이 있다. 차이는 복합적인 내 · 외부 제약에 기인하며, 국가별 역사의 차이를 보여 준다.

사회적 메타볼리즘은 1970년대 이후 에너지학 분야에서 오랫동안 논의되어 왔다. 주로 사회별 생물 물리적 제약에 대한 분석에 관한 논의였다. 그러나 지속 가능성에 대한 토론에서 사회적 메타볼리즘 논의는 외면 받았는데, 이는 값싼 석유가 넘쳐나면서 성장과 에너지의 한계에 대한 관심이 떨어졌기 때문이다. 에너지학과 사회적 메타볼리즘 분석은 지난 10여 년 사이에 다시 탄력을 받았다. 이는 학자들이 생물 물리적 관점에서 사회 환경적 상호 작용을 분석할 수 있는 혁신적인 개념 도구를 찾아 나섰기 때문이다.

탈성장을 고려할 때 사회적 메타볼리즘 분석은 개발의 대안과 경제 규모 축소의 실현 가능성을 에너지와 물질적 관점에서 평가하는데 유용하게 쓰일 수 있다. 메타볼리즘 관점에서 볼 때 달성장 논의에서 다뤄야 할 몇 가지 문제가 있다(소르만과 기암피에트로, 2013).

우선 현재 사회적 기능(서비스와 정부, 식량 생산 등)과 이에 연결된 메타볼리즘 유형(보건 체계 유지에 쓰이는 화석 연료 에너지량, 일정한 식량 생산에 쓰이는 인간 활동 시간)은 화석 연료가 주요 에너지원이라는 사실에 주목해야 한다. 화석 연료의 출현은 유용한 에너지 생산에 필요한 에너지, 노동, 기술 자본의 양을 획기적으로 줄였다. 따라서 현대 사회는 값싼 에너지원이 야기한 잉여 시간으로 지금과 같은 복잡한 사회를 이룰 수 있었다. 그러나 **석유 정점**에 도달하면 화석 연료는 질 낮은 에너지 대체원으로 전환해야 할 것이며, 현대 사회의 복잡한 구조를 유지하기 위한 에너지 생산(재생 에너지 등)에 투입되는 에너지, 노동, 기술 자본의 양이 획기적으로 증가해야 할 것이다. 북반구 현대 사회와 같은 경제적 다양성, 노년층 증가와 교육 기간 증가로 인한 비싼 부양비, 서비스 분야 비율이 높은 사회 경제 체계가 요구하는 바를 충족하고자 할 때, 화석 연료가 줄어들면 메타볼리즘 유형을 유지하기 위해 노동 시간이 길어지고 더 많은 노동자가 투입돼야 할 것이다. 이는 노동 시간 감소(**일자리 나누기**)를 주장하는 탈성장 제안과 상반된다. 미래에 에너지가 희귀해질수록 우리는 더 많이 일해야 할 것이다.

이에 더해 탈성장주의자들이 원하는 바와 같이 자발적인 부의 감소가 이뤄진다고 해도, 이것이 세계적인 에너지·물질 소비의 감소로 이어진다는 연구 결과는 없다. 세계 인구는 증가하며, 이와 함께 소비도 증가할 것이기 때문이다. 예를 들어 중국, 인도, 브라질 국민들이 더 높은 수준의 부를 가질수록 이들의 물질·에너지 요구는 크게 증가할 것이고, 북반구의 에너지 효율성 증대나 소비의 자발적 감소 정도를 추월할 것이다.

뿐만 아니라 **제본스의 역설** 현상은 탈성장주의자들이 지지하는 자발적 감소의 효능을 위협할 것이다. 일부 활동 내 일부 인구에 의한 자발적인 에너지 소비 감소는 다른 분야 또는 다른 이들의 에너지 소비 증가(자발적 또는 비자발적)에 의해 상쇄될 수 있다. 사회적 메타볼리즘의 생물 물리적 관점에서 볼 때 자발적으로 더 적은 자원과 에너지, 더 적은 자본을 소비하는 데 바탕을 둔 탈성장 전략의 한계는 분명하며, 이러한 전략은 충분하지 않다.

정치생태학

수잔 폴슨

이 글은 영미권 학계에서 정립된 연구와 실천 접근 방법이며 세계적으로 쓰이는 '정치생태학'에 주목한다.

정치생태학 연구자와 실천가 수는 1980년대 이후 기하급수적으로 늘어나 학문의 지평을 넓히고 새로운 가능성을 열었다. 정설을 세우거나 누구를 '정치생태학자'로 불러야 하는지에 대한 토론에는 관심이 거의 쏠리지 않는다. 이 글에서 '정치생태학자'는 폴 로빈스가 말한 인간과 자

수잔 폴슨(Susan Paulson)

중남미 지역의 다양한 맥락 속 젠더, 계급, 민족성, 환경의 상호 관계를 연구한다. 농촌 지역 역학 관계에 대한 연구에 참여했으며, 『공간, 규모, 사회 그룹을 가로지르는 정치생태학』(2005)을 펴냈다. 미국 플로리다대학교에서 지속 가능성을 가르친다. spaulson@latam.ufl.edu

연의 상호 작용에 대한 지적 탐구이자 더 큰 사회와 생태 정의를 위한 정치적 실천으로 정치생태학을 발전시키는 실천 공동체 참가자들이라는 정의를 따른다. 어떠한 '주의'나 '주의자'와 달리, 정치생태학자들은 탈성장주의자들과 마찬가지로 비주류 집단을 포함한 지식의 다원성과 실천 행동의 다양성을 탐구하려는 열정을 품고 있다.

지리학자인 피어스 블레이키와 헤럴드 브룩필드는 정치생태학을 두고 사회와 토지 기반 자원에 대한 접근 및 사용이 서로 다른 사회 집단과 계층 관계를 다루기 위해 생태학과 정치경제학을 통합한 접근법이라고 표현했다. 이들의 연구와 남반구의 농촌 연구에 이어 '지역적이면서 동시에 세계적이고, 인간적이면서 동시에 물리적이고, 문화적이면서 동시에 유기적인 네트워크'로 여겨지는 북반구의 도시 연구가 뒤따랐다(스윈게도우와 헤이넨, 2003: 899). 세계정치생태학회지 2011년호에서 리처드 피트, 폴 로빈스, 마이클 와츠는 위의 흐름들을 세계적인 생산과 소비, 보전의 환경정치학으로 통합했다.

탈성장과 정치생태학은 둘 다 사회 생태계(사회 체계와 생태계)의 파괴를 다루지만, 정치생태학은 특히 현대 자연과 문화 생산 탐구에 한발 더 깊이 들어간다. 아르투로 에스코바(2010: 92)는 정치생태학이 중복되는 세 가지 단계에서 발달한다고 묘사했다. 첫째, 환경의 질 저하에 영향을 미치는 정치 경제 요인 분석, 둘째, 문화, 과학, 정치적 개념화와 담론이 인간과 자연 관계에 영향을 미치는 인식론적 과정 분석, 셋째, 사회 생태계의 다양성이 생산, 재생산되는 과정에 대한 존재론적 의문 제기가 그것이다.

이러한 인식론적, 존재론적 탐구는 탈성장 학자들이 '생산 양식' 개념을 새롭게 보도록 돕는다. 즉 자연 자원을 소멸 가능성이 있는 것으로 보지 않고, 문화와 역사 과정을 통해 지속적으로 건설되는 사회 생태적 환경 측면에서 보는 것이다. 이 관점에서 보면 인간은 식량, 주거, 의류만 생산하지 않고, 생물 물리학적 지형, 생산과 소비, 환경 지식 체제, 거버넌스도 생산한다. 가장 놀라운 것은 인간이 우리 자신을 생산한다는 점이다. 기술과 전망, 소비의 욕망을 포함한 욕구가 있는 사회화된 인간의 신체 말이다. 이는 소비가 추정상의 '물리적 필요'를 '문화적 선택'에서 분리할 수 없다는 점을 더욱 잘 이해하도록 돕는다. 인간에게 삶이란 물질과 의미라는, 분리될 수 없는 두 가지 특성을 가진다. 가장 기본적인 식욕이나 성욕과 같은 '물리적' 욕구에는 언제나 상징적 의미와 가치가 담겨 있다. 한편 우리의 주관적인 환상과 정치적 전망은 인간 두뇌의 생물화학적 특성과 물리적 크기에 달려 있다.

탈성장의 가장 큰 난제 중 하나는 좁은 문화적 범위와 얕은 역사적 깊이로 인해 현대의 환경 담론에 제한이 있다는 것이다. 이는 우리가 현재 인간과 환경 관계에 대한 대안을 시각화할 잠재력을 제한한다. 정치생태학자들은 **성장**에 기반을 두지 않는 방식을 기록하는 연구에 관심을 기울였다. 방식 중 몇몇은 수백 년 또는 천 년이 넘게 이어져 왔다. 일례로 안데스와 아마존 지역에서 일하는 인류학자, 고고학자, 지리학자들은 고지대 농업, 산비탈, 화전, 수직 군도[1], 호혜를 조직하고, **공유물**을 관리하기 위해 구축된 정교한 체계에 바탕을 둔 전략으로 놀라운 만큼 대규모 인구가 유지된 것을 증명했다. 이들은 무엇이 이러한 체계를 방해했는지에 의문을 가졌다. 남아시아에서 일하는 비나 아가르왈이나 인도네시아에서 일하는 안나 트칭 같은 정치생태학자들은 숲과 같은 공동 재산의 생산과 유지에 관심을 두고 탐구를 이어왔다.

자기 민족 중심적인 경제학의 매개 변수[2]에 대한 도전은 필수적이다. 예를 들어 1970년대부터 이어진 '원시' 사회에 대한 비판적인 자료 해석을 두고 마샬 살린스는 그의 저서 『석기시대 경제학』에서 수렵 채집인들은 서구 사회와 다른 방식으로 번영했다고 주장했다. 그는 수렵 채집인들은 많은 것을 욕망하지 않고 여가 활동을 즐긴 반면, 서구 사회는 많은 것을 생산하고 소비한다고 지적했다. 수렵 채집 체계는 인간 역사에서 십오만 년간 계속됐고 농업 사회는 팔천 년간 지속된 반면, 산업·화석 연료 경제는 몇 백 년이 지난 지금 위기에 처해 있다. 정치생태학이 취하는 역사적 접근의 목적은 2012년에 알프 호른보그, 브레트 클라크, 케네스 헤르멜레가 설명한 바와 같이, 원시 시대로 돌아가자는 주장이 아니다. 오히려 교차 문화와 선사 시대를 포함한 역사 지식은 오늘날 지배적

---

1 안데스 지역에 있던 작은 논밭들을 기반으로 한 상호보완적인 생태적 경제 체계.

2 두 변수 사이에서 영향을 미쳐 간접적인 상관관계를 만드는 변수.

인 체계를 인간 존재의 여러 방식 가운데 하나로 상대화할 수 있도록 도우며, 전례가 없을 미래를 상상할 지평을 넓혀 다음과 같은 질문에 답하도록 도와준다. '확장하지 않는 경제가 어떻게 인간 사회를 유지할 수 있는가?', '인간은 소비문화가 주는 동기와 즐거움 없이 어떻게 살아갈 수 있는가?'

환경 과학자와 정책 입안자들은 다중 스케일 분석, 사회 분화와 더불어 특히 '권력'을 개념화하고 사용하도록 돕는 강력한 방안들을 필요로 한다. 개인의 자발적인 단순성부터 세계 시장, 국가 경제, 사회정치적 제도, 지역 생태계의 생물 물리적 특징까지 다양한 규모를 어떻게 연결시킬 것인가? 정치생태학자들은 다양한 권력 관계 속에 환경 현상을 놓음으로써 환경 분석 규모를 지리적 공간과 지역 인구 이상으로 확장했다. 사람들은 이제 기후 변화, 어류 감소나 시장과 미디어를 아우르는 초국적 상황이 가장 외딴 사회 생태계까지 영향을 미친다는 사실을 깨닫고 있다. 또한 지역 환경 분쟁에 개입한 사람들이 혁신적인 방법으로 세계적인 운동과 아이디어를 사로잡을 수 있다는 것도 깨닫고 있다. 이는 볼리비아에서 열린 기후 변화와 민중 회의에서 소개된 **부엔 비비르** 개념에서 찾아볼 수 있다.

정치생태학은 처음부터 사회경제학과 공간적 불평등에 대한 분석에 바탕을 두었다. 또한 다양한 주체들의 환경 이익, 지식과 실천을 중시했다. 시간이 흐르면서 후아니타 순드베르크와 다이앤 로첼로 같은 정치

생태학자들은 민족과 인종, 젠더 등의 사회 체계가 환경과 상호 작용하는 방식에 대한 분석을 심화했다. 또한 이들은 자원에 대한 불평등한 접근과 교환을 꾀하고 정당화하기 위해 곳곳에서 끊임없이 작동하는 정체성 체계를 연구하고자 소외 계층의 정체성에 초점을 맞췄다. 탈성장, 정치생태학, 에코페미니즘, **환경 정의** 등 관련한 운동 간 소통을 활발하게 하고, 이들 운동의 영향력을 강화하려면 위계적인 정체성 체계가 경제, 경관, 환경 거버넌스에서 어떤 역할을 하는지에 대한 이해가 필요하다.

권력과 정치는 상품, 담론, 사회 생태계 생산에서 어떻게 기능하는가? 정치생태학은 지적으로 혼란스러운 시기에 식민주의, 국제 개발, 환경 역사, 인종, 민족, 젠더에 대한 비판적 탐구와 더불어 발전했다. 새로운 학문은 자연과 문화 간 양분, 이성의 보편성(그리고 호모에코노미쿠스[3]), 기존 학제의 적절성, 서구 과학적 분류와 발견의 중립성 등 서구 학계의 핵심 기반에 의문을 제기했다. 정치생태학자들은 예상치 못한 분야, 특히 지식 생산에 존재하는 권력을 연구함으로써 학계에 상당한 갈등을 유발했다. 또한 알프 호른보그 같은 정치생태학자들은 물질 권력과 의미 권력을 이론화하는 데에 영향을 끼쳤다. 노동력과 에너지를 포함한 불공평한 자원 통제에서 물질과 의미 권력을 볼 수 있으며, 이는 불평등이 유지되는 사회 체계 생성을 통해 행사된다. 이 같은 사회 체계는 특히 기계의 힘이나 노동과 자연을 상품으로 간주하는 사회 구조를 정상화하는

---

3 경제 원칙을 따라 합리적으로 행동하는 인간 유형.

문화적 신비화를 통해 만들어진다.

지구 생태계에서 상호 작용하는 모든 생명체 가운데 인간은 그들의 필요를 충족하고 후손의 생존을 보장하기 위해 정치를 이용하는 독특한 존재이다. 정치는 특정한 지식과 기술, 대의 체제 안에서 권력이 어떻게 순환하고, 역학 관계가 사회 및 생물 물리적으로 어떤 영향을 미치는지를 좌우한다. 권력과 정치에 대한 정치생태학의 다중 스케일 분석은 인간과 환경 관계의 다양성 규모에 대한 인식과 더불어 상상을 '평상시와 다름없게' 제한하는 식민화를 탈피하려는 싸움에서 핵심적인 무기이다.

탈성장은 프랑스를 비롯한 유럽을 중심으로 펼쳐진 다각적 철학과 사회 정치 운동인 '정치생태학'에서 탄생했다. 이 운동은 정치와 생태 관계에 대해 1970년대부터 토론했으며, 앙드레 고르, 이반 일리치, 버나드 샤보네 같은 중요한 탈성장 이론가들이 이 운동에 참여했다. 오늘날 탈성장은 제2기 정치생태학과 연맹을 맺음으로써 더욱 번창하고 있다. 탈성장과 정치생태학 모두 환경 문제의 원인에 대한 지배적인 해석에 도전한다. 또한 이 사회에 만연한 기술 관료적이고 경제주의적인 반응과 다투며, 지속 가능한 발전, 그리고 지속 가능한 발전이라는 이름으로 부추기는 **상품화**를 비판한다. 그리고 보다 평등한 경제 생태적 자원, 위험 분배를 위한 정치와 실천을 고무한다.

정상 상태 경제

조수아 팔리

정상 상태 경제의 특징은 인구수가 일정하고 처리량의 비율이 꾸준하다는 것이다. 여기에서 처리량이란 자연에서 원료를 추출하고 이용한 뒤 다시 쓰레기가 되어 자연으로 돌아가는 양을 뜻한다(**메타볼리즘** 참고). 정상 상태 경제는 어떠한 기술 환경에서도 일정한 흐름의 처리량으로 지속적으로 유지되는 인공물의 양을 의미한다. 물리학 법칙에 따르면 무에서 유를, 또는 유에서 무를 창조하는 것은 불가능하다. 경제 과정은 **생물경제학**의 문제이다. 자연이 제공하는 에너지와 원료는 경제 활동을 통

조수아 팔리(Joshua Farley)
생태경제학자이자 공동체 개발과 응용경제학, 공공 행정 분야 교수. 생물물리학적 균형을 유지하는 경제 디자인이 주요 연구 주제이다. 허먼 데일리와 함께 『생태경제학의 원칙과 적용』 개정판(2010)을 펴냈다. joshua.farley@uvm.edu

해 상품이 되어 인간을 위한 서비스를 생산하고, 결국 다시 쓰레기로 변해 자연으로 되돌아간다. 공장, 집 등 기반 시설과 같이 내구성이 있는 자본은 엔트로피의 힘과 부식에 대응하기 위해 유지 처리량이 일정하게 흘러야 한다. 재생 불가능한 화석 연료는 경제 과정에서 쓰이는 에너지의 86퍼센트를 차지하고, 화석 연료 소비는 새로운 발견을 훨씬 초과한다 (**석유 정점** 참고). 재생 에너지의 유한한 흐름은 경제 과정에 쓰이는 에너지 가운데 2퍼센트를 차지하는데, 이는 총 에너지 사용량의 연간 증가율을 밑돈다. 화석 연료 연소는 유용한 에너지를 이산화탄소나 미립자 등 분산된 에너지와 쓸모없는 부산물로 전환하는 일방적인 과정이다. 요약하자면, 경제는 유한한 지구 시스템의 물리적 하부 체계이며 영원한 경제 성장이란 불가능하다.

다른 종과 마찬가지로 인간의 생존은 경제 생산에 필요한 재생 가능한 원료의 흐름을 유지하고 쓰레기를 흡수하는 능력을 가진 생태계의 생명 유지 기능에 달려 있다.

정상 상태 경제는 다섯 가지 규칙에 따라야 한다. 첫째, 자원을 다 소진하지 않기 위해 재생 에너지원 추출은 재생산 비율을 초과하지 않아야 한다. 둘째, 쓰레기 배출은 쓰레기 흡수 능력을 초과하지 않아야 한다. 그렇지 않으면 쓰레기로 인한 피해는 지속적으로 증가할 것이다. 셋째, 현대 기술로 현재 인구의 기본 수요를 충족하기란, 화석 연료 같은 재생 불가능한 자원 없이는 불가능해 보인다. 사회가 이러한 자원을 소비하는 비율은 대체 재생 에너지원을 개발하는 속도를 초과하지 않아야 한다. 넷째, 자원 추출이나 쓰레기 배출이 인간 생존에 필수적인 생태계 기능을 위협하지 않아야 한다. 마지막으로 인구수가 안정적이어야 한다. 처음 네 가지 목적을 이루기 위한 가장 명백한 접근은 처리량을 제한하는 것이다. 인구수를 안정적으로 유지하는 방법은 논쟁의 여지가 있다(**신맬서스주의** 참고).

위의 규칙은 무엇이 가능한지를 보여주지만, 무엇이 바람직한지는 말하지 않는다. 우리는 정상 상태 경제를 대규모 인구, 작지만 꾸준한 재생 에너지, 최저 수준의 소비를 통해 이룰 수도 있을 것이며, 소규모 인구, 대규모 재생 에너지, 인구당 높은 소비 수준을 통해 이룰 수도 있을 것이다. 경제 분석의 기본 전제는 더 많이 가질수록 추가 단위의 가치가 낮다는 것이다. 경제 **성장**의 한계 편익은 줄고 있으며, 생태적 한계 비용은 늘어나고 있다. 한계 비용이 한계 편익을 초과하기 전에 성장을 멈추지 않으면, 비경제적인 상황이 될 것이다. 이는 비용 편익을 정확하고 객관적으로 측정할 수 없다 해도 사실이다.

정상 상태 경제를 옹호하는 많은 이들은 가장 보편적인 경제 활동 지표인 **국내총생산(GDP)**을 일정하게 유지해야 한다고 주장한다. 국내총생산의 증가가 처리량 증가를 뜻하지는 않는다. 예를 들어 처리량에 한도를 설정해 접근권을 경매로 처분하면 잠재적으로 경제 거래 수를 늘릴 수 있고, 이에 따라 국내총생산을 늘리는 동시에 처리량을 줄일 수 있다. 또한 많은 경제학자들은 국내총생산과 처리량 간 고리를 끊음으로써 경제의 **비물질화**가 가능하다고 믿는다. 비록 국내총생산이 처리량을 가늠하게 하는 최적의 지표이기는 하지만(물론 논쟁의 여지가 있다), 정상 상태의 처리량을 목적으로 하는 것은 국내총생산 성장을 멈추는 것보다 논쟁의 소지가 덜하고, 더 중요한 문제이다.

인간 역사에서 경제 **성장**과 인구 증가는 오랜 기간 측정이 거의 불가능했다. 그리고 정상 상태 경제는 기정사실로 받아들여졌다. 18세기 화석 연료의 출현은 상황을 급격히 바꾸었고, 시장 경제에 힘을 실었다. 그 이후 정상 상태에 대한 여러 견해가 나왔다.

토마스 맬서스나 아담 스미스 같은 초기 학자들은 성장을 진보와 동일시했으나, 유한한 지구에서 무한히 성장할 수 없다는 사실을 알았다. 이들의 견해에 따르면 정상 상태 경제는 불행히도 피할 수 없다. 존 스튜어트 밀, 존 메이너드 케인즈 같은 그 다음 세대 경제학자들은 경제 성장의 종식을 두고 사회가 자연을 희생하여 단순히 더 많은 물질적 부를 축적하지 않고 정신적, 윤리적, 사회적 진보에 초점을 맞출 수 있는 바람직한 상태로 보았다. 이들은 정상 상태 경제의 불가피성보다 바람직함에 더 초점을 맞췄다.

1950년대부터 시작된 인구와 인구당 소비량의 급격한 증가는 환경에 미치는 영향에 대한 인식 재고로 이어졌고, 성장의 한계에 대한 많은 연구가 이뤄졌다. 생태학자, 환경운동가, 시스템 사상가, 생태경제학자들은 잠재적으로 심대한 영향을 미치는 자원 고갈, 쓰레기 배출, 인구 증가에 대해 경고했다. 열역학 법칙을 경제학에 적용한 조르제스쿠-뢰겐은 심지어 정상 상태 경제조차 유한한 지구에 적절한 방안이 아니라고 결론지었다(**생물경제학** 참고). 허먼 데일리는 정상 상태 경제로의 전환을 보다 긍정적으로 내다보았으며, 처리량의 양적 성장을 멈추고 인간 복지의 질적 개선이 계속되어야 한다고 주장했다. 데일리는 비슷한 생각을 가진 학자들과 일하면서 1980년대 생태경제학파를 만드는 데 일조했으며, 이 학문은 정상 상태 경제를 주요 목적으로 삼는다.

정상 상태 경제에 대한 필요는 분배 문제와 뗄 수 없다. 정상 상태 경제의 우선 수혜자는 미래 세대가 될 것이며, 만약 정상 상태 경제가 없다면 이들은 기본 수요를 충족하기에 불충분한 자원으로 살아야 할 것이다. 윤리적 관점에서 봤을 때 오늘날 인구의 기본 수요를 무시하면서 아직 태어나지 않은 이들의 필요를 배려하는 것은 말이 되지 않는다. 더구나 우리가 처리량을 제한해야 한다면, 누가 처리량을 쓸 자격이 있는지를 고려해야 한다. 공동의 유산을 공평하게 분배하는 문제는 윤리적 토론의 시작이 될 것이다. 현실적인 관점에서 볼 때 오늘날 기본 수요를 충족하는 데 어려움을 겪는 이들은 미래 세대의 수요를 위해 소비를 더 줄이지 않을 것이다. 우리는 성장을 통해 빈곤을 벗어날 수 없으며, 따라서 재분배를 받아들여야 한다.

그럼에도 불구하고 관습적인 경제학자들은 기술의 진보가 성장을 무한히 가능하게 하리라고 가정하며 정상 상태 경제의 필요성을 여전히 부인한다. 이들은 성장의 종식이 불행, 빈곤, 실업을 야기할 것이라 주장하며, 그 결과 기하급수적인 경제 성장은 정치경제적 이념을 떠나 대부분 국가와 정치인들의 목적으로 남아 있다.

정상 상태 경제 찬성론자들 가운데에는 정상 상태로 전환하는 과정에 탈성장 기간이 필요하다는 목소리가 많아지고 있다.

오늘날 많은 연구에서 세계 경제가 이미 생물다양성 손실부터 기후 변화까지 지구 경계를 치명적으로 넘었다는 지적이 이어진다. 현재 처리량은 정상 상태 경제와 공존할 수 있는 모든 한계를 넘었다. 인류는 지구 생태계의 재생산 능력을 벗어났으며, 자연 자원과 미래의 경제 활동 유지 능력을 빠르게 소진하고 있다. 이제 경제 성장을 언제 멈출 것인지가 아니라, 정상 상태로 전환하기 전에 얼마나 많은 탈성장이 필요한가에 대해 질문해야 한다. 우리가 이 전환을 늦출수록, 필요한 탈성장의 규모는 더욱 커질 것이다.

탈성장은 지구를 위해 핵심적이지만, 수억의 인구가 심각한 빈곤 속에서 인간의 기본적인 필요를 충족하지 못한 채 살아가고 있다. 빈곤층에 대한 성장의 한계 이익은 엄청나다. 최근 몇 년 사이 선진국 1인 인구당 소득이 두 배로 증가했지만, 이것이 삶의 만족도를 높였다는 증거는 거의 없다. 그러나 세계에서 가장 가난한 지역은 의도하지 않았지만 선진국의 소득 증가로 인해 기후 변화를 비롯한 가장 큰 어려움을 겪을 것이다. 심지어 부자와 빈민은 구매력에 따른 선호를 중히 여기는 유한한 자원을 두고 경쟁하며, 비만과 영양실조 위기를 동시에 겪고 있다. 더 큰 평등은 사회와 건강 문제 감소와 긴밀하게 연관된다. 가장 부유한 국가에서 삶의 질을 유지하면서 소비를 획기적으로 감소하는 한편, 가장 빈곤한 국가에서 기본 필요를 충족하는 데 필요한 자원을 보장하는 것이 가능하다는 실증적 증거들이 있다.

성장 경제의 실패는 지금도 불행, 빈곤, 실업을 야기하며, 끝없는 성장은 불행과 빈곤을 동반한 생태적 재앙을 미래에 불러올 수 있다. 이는 받아들일 수 없는 거래이다. 이에 대한 해법은 사회적으로 평등하고 환경적으로 지속 가능한 탈성장 과정을 통해 정상 상태 경제로 나아가는 계획을 세우는 것이다.

2장
탈성장의 핵심

—

자율성

마르코 데리우

코르넬리우스 카스토리아디스는 자율성에 관해 "스스로에게 법과 규칙을 독립적이고 의식적으로 부과할 수 있는 능력"이라고 정의했다. 반면 타율성은 법과 규칙(주로 마음속에 내재하는 다른 이들의 담론과 상상계)이 남들에 의해 부과되는 상황을 뜻한다. 카스토리아디스는 자율성과 타율성의 차이점을 언급하며 타인은 외부 장애물이나 폐해가 아니라 주체의 구성 요소로 이해되어야 한다는 점을 분명히 했다. 왜냐하면 "인간 존재는 타인들과 함께하는 존재"이기 때문이다(카스토리아디스, 1987: 108).

마르코 데리우(Marco Deriu)
이탈리아 파르마대학교 정치커뮤니케이션 사회학 조교수. 이탈리아 탈성장연합회와 마실러플루랄연합회 회원. 2012년 베니스에서 열린 제3차 국제탈성장컨퍼런스 조직위원회에 참가했다. marco.deriu@unipr.it

그의 설명은 철학 전통에서 남성들이 일반적으로 상상, 자율성, 독립성의 일부로 표현하기 위해서 다른 이들, 특히 여성이 제공하는 **돌봄**이나 서비스를 숨기거나 최소화 또는 평가 절하하는 경향을 감안할 때 중요하다.

우리는 '독립적 남성'에 대한 상상을 공적 영역 속에 투사함으로써 가사 영역의 **돌봄**과 서비스 중 많은 부분을 애매하게 만든다. 또한 우리는 드러나지 않는 부서나 관공서에서 받는 돌봄과 서비스를 무시한다. 자율성을 독립성과 동의어로 간주해서는 안 된다. 자율성은 닫힌 마음이나 다른 이들에 대한 두려움과 반대어인 동시에, 다름을 인정하지 않는 공생적 관계와도 대척점에 있다. 다시 말해, 자율성은 우리를 삶에 구속하는 관계들에 대한 인식을 포함한 자기 지각을 촉진해야 한다. 인간 존재는 단순히 상호 주관적일 뿐만 아니라, 사회적이고 역사적인 존재이다. 카스토리아디스의 말에 따르면, 자율성은 사회 제도와 서로 연결되어 있는 동시에 긴장 관계 속에 있다. 즉 자율성은 하나의 개인이 누릴 수 없으며, 공동으로 추구해야 한다.

심리분석학자 브루노 베텔하임은 유럽에서 나치주의가 퍼지고, 히틀러의 선동에 위협받았던 타성을 돌이켜 보며 사람들이 자신의 물건을 버리기 어려워 늦게 도망갔다는 점을 지적했다. 이는 우리 시대의 핵심적인 갈등을 보여 준다. 즉 현대 인간은 기본 대안 가운데에서 선택하지 못하는 어려움을 겪는다. 자유와 개인의 주체성은 현대 기술과 소비 사회가 주는 물질적 안락과 상충하는 듯 보인다.

> 자유를 포기하길 원하는 이는 아무도 없다. 그러나 다음과 같은 결정을 내
> 려야 할 때 문제는 매우 복잡해진다. 나는 자유를 위해 얼마나 많은 소유물
> 을 포기할 의사가 있는가? 그리고 나는 자율성을 지키기 위해 내 삶에서
> 얼마나 급진적인 변화를 만들 수 있는가? (베텔하임, 1991: 268)

베텔하임의 고찰은 **성장** 사회가 어떻게 작동하는지 암시한다. **자본주의**와 소비문화는 다른 이들의 결정에 무비판적이고 수용적인 대중을 만들어 낸다. 이는 물질, 조직, 기술 등 작은 것으로 시작하지만, 점차 물질주의의 기저를 이루는 행동 양식과 사회적 의미에 대한 수용을 포함한다. 이론적으로 우리 사회는 기술과 경제력이 있는 개인들을 양산한다. 그러나 현실은 정확히 그 반대이다. 사회가 기술적으로 더 강력해질수록 개개인은 무력함을 느끼고 주어진 조건에 불안해 하며 결국 의지할 누군가, 혹은 무언가를 찾는다.

베텔하임은 1960년대 초에 이미 이런 정신적 변화를 관찰했다.

> 기계 시대에 존재하는 희망과 공포가 새로운 까닭은 구원자와 파괴자가
> 더 이상 인간의 형상을 띠지 않기 때문이다. 우리를 구원하거나 파괴할 수
> 있다고 여겨지는 존재들은 더 이상 우리 인간 형상에 대한 직접적인 투영

이 아니다. 이제 우리를 구할 것이라고 희망하거나, 우리를 파괴할 것이라고 공상하는 존재는 인간의 성격을 가지지 않는 무언가이다. (베텔하임, 1991: 53-4)

오늘날에도 많은 이들은 사회 생태적 위기에 대한 유일한 해법이 기술에 있다고 믿는다. 그러나 우리가 해결을 위해 외부적 도구에 더욱 의지할수록 우리의 가치에 부합하는 선택에 따라 독립적으로 실행하는 변화들을 신뢰하기 힘들 것이다.

현대 사회는 물질과 편리에 대한 중독과 의존을 통해 개인의 자율성을 위협한다. 자율성을 위협하는 핵심적인 방법은 시장 조건을 강제함으로써 행동과 창조의 가능성을 줄이고, 개인이 결정을 내리는 역량을 제한하는 것이다.

첫 번째 문제에 관해 이반 일리치는 급진적 독점 개념을 제시했다. "하나의 산업 생산 과정이 필수 수요에 대한 배타적 통제권을 행사하고, 비산업 활동을 경쟁에서 제외하는 급진적인 독점에 대해서 이야기하고자 한다."(일리치, 1975: 69) 개인적인 대응과 개인적인 생산은 규격화된 공산품으로 대체되고 있다. 결국 가장 단순한 수요도 시장 바깥에서는 충족할 수 없게 되었다. "급진적 독점은 필수 소비를 강제하고, 이를 통해 개인의 자율성을 제한한다."(일리치, 1975: 67) 급진적 독점은 자율적 기관과 자기 결정을 제한하고, 장기적으로는 더 이상 활용되지 않는 실용

기술들이 사라지는 결과를 초래한다.

두 번째 문제는 개인이 구체적인 문제들에 자율 결정을 내리는 것이 점차 어려워지는 것이다. 베텔하임은 현대 사회의 개인에 대해 이렇게 서술했다.

> 과학 기술의 진보는 개인이 과거에 생존하기 위해 스스로 해결해야 했던 수많은 문제로부터 벗어나게 했다. 한편으로 현대 사회는 과거보다 매우 많은 선택지를 보여 준다. 따라서 자율성은 이미 개인의 생존에 필요가 없기 때문에 중요하게 요구되지 않지만, 만약 남들이 대신 결정하기를 원치 않는다면 과거보다 더 자율성을 개발해야 한다. 개인이 생존을 위한 의미 있는 결정을 하지 않을수록 결정 능력을 개발해야 할 필요성을 더 적게 느낄 것이다. (베텔하임, 1991: 71)

그러나 이런 경향에는 끝이 있다. 자본주의 **성장** 논리가 새로운 수요와 열망을 만들어내고 계속 충족해야 할 필요에 바탕을 둔다면, 이는 환상이다. 자본주의 성장 논리의 받침대는 역설적으로 우리가 스스로의 필요와 욕구를 결정할 권한을 박탈한다. 이는 소비자를 요람에서 무덤까지 유지하려는 극단적인 꿈을 상정하기 때문이다. 생산과 소비주의의 분명한 한계를 넘으면 절망이 만족감을 압도하기 시작한다. 일리치에 따르면, 자율적 결단력에 대한 욕구는 소비를 필수적으로 요구하는 산업 확장을 제한한다.

우리는 이제 자율성과 탈성장이 어떻게 깊숙이 연결되는지 알 수 있다. 탈성장은 금융, 시장, 기술 과학에 좌우되는 규칙과 우선 순위에 의존하는 사회에서 새로운 규칙과 가치를 적용하려는 시도이다. 경제 성장이라는 지배 논리를 의심하지 않고 자율성과 자치의 실제를 상상하기는 어렵다. 세르주 라투슈에 따르면 탈성장 사회 프로젝트는 카스토리아디스가 그렸던 자치적으로 규제하고 관리하는 사회를 효과적으로 완성하는 것이다(라투슈, 2010). **공생공락**과 자율성은 서로를 보완한다. 공생공락의 즐거움은 다른 이들을 예속하거나 착취해서 얻는 쾌락과 소비주의의 대안이다. 무엇보다도 특정한 삶의 방식에 자발적으로 복종하는 삶에 대한 대안이다.

탈성장을 향한 길은 자율성을 복원하기 위한 통합의 여정일 수 있으며, 서로를 소외하는 타율적인 체계에 대한 의존에서 벗어나는 과정이라 볼 수 있다. 우리가 전환을 논의하는 것은 탈성장의 목적 달성만큼이나 중요하다. 이 전환 과정은 공생공락적이어야 하며 자율성을 위해 이뤄져야 한다. 일리치는 전문가들에게 성장의 한계 설정을 위탁한다는 아이디어에 매우 강하게 반대했다. "다가오는 재앙을 마주한 사회에서 관료 독재가 정하고 강제하는 한계 안에 살아남는 것을 견딜 것인가, 아니면 법적, 정치적 절차를 이용한 과정에 참여할 것인가(일리치, 1975: 115)." 일리치에 따르면, 인간 생존에 대한 (타율적인) 관료적 관리는 수용할 수 없을 뿐만 아니라, 불필요하다. 다층적인 과제를 기술 관료에 위임하는 것은 가능한 모든 수단을 동원해 산업 체계를 유지하려는 시도를 암시한다. 일리치는 다음과 같이 적었다 "스스로의 이유를 위해 스스로의 권리로 공생공락의 과정을 공유하는 개인과 적극적인 다수가 소속된 집단이 있어야 기업에 대항해 인간의 권리를 회복할 수 있다(일리치, 1975: 114)." 일리치는 생존의 유일한 수단은 **성장**이라고 규정짓는 거인을 무너뜨릴 수 있는 것은 '적극적인 다수'뿐이라고 주장했다.

따라서 탈성장은 정치적인 목적이며 카스토리아디스가 새로운 '사회적 **상상계**와 의미'라고 명명한 예시이다. 이 변화는 공생하는 기술로 혁명과 개인 · 사회 기관의 전환을 가져오며, 다시 전환을 통해 생산된다. 탈성장 사회를 위한 프로젝트는 의식적이고 민주주의적으로 조직되어야 하는 자기 제한을 제시한다. 이는 자율성, **공생공락**, 재생산을 특히 중시하고, 한계 없는 경제 **성장** 이데올로기를 거부하는 세계를 세우기 위해서이다.

자본주의

디에고 안드레우치, 테렌스 맥도너우

자본주의는 역사적으로 특수한 사회 경제 조직 형태이다. 그 기원에 대한 의견은 자본주의의 특수성을 교환의 영역에 두는지 또는 생산의 영역에 두는지에 따라 엇갈린다. 대부분 비평가들은 마르크스를 따라 자

디에고 안드레우치(Diego Andreucci)

바르셀로나자치대학교 환경과학기술연구소 내 유럽정치생태학네트워크 프로젝트에서 일하고 있다. 환경과 개발의 비판적 지형에 관심이 있으며 중남미 지역 자원 추출의 정치학에 중점을 두고 연구하고 있다. diego.andreucci@gmail.com

테렌스 맥도너우(Terrence McDonough)

아일랜드 골웨이 아일랜드국립대학교 경제학 교수. 자본주의 역사 내 마르크스주의적 접근이 연구의 주요 주제이다. 『현대 자본주의와 위기: 21세기 축적 이론의 사회구조』(2010)의 공동 저자이다. terrence.mcdonough@nuigalway.ie

본주의의 출현을 생산 체계의 질적 변화에서 찾았고, 영국에서 17세기에 출현한 사회관계, 궁극적으로는 산업혁명과 연관지었다.

자본주의는 봉건주의나 사회주의 같은 다른 사회 경제 체계와 구분되는 다섯 가지 중요한 특징이 있다. 첫째, 자본주의 체계에서는 상대적으로 적은 수의 이들에게 생산 수단이 집중된다. 둘째, 생계 수단으로부터 '해방'된 상당수의 인구는 그들의 노동을 임금을 위해 교환하도록 강제받는다. 셋째, 자본가들은 생산 과정에서 나온 생산물의 소유권을 유지하며 시장에서 이익을 실현하기 위해 생산물을 팔아야 한다. 자본주의 생산물은 상품이며, 이는 즉각적인 사용이 아니라 매매를 위한 재화와 서비스가 된다는 뜻이다. 넷째, 자본주의는 은행 신용을 통해 화폐를 생산하기 위해 화폐 제도에 의존하며, 핵심 조정 장치로 시장 교환에 의존한다. 생산과 소비 가격은 시장 경쟁으로 결정된다. 즉 돈, 노동, 생산과 소비재, 금융 자산은 모두 시장에서 교환된다. 마지막으로 자본주의 경제에서 생산은 우선적으로 이익에 좌우된다. 이익에 대한 기대 없이 생산은 실현되지 않는다.

이 특징들은 엇갈리는 해석을 낳았다(와츠, 2009). 하이에크와 같은 자유주의 이론가들은 아담 스미스를 따라 시장을 이성적이고 자율적인 장치로 이해했다. 또한 사회 조화와 통합의 원천이며 궁극적으로는 개인의 자유와 복지를 증진할 수 있다고 믿었다. 반면 마르크스와 폴라니 등은 '자유 시장'을 우발적으로 형성된 것이 아니라 정치적으로 강요된 제도로 보았으며, 시장의 확장은 토지, 노동 및 사회 **공유물**을 자본주의 관계에 강제 포섭하는 데에 따른다고 주장했다. 주류 경제학자들이 노동을 시장에서 자유롭게 판매되는 상품으로 여길 때, 마르크스 등의 비판적인 학자들은 노동자들의 형식적 자유가 이 체계의 불평등하고 착취적인 성질을 가린다고 비판했다(와츠, 2009).

두 가지 추가 설명을 하자면, 첫째, '축적'은 잉여 가치의 재투자를 통해 활발해지는 자본의 확대 재생산을 의미한다. 이러한 점에서 축적은 '과정'으로 이해될 수 있으며, 따라서 경제 **성장**과는 거리가 있다. 축적의 결과인 '성장'은 재화와 서비스 총생산의 전반적인 증가를 의미하며, 흔히 국가별 **국내총생산(GDP)**의 변화로 측정한다. 둘째, 마르크스주의 관점에서 '자본'이란 용어는 돈의 양이나 자산의 비축이 아니라, 이윤 확대에 대한 기대 속에 돈과 자산을 동원하는 것이다. 이 점에서 자본은 '스스로의 가치를 정하는 가치'이며, 자본주의에서 핵심 경제 엔진이다. 드안젤리스(De Angelis, 2007)가 주장했듯이 비록 자본이 사회 경제적 관계를 자본주의 체계 안에서 식민화하려는 경향을 띄어도(**상품화** 참고), 사회 경제적 관계를 완전히 정복할 수 없다. 이것은 아주 중요한 문제다. 자본이 사회관계에 침투하는 정도의 차이와 축적을 유지하는 사회, 정치, 이념 제도 구성의 차이에 따라 역사 지리적으로 다양한 자본주의가 있어왔다. 그러나 대체로 한 사회에서 자본이 (재)생산의 주요 논리로 남아 있는 한 우리는 이 사회를 자본주의 사회라 부른다.

탈성장과 연관된 질문은 확장이 자본주의의 필수적인 특징인지, 우연한 (따라서 변경 가능한) 특징인지에 대한 것이다. 비판적인 학자들은 자본주의의 본질상 성장이 강요된다는 점에 공감한다. 지속적인 자기 확장, 즉 '축적을 위한 축적'은 자본주의의 구조적인 특징으로 여겨진다. 마르크스는 '단순한 재생산'은 추상적으로 가능한 반면, 자본가들이 경쟁 시장에서 살아남기 위해 하는 탐색은 '확장된 재생산을 통한 축적'의 필요성을 뒷받침한다고 보았다.

주장은 다음과 같이 요약할 수 있다: 자본가들은 돈, 노동, 원료와 시장에 대한 접근을 두고 경쟁한다. 이 경쟁은 이윤의 재투자를 통해 이뤄지며, 따라서 기업들은 살아남기 위해 수익성을 높여야 한다. 이는 일의 강도를 높이고 기술 발달에 투자하며, 작동 규모를 확장하면서 '잉여 가치'를 더욱 효과적으로 추출해야 이룰 수 있다. 따라서 생산을 위한 자본가의 영역에 더 많은 사회 활동 분야를 끌어들이고, 지구상에 더 넓은 지역을 끌어들이며, 더 많은 양의 자원을 끌어들여야 한다. 이 확장은 결국 경쟁을 심화하고, 자본주의의 성장 동력을 재생산한다.

확장은 이익의 문화·정치적 배치에 의해서도 이뤄진다. 막스 베버의 고전적인 주장에 따르면 일과 저축, 투자를 권장하는 서유럽의 '프로테스탄트 윤리'는 지속적인 축적 논리를 뒷받침했다(잉엄, 2008: 25-30). 오늘날 종교적 색채는 중요성을 잃었지만, 마케팅은 새로운 필요와 끝없는 욕구를 자극한다(**성장의 사회적 한계** 참고). 경기 침체가 사회에 지장을 준다는 이유로 성장은 탈정치화된 '공공재'라는 담론이 만연하다. 자본가들이 정치 체계를 끊임없이 금전적으로 점유함으로써 성장에 대한 정치적 도전이 쉽지 않다.

탈성장 이론가들 사이에서 자본주의 확장의 불가피성에 관해 모아진 의견은 없다. 정상 상태 경제학자 필립 론과 같은 일부 학자들은 실업과 같은 경기 침체의 부정적 영향을 막을 수 있는 제도를 이용함으로써 마이너스 성장 혹은 제로 성장이 자본주의와 융화될 수 있다고 본다. 반면 마르크스주의자들은 성장의 부재 속에서 자본주의 이윤을 유지할 수 있는 일시적인 해결책을 찾을 수 있다고 해도 이런 해결책은 위기를 심화하고 체계의 정당성을 약화시킨다고 주장한다. 한발 더 나아가 축적이 요구하는 것과 별개로 정치 제도를 단순히 취급할 수 없다고 지적한다.

자본주의와 성장 사이의 끈끈한, 역사적인 혹은 우연한 연결 고리는 부정할 수 없는 사실이다. 이 모든 지적 흐름이 오늘날 탈성장 운동에 말해주는 것은 바로 제한 없는 축적은 유한한 세계에서 바람직하지도, 지속 가능하지도 않다는 것이다. 서로 다른 전통을 가진 비판들은 모두 자본 축적의 '내 · 외적' 한계가 존재함을 강조했다. 자본 축적의 내적 한계는 잉여의 재투자가 점차 어려워진다는 것이다. 하비(Harvey, 2010)가 지적했듯, 반복되는 자본의 '과다 축적(투자를 위해 추가 이윤을 내는 수단의 부족)'은 1970년대 이후 특히 심각해졌고, 사람들은 이를 공격적인 사유화('탈취를 통한 축적'의 예), 부채의 증가와 금융 투기를 통해 해결하려 했다. 그러나 이런 해법은 장기적으로 지속 가능하지 않다. 금융화는 특히 자본주의 일부 영역의 이윤을 복원했지만, 경제를 매우 불안정하고 위기에 취약한 상태로 만들었다.

자본 축적의 외적 한계는 생태경제학자들이 강하게 주장하는 '외부' 또는 절대적인 생물 물리적 성장의 한계이다. 마르크스주의 영향을 받은 일부 비평가들이 맬서스주의자들의 '절대적 한계' 담론의 저의를 의심하는 동안 자본주의의 확장은 생태적 장벽을 넘어 사회와 생명의 생물 물리적 토대를 점점 위협한다는 데 많은 이들이 동의한다. 제임스 오코너(James O'Connor, 1991)가 주장했듯, 끝없는 확장은 자본주의의 근본적인 모순을 만들어 낸다. 즉 축적을 유지하기 위해 자연과 인간을 더욱 상품화함에 따라 체계 재생산의 기초 조건이 약화된다.

자본주의를 '녹색화'하기란 불가능하다는 점을 두고 탈성장은 다른 급진적인 생태주의 전통과 공감대를 형성한다. 기후 변화 정책이 잘 보여주듯 생태 문제를 해결하기 위해 시장 기반 해법을 적용하여 성공하는 것은 비현실적이다. 이와 유사하게 생태 근대화 지지자들이 말하는 '기술적 해법'은 논란의 여지가 있다. 전형적인 예가 '에너지 효율성'이다. 주류 환경주의자들과 정책 입안자들이 이를 특효약으로 제안한 것과 달리, 비평가들은 상대적인 효율성이 소비와 투자를 증가시키며, 절대적인 물질과 에너지 소비 수준을 낮추지 않는다고 말한다. 이는 '리바운드 효과' 또는 '**제본스의 역설**'로 불린다.

만약 자본주의가 성장해야 하고, **성장**이 사회 생태적 지속 가능성과 함께할 수 없다면, 탈성장은 자본주의 맥락 속에서 실현 가능한가? 어떠한 형태로든 대부분 탈성장 지지자들은 근본적으로 자본주의와 탈성장은 양립할 수 없다는 점을 인정한다(라투슈, 2012). 그러나 이들은 자본주의와 명백히 대치하는 위치에 서기를 주저한다. 이는 마르크스주의자들과 논쟁점이 되어 왔으며, 탈성장 논의 내부에서도 토론 주제가 되었다. 이러한 망설임에는 적어도 세 가지 이유가 있다. 첫째, 라투슈(2012) 같은 탈성장 이론가들은 우선적인 비판 대상으로 자본주의에 집착해서는 안 된다고 주장했다. 목표 대상은 자본주의를 움직이는 경제주의적이고 '생산주의적'인 상상계여야 한다는 것이다. 둘째, 사회 운동으로서 탈성장은 자발적 동참과 탈분권화된 수평적인 자가 조직의 원칙에 영향을 받았다. 특정한 대안을 추구하는 프로젝트들이 자본주의에 뚜렷하게 맞서는 대규모의 혁명적인 싸움을 대체했다. 셋째, 학문 토론에서 많은 탈성장 지지자들은 참여 의지 등 탈성장 프로젝트의 수용성을 두고 고민해 왔다. 이들은 주류 경제학자와 사회과학자들의 승인을 얻으려 하면서 한편으로는 뚜렷하게 반자본주의적인 담론을 채택하기를 주저했다.

이러한 고민들 때문에 탈성장 지지자들은 지금껏 자본주의 정치 경제에 대한 비판적 참여와 자본주의의 전환 가능성에 대한 활동 참여를 포기해 왔다. 이는 탈성장 학자와 활동가들이 미래에 피할 수 없는 지적, 정치적 과제로 남아 있다.

돌봄

자코모 달리사, 페데리코 데마리아, 마르코 데리우

돌봄은 인간이 자신과 공동체의 안녕을 위해 실천하는 일상 행동이다.
공동체는 근접한 사람들의 집합을 의미하고, 인간은 누구나 가족, 친구,
이웃 등 공동체와 함께 산다. 이 공간에서나 사회 전체에서는 부양, 재생
산[1], 인간관계의 만족을 위해 어마어마한 양의 노동이 필요하다. **페미니
스트 경제학**에서는 이러한 과제에 소요되는 무보수 노동을 무급 노동이
라는 용어로 부른다. 페미니스트들은 신체적이고 개인적인 돌봄에 소요
되는 노동이 저평가되는 것과 이를 수행하는 주체, 특히 여성에 대한 저
평가를 오랫동안 비판해 왔다(요킴센과 크놉블로크, 1997). 페미니스트들
은 돌봄이 인간 복지에서 차지하는 독특한 역할에 대해 지속적으로 강
조했다. 이는 단순히 무보수 노동이 시장에서 이행되는 전체 유급 노동

---

1 성교, 임신, 출산, 육아의 과정을 통칭.

의 총량을 초과하기 때문만은 아니다(피치오, 2003). 돌봄은 모든 인간의 정신적, 육체적 건강 그리고 관계의 온전함을 유지하는 근본이기 때문이다.

그럼에도 불구하고 주류 정치경제학은 부양, 재생산, 관계에 필요한 시간과 에너지의 숨은 흐름을 가려 왔다. 이는 자본주의 사회가 노동의 대가를 받을 만하다고 유일하게 인정하는 생산성이라는 변수와 돌봄이 직접적으로 연결되지 않기 때문이다.

역사적으로 돌봄 노동의 분배, 젠더와 계급 그리고 인종 계층의 권력 분배 사이에는 강한 연결 고리가 있어 왔다. 에코페미니스트들은 이러한 연결 고리와 한 사람이 노동력을 시장에 팔기 위해 날마다 필요한 돌봄 시간의 양을 밝혀 왔다. 페미니스트들은 여성과 자연에 생산 비용을 전가함으로써 이러한 연결 고리를 숨기는 남성의 노동력을 맹렬히 비난했다.

계층 구조, 갈등과 지배 형태는 (생산적인 남성들의) 생산 시간과 여성에게 할당된 생물적 재생산 시간을 나란히 놓을 때 가시화된다. 현대 경제의 상상계는 시간에 대한 비용과 기회를 효율적으로 할당해야 할 희소한 자원으로 간주한다. 반면 가정 경제와 돌봄 공간에서 시간 사용은 효율성이 아니라, 오히려 삶의 리듬에 따라 진행된다. 페미니스트들의 비판은 신체의 일상과 생애 주기로부터 분리된 생산 시간에 초점을 맞춘다. 또한 생산 시간은 계절의 변화나 생태계 재생, 재생산 등 생태적·

생물적 시간으로부터도 분리됐다(**생물 경제학** 참고). 감정적 지원과 돌봄에 소요되는 시간의 양은 (감정적, 신체적) 영양분의 필요에 크게 영향을 받고, 공간적 근접성과 밀접한 연관이 있다(멜로, 1997).

시장이 끊임없는 **성장**의 대상이 되는 자본주의 아래에서 자신과 가족, 친구와 사회 또는 정치 활동에 투자할 시간은 거의 없는 것처럼 보인다. 그러나 아리스토텔레스가 『니코마코스 윤리학』에서 지적했듯이 인간관계는 좋은 삶의 근본이다. 마사 누스바움(Martha Nussbaum, 1986)은 아리스토텔레스가 말한 스스로에게 유익한 세 가지 관계, 즉 사랑, 우정, 정치적 헌신을 상기시켰다. 이들은 목적이지 도구가 될 수 없다. 이들은 오로지 호혜 관계 속에서 이뤄질 수 있다. 이러한 관계들의 특징은 특히 시장의 이윤 논리에 따른 혹독한 시험에 취약하다. 예를 들어 사랑은 상호 관계에서만 가능하다. 성(性)을 산다면, 육체적, 정신적, 감정적 대리 지원을 즐길 뿐, 사랑을 즐길 수는 없다. 자식을 돌볼 때는 많은 시간이 필요한데, 아기를 봐줄 사람에게 돈을 준다면 육아를 대리하는 것이다.

경제 성장은 소득 증가를 통해 **행복**을 가져다준다고 약속하지만, 그 행복을 지속할 수 없다. 에스테린의 역설은 사회가 부유해져도 개개인이 반드시 행복해지지 않음을 보여 준다. 생산과 시장은 꾸준히 팽창하며 돌봄, 사회적 삶, 호혜의 영역을 침범하고, 이는 필연적으로 관계를 해체하고 좋은 삶에 부정적 영향을 미친다. 돌봄은 그 본질인 호혜성을 무너뜨리며 가족 영역에서 국가 또는 시장에 위탁되고 있다. 행복에 관한 연구들은 가족과 건강 그리고 돌봄을 우선순위로 두면, 삶의 질이 향상된다고 주장한다.

사회 **환경 정의**를 강력하게 옹호하는 탈성장주의자들은 돌봄 노동의 공정한 분배를 옹호하는 페미니스트들을 외면할 수 없다. 필수적인 노동은 피할 수 없으며, 우리는 성과 계층을 넘어 돌봄 노동의 재분배가 이루어지지 않는 문제를 직면해야 한다. 생산성, 근대화에 대한 집착에 맞선 싸움에서 탈성장주의자들은 재생산 활동에 대해 지속적으로 설명해야 한다. 다른 이들에 대한 돌봄은 산업 사회에 살고 있는 현대의 인간이 개인적 잉여에서 해방되는 길이다. 만약 이 가정이 사실이라면, 피할 수 없는 질문이 있다. 탈성장 사회에서 돌봄의 존엄을 회복하는 것은 어떻게 가능한가?

돌봄을 탈성장 사회 중심에 놓기 위해서는 우선 인간관계 자체와 그 관계가 인간의 필요를 충족하고 대립, 이중성, 위계질서를 극복하는 방법에 대한 급진적인 재고가 필요하다. 조안 트론토(Joan Tronto, 1993)는 돌봄 과정이 네 단계로 이뤄져 있다고 말했다.

1. 관심두기: 돌봄의 필요에 대한 개인적, 사회적 인식
2. 주의하기: 인식된 돌봄의 필요와 관련한 책임을 고려하고, 이에 어떻게 반응할지 선택하기
3. 부양: 돌봄의 필요를 충족하기 위한 헌신과 실제 노동을 의미하며,

돌보는 이와 돌봄을 받는 이 사이의 직접적 관계가 필요

4. 피부양: 돌봄을 받는 이가 돌봄이 실제로 도움이 되었는지, 제공된 돌봄이 소용없고 부적절한 것이었는지 보여 주는 마지막 행동

트론토는 '주의하기'라는 표현이 종종 남성적이고 공적인 역할과 연관되고, 남성의 '관심두기'는 대부분 공공 문제와 관련된다고 여겨지는 것을 보여 주었다. 반면 '부양'과 '피부양'은 여성과 연관된다. 만약 주체가 여성일 경우 '관심두기'는 사적 공간에서 사람을 대한다는 의미다. 이 차이는 우리의 가부장 사회가 가진 돌봄에 대한 이중적인 접근에서 분명하게 발견할 수 있다. 남성은 사회가 마주해야 할 중요한 질문에 관심을 가지고 공적 영역을 차지한다. 여성은 가족의 일상적 필요에 대한 책임을 지고 사적 영역을 차지한다. 계층적으로 미리 정해진 두 개의 분리된 영역은 남성과 여성 간 비대칭적 권력을 제도화하고 강화한다. 이 분립의 극복은 탈성장 사회에서 중요한 목적이다. 이는 여성들이 사회가 어디에 관심을 쏟고 무엇을 돌봐야 할지에 대한 공공의 정의를 내리는 데 참여해 세상에 대한 열정을 표현하게 할 것이다. 이 분립을 넘어서면, 남성들은 감정 부담을 가지고 시간을 써서 남을 돌보는 것이 진정 어떤 의미인지 배울 수 있을 것이다. 이렇게 함으로써 탈성장주의자들은 신체적 필요와 사람들의 취약성에 대한 경험을 상기할 수 있고, 이를 정치와 경제의 중심에 놓을 수 있다.

돌봄을 중심으로 사회를 재배치하는 것이 왜 탈성장을 위한 길인지 상상하기란 쉽다. 우선, 돌봄 노동을 공동체 영역과 사회 전체 차원에서 나눔으로써 성 평등을 이룰 수 있다. 둘째, 이에 따라 자신과 가족, 이웃과 사회 전체의 복지 면에서 돌봄이 가진 중요성을 회복할 수 있다. 이는 사람들이 일을 적게 하고, 경제 영역에 적은 시간을 쓸 수 있도록 한다. 결과적으로 보통 여성 이주자에게 지워진 돌봄 노동의 불공평한 부담을 덜 수 있다. 셋째, 시장에서 노동 시간 감소는 **일자리 나누기**를 촉진하고, 대부분 사람들이 유급 노동을 찾을 수 있도록 할 것이다. 마지막으로, 타인의 취약함을 돌보는 일은 모든 이들이 스스로의 취약함을 경험하게 하고, 그 특징에 대해 생각해 보도록 한다는 점에서 중요하다. 이는 자기 자신을 보호자로 생각하는 자아도취적 확신을 버리는 데 중요한 첫걸음이다. 다른 말로 성장 사회의 인류학적 핵심을 버리는 길이기도 하다.

상품화

에릭 고메즈-바게툰

전통적으로 비시장적 가치와 규범에 의해 유지되던 삶에 침투한 시장은 우리 시대의 가장 중요한 변화 중 하나이다. 상품화의 개념은 이 현상을 설명한다. 상품화는 이전에는 판매를 위한 것이 아니었던 재화나 서비스가 돈과 시장 교환의 영역으로 들어가게 하는 상징적, 담론적, 제도적인 변화이다.

상품화는 판매나 시장 논리에 좌우되어서는 안 되는 것이 있다는 이유로 비판 받아 왔다. 많은 비판은 상품화가 시장 거래 형태를 채택함으로

에릭 고메즈-바게툰 (Erik Gómez-Baggethun)
생태학과 환경학 박사. 생태경제학과 정치생태학을 연구하는 환경과학자이다. 연구와 탈성장 회원이자 노르웨이자연연구원과 바르셀로나자치대학교 환경과학기술연구소에서 일하고 있다. 생태계 서비스와 장기적 회복력이 주된 연구 주제이다. erik.gomez@nina.no

써 인간관계, 인간과 자연의 관계를 좌우하는 가치를 바꾼다는 관찰에 기인한다. 상품화가 사회에 미치는 효과를 초기에 관찰한 이는 마르크스였다. 그는 상품 숭배라는 개념을 써서 시장에서 생산자와 소비자가 어떻게 서로를 돈과 재화의 교환 수단으로 바라보는지에 대해 지적했다. 프랑스의 **반공리주의**에 영감을 주었으며 탈성장주의자들이 참고하는 이론가인 모스(1954)는 상품 교환이 이뤄지면서 전통적으로 경제 교류와 함께했던 상징적인 유대와 호혜의 논리는 퇴색되고 결국 사라졌음을 발견했다. 폴라니(1957)는 모스의 가설을 이어받아 시장 사회에서 상품화는 모든 사회관계를 화폐 교환으로 와해하는 경향이 있다고 주장했다. 그는 자유주의 바람 속에 이뤄지던 토지, 노동, 돈의 상품화를 비판했다. 또한 전통 상품과 달리, 이들 토지, 노동, 돈 등의 허구적인 상품은 사람이 만들지 않고, 판매를 위한 것도 아님을 지적했다.

오랫동안 상품화는 공유재 사유화의 핵심이었다. 엔클로저[1]에 대한 프루동(Proudhon, 1840)과 마르크스(1842)의 선구적인 분석은 공유물에 대한 사적 전용을 절도 행각으로 묘사해 유명하다. 『자본론』에서 마르크스는 유럽 근대화 과정 초기에 이뤄진 공공 토지의 엔클로저가 자본주의 관계를 형성한 '초기 축적'의 뿌리라고 지적했다. 페데리치(2004)와 하비(2003) 같은 이론가들은 이 이론을 이어받아 오늘날에도 공유물에 대한 엔클로저는 부의 축적과 함께 대중의 땅과 자원을 빼앗으면서 확대

---

1 공동 이용이 가능한 토지에 담이나 울타리 등 경계를 쳐 사유지로 만드는 것.

되고 있다고 지적했다. 오늘날 엔클로저는 아프리카의 토지 수탈과 생물다양성 상쇄, 탄소 거래제를 통한 자연의 상품화를 포함한다.

탈성장은 성장에 대한 비판일 뿐만 아니라 시장 가치, 논리, 언어가 새로운 사회 생태적 영역으로 침입하는 데에 대한 비판이다. 탈성장은 사회관계, 자연과 인간관계의 탈상품화를 주장하고, 시장을 기반으로 한 장치를 환경 보호의 해법이라 여기는 '새로운 환경 실용주의'에 도전한다. 환경주의자(**환경주의** 참고)들은 자연 상품화의 피해자이자 가해자이다. 생태 환경을 되돌리는 데 실패한 것에 실망한 많은 이들은 화폐 가치와 시장 인센티브가 생물다양성의 가치를 지배적인 정치 경제적 관점에서 소통할 수 있는 실용적인 단기 전략이 될 수 있다는 데 주목했다. 그러나 이러한 전략의 의도는 좋지만, 시장의 범위를 넓히고 화폐 가치가 새로운 영역을 식민화하는 더 넓은 사회 정치적 과정이 된다는 걸 간과하고 있다. 지배적인 시장 제도 안에서 화폐 가치와 시장 인센티브를 강조하는 것은 담론적으로, 그리고 기술적으로 인간과 자연 관계의 상품화를 넓히는 것이며, 단기적인 경제 계산 논리를 유도해 환경 보호의 본질적인 동기를 밀어낼 수 있다. 이는 선의가 빚는 비극이다.

상품화에 대항한 싸움은 **공유물** 방어와 재 도용에 대한 싸움의 핵심으로 이론적, 실제적 요소이다. 이 싸움은 **자본주의**에 대항한 더 폭넓은 싸움의 피할 수 없는 부분이다. 시장 경쟁과 함께 자본주의 경제가 구조적으로 쇠퇴하면서, 자본주의 경제는 끊임없이 상품화의 경계를 새로운 사회 생태 영역으로 확장하려 한다(룩셈부르크, 1951 / 하비, 2003). 이때 공유물은 자연스레 새로운 자본 축적 영역으로 여겨진다. 그러나 공유물의 식민화는 언제나 불완전하다. 상품화가 확장될 때는 생물 물리적, 제도적, 사회적 한계에 부딪힌다. 생물 물리적 한계는 생태계 과정과 요소가 대체 불가능하다는 특성에 기인한다. 즉 과정과 요소는 반드시 거래 가능한 단위로 나뉘지 않음을 의미한다. 바커(Bakker, 2007)는 환경재의 비협력적 특성은 근래 영국에서 물의 상품화가 더 높은 수준으로 이뤄질 수 없었던 까닭을 설명한다고 주장했다. 제도적 한계는 많은 생태적 공유물의 공적 특성에 기인한다. 즉 효과적인 시장을 세우려면 남들의 접근을 막을 수 있어야 하는데 생태적 공유물은 거의 불가능하다. 이는 경제학자와 국제기구가 적극적으로 홍보함에도 왜 잘 발달한 생태계 서비스 시장이 여전히 상대적으로 희귀한지 설명한다. 마지막으로 사회적 한계는 상품화가 기본적 필요와 필수적인 재화에 영향을 미칠 때 마주할 수 있는 강력한 반대에 기인한다. 예를 들어 2000년에 볼리비아 코차밤바에서 일어난 '물의 전쟁'이라고 알려진 갈등은 물을 사유화하려는 시도에 대한 반대가 내란 수준으로 확대된 데 기인했다.

이 예들은 상품화가 가진 자와 빼앗긴 자들 중 어느 쪽이 우세한 권력을 가졌느냐에 달려 있는 논쟁적이고 일시적인 현상임을 보여 준다. 상품화 과정은 되돌릴 수 없거나 꼭 일방적이지는 않다. 물건은 상품 위치에 놓였다가 다시 제외되기도 하며, 역사는 많은 '탈상품화'의 예를 보여

준다. 이는 면죄부를 팔았던 중세 관습 폐지부터 19세기~20세기에 걸쳐
전 세계 많은 국가에서 노예 제도를 폐지한 데에 이르기까지 다양하다.
면죄부와 인간은 시장에서 제외됐으며, 영성과 인권이라는 가치로 다뤄
졌다. 자연의 상품화를 제한하는 제도의 예로, 멸종 위기에 처한 야생
동 · 식물종 국제 거래에 관한 협약(CITES)과 비자본주의적인 토속 사회
의 가치와 존재론이 소극적으로나마 반영된 볼리비아, 에콰도르의 헌법
을 들 수 있다. 이들 헌법은 공식적으로 자연에 대한 권리를 인정하고, 생
태계 서비스는 공유물이며 사유화의 대상이 될 수 없음을 천명했다(**부엔
비비르** 참고).

현대의 많은 사회 운동가들은 실제 진흙탕 같은 정치로부터 멀어지기
위해 모든 형태의 상품화에 반대하는 입장을 취했다. 그러나 상품화는
자본주의 전부터 오래 지속된 현상이며, 시장은 인간의 제도 중 가장 오
래된 제도로 남아 있다. 제대로 된 사회 생태적 경계 안에 위치한다면, 시
장은 현실적으로 점점 복잡해지고 인구가 늘어나는 지구에서 교환과 제
공을 조직하는 조정 장치로서의 역할을 할 수 있을 것이다.

따라서 중요한 질문은 상품화의 경계를 어디에 두느냐는 것이다. 이는
임마누엘 칸트의 유명한 문장, "목적의 왕국에서 모든 것은 가격 또는 존
엄을 가진다."에서 발견할 수 있는 딜레마이기도 하다. 따라서 등가의 대
체재를 생산하는 가능성이나 재화의 경쟁, 배제성의 수준과 같은 기술
적 측면이 기준이 될 수 있다면, 상품화의 한계를 어디에 놓을 것인가에

대한 질문은 가장 기초적이고 윤리 · 정치적 질문이 될 것이다. 신성, 유일성, 희귀성, 본질적 가치, 인권, **환경 정의**, 기본 필요는 우리가 어떤 것을 상품화할 것인지를 판단하는 데 도움을 줄 수 있는 개념과 기준의 일부이다. 이 판단은 세계적인 공유물 보호를 위한 국제 조약의 발효부터 공유물 보호를 위한 국가 헌법, 특정 형태의 상품화를 금지하는 지역 규범과 금기에 이르기까지 다양한 각도에서 조명되어야 한다. 이러한 제도적 집합의 많은 구성 요소는 현대의 다양한 제도에서 찾을 수 있다. 현대의 제도에 없는 기준들은 인간 사회가 역사적으로 개발했으나 근대화와 자본주의적 세계화 속에서 사라진 방대한 제도의 집합에서 다시 찾아올 수 있다. 또한 유례없이 전 세계가 상호 연결된 시대에서 세계적 공유물을 효과적으로 방어하는 데에는 새로운 형태의 공동 행동들이 필요할 것이다.

시장과 상품의 영역을 시험적으로 정의해야만 환경주의자와 성장 반대자, 사회는 어떤 외부 효과가 시장으로 들어오고, 어떤 내부 효과를 시장 바깥에 위치시켜 어떻게 비시장적 가치와 규범에 따라야 할지 결정할 수 있을 것이다.

상품 개척 경계

말타 콘데, 마리아나 발터

바르셀로나 생태경제학 및 정치생태대학에서는 '상품 개척 경계'를 석유, 광물, 생물 등 원료를 찾기 위해 새로운 영토를 식민화하며 채굴이 지리적으로 확장되는 장소로 이해한다. 상품 개척 경계는 산업화된 국가의 사회 **메타볼리즘**이 증가하면서 확대되는 수요를 충족한다(마르티네즈

말타 콘데(Marta Conde)
바르셀로나자치대학교 환경과학기술연구소 박사 과정을 밟고 있다. 상품 개척 경계에서의 추출 산업 확장에 대한 사회적 반응을 연구 중이다. mcondep@gmail.com

마리아나 발터(Mariana Walter)
바르셀로나자치대학교 환경과학기술연구소 연구원이자 로테르담 에라스무스대학교 국제사회과학원 연구원. 환경학 박사이며 중남미 지역 내 광산업 분쟁의 정치생태학을 다뤘다. marianawalter2002@gmail.com

알리에 외, 2010). 또한 상품 개척 경계의 확장은 사회와 환경의 악화, 갈등 조건을 조성한다.

'상품 개척 경계'라는 용어는 제이슨 W. 무어(Jason W. Moore, 2000)가 15세기에 **자본주의**가 설탕 산업과 함께 어떻게 확장했는지를 묘사하기 위해 이용한 이론에서 처음으로 소개됐다. 무어는 현존하는 개척 경계를 뛰어넘는 것이 **상품화** 과정의 범위와 규모를 확장하는 주요 전략이라고 주장했다. 상품화되지 않은 영토와 제품이 있는 한 언제나 확장할 수 있다. 여기에서 영토는 식량 재배나 광물 채굴 공간, 석유와 가스 탐사를 위한 해양과 같은 뜻으로 쓰인다.

상품 개척 경계에 관한 무어의 정의(2002, 2003)는 임마누엘 월러스틴의 세계체제 이론을 마르크스주의의 물질대사 균열 개념과 합친 것이다. 세계체제론에서 '상품 사슬' 개념은 최종 상품이 만들어지기까지의 노동과 생산 과정을 탐구한다. 상품 개척 경계 분석은 최종 상품에 초점을 맞추는 대신, 이 상품을 구성하는 여러 원료를 들여다봄으로써 확장의 개척 경계를 추적한다. 물질대사의 균열 개념은 자본주의의 발달과 함께 일어나는 사회 생태적 파열에 대한 이해를 돕는다. 산업화와 더불어 소규모 농업이 설 자리를 잃으면서 소농은 전통적인 자급자족 생활 방식을 잃었다. 토양과 사회적 메타볼리즘, 생산과 단절된 소농은 자연 환경으로부터 소외됐다. 동시에 상품과 영양의 흐름은 농촌에서 도시로 넘어갔고, 채굴 장소에서는 환경의 질 저하를, 소비 장소에서는 환경오염을 일으켰다(무어, 2003). 토지와 노동의 상품화를 통한 임금 노동 증가는 이 균열의 핵심에 있다. 자급자족 농부와 목부들로부터 공공 토지를 빼앗으면서 농촌 인구를 프롤레타리아(무산자)로 만들었고, 이들은 일자리를 찾아 도시로 몰려들었다(막스, 1976). 무어(2003)에 따르면 토지를 가진 이들은 대개 큰 부채를 떠안게 되었고, 사회 불안정이 높아지고 자본가들의 착취가 악화되었다. 이 과정은 생산성 저하로 이어지고, 새로운 노동과 토지 공급원을 찾기 위해 상품 개척 경계를 더욱 확장시켰다.

15세기 후반 포르투갈 마데이라에서 시작된 설탕 공장은 16세기 브라질, 17세기 카리브해 지역으로 확장됐다. 이후 이들 국가의 토지와 노동 상황이 완전히 바뀌는 산업화 양상이 이어졌다. 설탕 산업에는 생산뿐 아니라 기반 시설과 선박 제조를 위해 많은 목재가 필요했고, 이는 대규모 벌채와 토지 침식을 유발했다. 생산 지역의 생태적 고갈과 이에 따른 환경 파괴는 자본가들이 다른 토지를 찾도록 만들었다. 즉, 토지가 고갈되면 새로운 토지를 이용했다. 무어는 이에 따라 재생산이 가능했던 지역 생태계가 와해되고, 생산성과 수익성의 저하로 이어졌다고 지적했다. 자본가들은 새로운 토지를 다시 찾아 나섰고, 토지는 종종 자본주의 세계 경제의 경계 바깥에서 발견됐다(무어, 2000). 사회적 관점에서 봤을 때 설탕 생산의 경우, 노동의 변환은 실패했다. 카리브해 지역의 토착민 노동력은 빠르게 사라져 설탕 노예 섬에서 일하기 위해 아프리카인들이 수입됐다(무어, 2003).

상품 개척 경계의 중요한 함의는 새로운 개척 경계를 향해 폭넓은 경제 활동 복합체가 움직인다는 것이다. 예를 들어, 현대 금 채굴 활동에는 화학 시약, 기계, 연료, 건설 자재, 노동자들을 위한 식량 등이 필요하다. 이러한 필요는 또 다른 채굴과 가공을 필요로 한다. 그 때문에 개척 경계가 더욱 확장된다.

아메리카 대륙의 설탕을 두고 벌어진 일들은 광물, 화석 연료, 목재와 농작물(목화, 대두, 농 연료 등) 경우에도 마찬가지였으며 지금도 진행 중이다. 채굴 활동에서 노동력은 지역 주민들을 양질의 일자리와 혜택으로부터 소외시키는 방향으로 조직된다. 이러한 활동의 생태적 함의는 방대하다. 표토에서 자라는 풀과 나무가 사라지고, 이는 더 작은 지역의 산림 파괴와 생물다양성 손실로 이어진다. 비료와 농약은 산업화된 작물, 토양 오염, 수질 오염과 인체 오염에 영향을 미친다. 이 과정에서 많은 물이 쓰이고, 이는 수질과 이용 가능성 면에서 지역 사회와 경쟁하게 된다. 광물 채굴은 지질학적 수문 구조에 돌이킬 수 없는 변화를 초래한다. **환경 정의**와 생태경제학은 이러한 활동들이 상품 개척 경계에 사는 지역 주민들에 미치는 비교 불가능한 함의를 조사했다. 토지에 생계 수단과 문화가 엮여 있는 토착민과 소농 공동체들은 자신들의 토지가 어떻게 사유화되고, 없어지거나 오염되는지 지켜보았다(마르티네즈 알리에 외, 2010).

실제로 2000년대 특징 중 하나는 채굴 또는 토지에 큰 영향을 미치는 활동에 반대하는 공동체들의 사회 환경적 갈등이 눈에 띄게 증가했다는 것이다(마르티네즈 알리에 외, 2010). 라틴아메리카에서 이러한 논쟁은 **개발**이 무엇인지에 대한 대안적인 관점을 바탕으로 한 제안들을 촉발했다. 이는 성장이 사회 목표라는 데 의문을 제기하고, 좋은 삶과 자연의 의미를 재설정하는 관점이다. 아프리카에서는 **우분투**로 돌아가자는 요구가 있었다. 우분투는 연대, 합의, 자율 등의 가치에 바탕을 둔 아프리카의 사회 문화적 사고이다. 마티네즈 알리에(2012)는 남반구의 **부엔비비르** 운동과 북반구의 탈성장 운동이 연맹할 기회가 있다고 주장했다.

그러나 채굴 개척 경계와 이들의 영향 확대는 남반구만의 문제가 아니다. 10여년 전 유럽에 영향을 준 경제 위기와 이에 따른 구조적 변화는 인건비 평가 절하와 보건·환경 규제 철폐를 불러왔다. 과거에 불가능했던 채굴 사업들이 이제는 쉽게 가능하다. 석탄과 금 채굴이 유럽에서 재개됐고, 그리스 북부 칼키디키 같은 곳에서 폭력적인 갈등을 유발했다. 심지어 미국과 유럽에서 빠르게 확대되는 가스 프래킹[1]과 심해, 중심해 굴착 같은 신기술의 발달로 이런 경향에 가속도가 붙고 있다.

물리적 개척 경계가 포화 상태에 이르면서, 지리적으로 얽매이지 않은 자본이 확장되고 있다. 탄소 시장을 통한 이산화탄소 배출이나 토착민 지식, 환경 서비스 등의 상품화는 축적 개척 경계의 새로운 예이다.

---

1 물, 화학제품, 모래 등을 혼합한 물질을 고압으로 분사함으로써 바위를 파쇄해 석유와 가스를 분리하는 공법.

상품 개척 경계와 탈성장은 네 가지로 연결된다.

첫째, 상품 개척 경계는 내재적이며 멈출 줄 모르는 자본주의 확장에 뿌리를 두고 있다.

둘째, 상품 개척 경계는 **성장**이 일어나는 장소에서 멀리 떨어져 사는 사람들의 희생으로 경제가 성장한다는 사실을 상기시킨다. 성장하는 세계 경제에 공급되는 상품들은 비교 불가능한 정도의 사회 환경적 비용을 치르는 특정한 지역으로부터 온다. 탈성장의 의도는 인간 소비를 줄이는 것뿐만 아니라, 채굴 지역의 생산 방식을 바꾸는 것이다. 끝없는 경제 성장 압력에 성공적으로 맞선다면 개척 경계에 있는 공동체 주민들에게 직접적이고 긍정적인 영향을 미칠 수 있을 것이다.

셋째, 자원 채굴의 사회 환경적 영향은 자원의 질과 이용 가능성이 감소하면서 점차 증가하고 있다. 광업의 경우 같은 양의 광물을 얻기 위해 10년 전보다 훨씬 많은 양의 폐기물과 오염을 유발한다. 이제 이용 가능한 자원 유무보다 자원을 계속 채굴할 경우 어떠한 사회 환경적 비용이 드는지 따져야 한다.

넷째, 대개 남반구에서 원료를 수입해 이루어졌던 경제 활동이 유럽과 아메리카 대륙에서 채굴이 가능해지자 채굴 개척 경계가 남반구에서 북반구로 확대되고 있으며, 자본주의 사회의 핵심으로 다가가고 있다.

마지막으로 탈성장 운동과 채굴에 맞서는 운동 사이의 연맹과 성장 중심 개발에 대한 혁신적인 대안을 형성할 기회가 자라고 있다.

공유물

실케 헬프리히, 데이비드 볼리에르

공유물은 주로 시장과 국가의 바깥이나 주류 정치와 경제의 주변부에서 이뤄지는 자급자족과 거버넌스 체계의 폭넓은 모음을 일컫는다. 사회적 유대로 기능하고 시장 근본주의와 다른 논리를 구현하는 공유물은 본질적으로 눈에 보이지 않는다. 공유물은 대체로 돈, 법적 계약, 관료주

실케 헬프리히(Silke Helfrich)

공유물에 관한 독립 저술가, 연구자이자 운동가. 공유물전략그룹 창설 멤버이다. 블로그 주소는 www.commonsblog.de. Silke.Helfrich@gmx.de

데이비드 볼리에르(David Bollier)

저술가, 운동가, 블로거, 독립 학자로, 지난 15년간 공유물을 새로운 경제, 정치, 문화 패러다임으로 보며 연구해 왔다. 공유물전략그룹 공동 창설자. 최근 저서로 『공유물주의자처럼 생각하기: 공유물의 생애에 대한 짧은 소개』가 있다. www.bollier.org

의적 명령 등이 아닌 자주적 관리와 공동 책임에 기반을 둔다.

공유물은 두 가지 뜻으로 이해할 수 있다. 하나는 거버넌스와 자원 관리의 인식 체계로, 다른 하나는 모든 인간 활동 영역에서 이루어지는 일련의 사회 관습으로 이해하는 것이다. 거버넌스 체계로서 공유물은 특정 자원을 공동 관리할 수 있는 규범, 질서, 제도를 나타낸다. 사회 관습으로서 공유물은 명사가 아닌 동사, 즉 사회 과정으로 봐야 한다. 다시 말해 '공유물'이라는 물건보다는 '공동화하다' 또는 '공유물을 만들다'라고 이야기하는 편이 더 정확하다. 공유물은 하늘에서 그냥 떨어지는 것이 아니다. 또한 공유물은 단순한 물질이나 무형의 집단적 자원이 아니다. 오히려 공유물은 공동체(네트워크 또는 모든 인류)가 공동으로 소유하고 관리하는, 혹은 그래야 하는 것들에 대한 공동 관리 과정이라고 볼 수 있다. 우리가 집단적으로 이용할 수 있는 것들에는 자연의 선물이거나 지식, 문화, 기술, 도시 공간, 경관 등등 헤아릴 수 없이 많은 집단 생산 자원이 해당된다.

공유물에 대한 이런 정의는 기존 경제학 개념에 수많은 도전을 제기하며, 나아가 전통적인 공유물 학계에도 도전한다. 기존 경제학과 공유물 학계에서는 공유물을 자원 자체에 내재된 것으로 보는 경향이 있다. 기존 경제학에서 관습적으로 배제성이 성립되기 어렵고 '경쟁적'인 자원일 경우 공유물이라고 부른다(내가 자원을 사용하는 것은 다른 이가 같은 자원을 사용할 능력을 저하한다). 그러나 문화 또는 관례는 누군가가 사용한다고 해서 소모되는 것이 아니다. 이것들은 '비경쟁적'이지만, 많은 이들이 공유물이라고 부른다(위키피디아 및 무료 배포 소프트웨어 등). 이는 공유물에 대한 접근을 자원 범주에 놓을 수 없음을 의미한다. 공유물에서 가장 중요한 것은 사회적 헌신, 지식, 자원 등을 관리하는 관습이다. 수자원은 모두에게 비차별적이지만 사용이 제한된 공유물로 관리될 수 있다. 또는 울타리를 치고 상품으로 둔갑해 병에 담긴 물로 판매될 수도 있다(**상품화** 참고). 공유물과 공동화의 중심에는 '공유물'이 아니라 활발한 '공동 자원 모으기' 과정이 있다. 경쟁적 자원(물, 토지, 어류 등)과 비경쟁적 자원(지식, 관례 등)은 모아질 수도, 모아지지 않을 수도 있다. 이는 우리에게 달린 문제이다. 따라서 공유물은 무엇보다도 우리가 공동의 무언가를 이용할 때, 서로 관계 맺는 방식에 관한 것이다.

그러나 공유물이 형성되기 전에 집단적인 관념화 문제를 극복해야 한다. 모든 사람이 어떤 것을 어떻게 공유해야 할지에 대해 명확한 이상을 공유해야 한다. 공유물은 나쁜 리더십, 부적절한 거버넌스 구조 또는 단순히 시장화된 세계의 권력 관계로 인해 실패할 수 있다.

국제토지연합(International Land Coalition, ILC)에 따르면 세계적으로 약 이십억 인구가 공급 모델로서의 공유물에 기대고 있다. 공유물은 사회 재생산의 기본 양식으로서 천여 년간 지속되어 왔지만, 변화를 위한 양식으로서의 강점은 최근에서야 발견됐다. 공유물에 대한 학문적 관심은 빈센트 오스트롬과 엘리너 오스트롬의 '공유재 체제'에 관한 연구로부터 확산됐다. 이들은 1973년 미국 인디애나대학교에 '정치 이론 및 정책 분석 워크숍'을 설립했다. 엘리너 오스트롬은 2009년 노벨경제학상을 받았다. 또한 1980년대부터 성장한 새로운 정보 통신 기술로 인해 공유물 개념은 탄력 받았다(**디지털 공유물** 참고).

대부분 공유물은 개인의 재산권, 시장, 지정학적 권력과 거의 관련이 없다. 공유물은 공유 자원 또는 공간에 대한 효과적인 자치 거버넌스를 제공함으로써 구체적인 문제 해결과 사람들의 필요를 충족하는 데 초점이 맞춰져 있다. 따라서 공유물은 꾸준히 시장의 힘과 의회, 정부에 의해 압도당하고 파괴되어 왔다. 이 과정을 '엔클로저'라고 부른다. 역사적으로 엔클로저는 지난 사십오 년간 사회 과학에서 가장 많이 인용된 책 중 하나인 『공유의 비극』(개릿 하딘, 1968)의 전제로서 정당화되었으며, 이 책의 호도된 메시지는 대중을 휩쓸었다. 하딘은 독자들이 '모두에게 개방된 목초지'를 떠올리게 했다. 그는 만약 모든 이들이 공유지에서 소를 방목할 경우, 어떤 목자도 이를 그만둘 합리적인 이유를 찾지 못할 것이라고 주장했다. 대신 목자는 가능한 한 많은 소떼를 방목하려 할 것이다. 따라서 목초지는 필연적으로 남용된다. 하딘은 배제성을 지키기 위한 수단으로 개인의 재산권을 이용하거나 상의하달식 통제와 권력 기관의 강제를 이용하는 것이 실용적인 해결 방안이라고 제안했다.

그러나 하딘은 사실 공유물이 아닌 경계와 규칙, 이용자 간 소통이 없고, '모두에게 무료'인 개방된 체제를 묘사한 것이다. 이에 반해 공유물은 경계, 규칙, 관찰 체계, 무임승차에 대한 처벌, 사회 규범이 있다. 모든 것은 일반적으로 이용자들 스스로가 상황에 맞춰 개발한다. 자가 관리가 성공하는 조건은 엘리너 오스트롬이 1990년에 출간한 책『공유의 비극을 넘어』의 디자인 원칙에 요약되어 있다. 그 원칙은 명확하게 정의된 경계, 공인되지 않은 이의 효과적인 배제, 적합성과 자원 제공을 고려해 지역에 맞춘 규범, 대부분의 이용자가 참여할 수 있는 집단 선택 방식, 관찰, 규칙 위반에 대한 제재, 접근이 쉬운 분쟁 해결 과정, 더 높은 수준의 권력 기관에 의한 인정 등을 포함한다.

많은 공유물주의자들은 부의 창출 형태로서 공유물의 특성을 계속 강조한다. 요카이 벤클러(Yochai Benkler, 2006:63)는 '디지털 공유물'에 대한 묘사에서 "우리는 분권화되었지만 가격 체계나 관리 구조에 기대지 않는 더욱 효과적인 집단행동의 출현을 보고 있다."고 묘사했다. 공유물은 협력을 통해 경쟁에서 이긴다. 벤클러는 이를 '공유물을 기반으로 한 동료 생산'이라는 용어로 불렀다. 이는 '넓게 퍼져 있고 느슨하게 연결된 개인들 사이에 자원과 결과를 공유'하는 데 바탕을 둔, 집단적이고 소유주가 없는 체계를 지칭한 것이다(같은 책 인용).

공유물 운동은 아직 초기 단계이며, 활동가와 학자들은 지난 몇 년간 함께 공유물을 정치 철학과 정책 의제로서 다루는 담론을 개발해 왔다. 이 네트워크는 오늘날 민족 식물학적 지식, 유전자, 생물 형태, 합성 나노 물질 등에 대한 개인(기업)의 소유권을 주장하려는 엔클로저의 도덕적, 정치적 합리화에 맞서 싸운다. 탈성장 전략은 이러한 새로운 엔클로저에 맞서야 한다. 엔클로저는 사람들의 유대를 와해하고 극단적 개인주의를 끌어들이며, 시민들을 소비자로 둔갑시킨다. 이는 공유물 운동 연맹이 자라나는 기반이기도 하다.

실제로 탈성장과 공유물 운동은 부에 대한 개념을 재해석하며, 부를 '연결 속에서 향상된 자유'라는 아이디어와 연결 짓는다. 성장에 대한 비판은 무엇을 해야 하는지에 대한 사고 틀을 제시했고, 공유물은 우리가 어떻게 살고 이러한 틀 안에서 사회관계를 어떻게 구성할지에 대한 생각을 개발했다. 탈성장은 우리가 '소비주의의 강철 감옥'에서 나와야 한다는 시급함을 이해하는 데 도움을 주는 한편, 공유화하기는 '소비 문화 너머'가 어떻게 생겼고 어떤 느낌인지를 보여 준다. 공유물주의자들은 우리가 관계, 네트워크, 협동적 거버넌스를 풍부하게 개발한다면 모두를 위해 충분히 생산할 수 있다는 '풍요의 논리'를 제시하곤 한다. 이러한 풍요는 우리가 성장의 한계를 인식하며, 모든 이가 자기 결정권을 갖고 행동할 자유를 확대하는 실천 방안을 개발하도록 돕는다.

나아가 '공유화하기'는 세 가지 점에서 생산과 소비의 **비물질화**에 크게 기여할 수 있다. 첫째, 생산을 재지역화할 수 있다(많은 공유물은 지리적 영토에 묶여 있다). 둘째, 공유화하기는 '같이 쓰기'와 협력적, 보충적 이용을 강화하여 리바운드 효과(**제본스의 역설** 참고)를 막기도 하고 강화할 수도 있다. 셋째, 공유화하기는 생산과 소비를 하나의 과정으로 조합한 '프로섬션[1]'을 부추길 수 있다. 그러나 잊지 말아야 할 점은 사회적 유대 강화는 필요 창출이 아닌, 필요를 바탕으로 하기 때문에 그 자체로 비물질화에 박차를 가한다는 점이다.

요약하자면 공유물과 탈성장은 서로 보충 관계이다. 공유물은 환경 문제를 사회 정의와 겨루게 하지 않는 급진적이고 민주적인 해법을 제안한다. 공유화하기 법칙에는 경제 **성장**이 필요 없다. 공유화는 '더 가지려는' 문화적 강박 대신, '같이 하기'가 '소유하기'를 능가할 수 있음을 증명하는 대안 사회로 나아가기를 돕는다. 또한 이에 따라 '탈성장'과 '삶의 질'을 서로 묶는 데 기여하며, 공유물 운동은 (지적) 재산권에 초점을 맞추어 자본주의와 성장의 근본적인 가치를 흔들고 있다.

만약 '경제'를 분배된 생산, 모듈 방식, 집단적 소유권, 관리 등과 같은 핵심적인 공유물 개념 면에서 다시 상상한다면, 자본주의적 관념과 제도(기업, 세계 시장, 경쟁, 노동)를 거부하고 성공적인 경제 체계에 대한 아이디어를 수용할 수 있을 것이다(**자본주의** 참고).

---

1 produce와 consumption을 합친 말로, 생산과 소비를 동시에 하는 것을 뜻한다.

공생공락

마르코 데리우

이반 일리치는 공생공락에 대한 아이디어를 1825년 장 앙텔므 브리야 사바랭이 쓴 『미식 예찬』(원제는 '미각의 생리학')에서 얻었다. 일리치의 견해는 사회적 유대의 중요성을 상기시키는 것 이상의 의미가 있다. 일리치에게 '공생공락'이란 즐거움이나 명랑함을 의미하는 것이 아니라, 모두가 현대 도구를 온전하게 공유하는 방식으로 전문가 집단에 기대지 않고 쓰는 사회를 일컫는다.

공생공락에 대한 일리치의 견해는 산업 성장이 우리에게 건널 수 없는 좋은 삶의 '한계'가 존재함을 상기시킨다는 자각에 기인한다. 의료, 교육, 경제와 연관된 제도가 일정 수준 이상으로 성장하면, 이들 제도를 만들 때 세운 목표가 변한다. 제도는 사회 그 자체에 위협이 된다.

일리치에게 공생공락이란 '산업적 생산성의 반대'이다. 현실에서 산업적으로 생산된 장치의 증가는 눈에 보이는 자유를 보장하지만, 인간을 궁핍하게 하고 가능성을 제한한다. 실제로 산업 도구는 일리치가 종종 '급진적 독점'이라 불렀던 것을 들여온다. 이 글에서 독점은 산업적으로 생산된 상품과 서비스의 공급이 사람들로부터 스스로 재화를 생산하거나 시장 바깥에서 필요한 것을 공유 또는 교환할 자유를 빼앗는 것을 의미한다.

우리의 필요가 상품으로 바뀌면서, 새로운 상품은 새로운 필요를 창출한다(**상품화** 참고). 좋은 삶의 기준은 불균형한 생산 증가가 아닌, 재화와 상품 사이의 적절한 균형 속에서 사용 가치와 교환 가치 사이의 시너지를 허용하는 것이다. 이러한 논리 때문에 일리치의 주장은 생산의 환경적 영향을 우선 생각하는 전통 생태론과 구별된다. 일리치에 따르면 풍족한 사회는 친환경 제품을 생산한다 해도, 급진적 독점을 통해 사람들을 마비시키고 그들의 **자율성**을 없앤다. "급진적 독점은 빠른 속도의 교통을 동반하며, 이는 모터가 태양 에너지로 가동되고 차량이 공기로 운행된다 해도 마찬가지이다."(일리치, 1978: 73)

따라서 환경뿐만 아니라 사회적 측면에서 사회가 창출한 도구들은 우리 사회의 지속 가능성을 보장하기에 적절하지 않다. 자유화된 산업화는 언뜻 보기에 버릴 수 없는 도구들을 생산하지만, 이 도구들은 개개인의 자율성을 평가 절하하고, 사람들이 더욱 상품에 의존해 더 많이 일하게 만든다. 일리치는 그 결과 좌절의 성장률이 생산의 성장률을 능가하며, '빈곤의 현대화'를 낳는다고 주장했다. 일리치에게 공생공락의 도구란 우리 스스로의 필요를 충족하는 자원의 이용을 통제할 수 있는 힘으로서 자율성 실현을 위한 조건이다.

어떤 이들은 여기에서 마르크스의 주제인 소외와 연관성을 찾을 수 있다. 그러나 일리치가 보는 소외는 생산 수단의 소유권에 기댄 개념이 아니다. 이는 재산이나 재분배의 문제가 아니라, 도구에 내재된 원천적인 논리이다. 일리치에 따르면 누가 소유하고 이용하느냐와 상관없이 원천적으로 파괴적인 도구들이 있다. 그는 어떤 도구들은 새로운 수요와 새로운 형태의 노예를 만들어 산업 사회를 시장 경제와 함께 필수적인 것으로 만들기 위해 디자인되었다고 주장했다.

만약 도구가 쉽게 이용되고 적용될 수 있으며, 개인이 선택한 목적에 부합하고 자유, 자율성, 창의성을 확장하는 결과를 낳는다면 공생공락을 위한 것이라고 볼 수 있다. 일리치는 고속도로망, 비행기, 노천 채굴, 학교를 공생공락을 위하지 않는 도구의 예로 들었다. 반면 자전거, 재봉틀, 전화, 라디오를 공생공락의 도구라고 칭했다. 다른 도구들의 공생공락 여부를 정의하기는 보다 복잡하다. 일례로 컴퓨터와 인터넷은 일리치에 따르면 공생공락을 위한다고 간주할 수 있을까?

일리치는 『성장을 멈춰라』(1973)에서 컴퓨터, 정보 기술, 일반적으로 디지털 문명과 인공 지능으로 불리는 것들을 두고 논란의 여지가 있다고 보았다. 일리치는 다른 책에서도 과연 컴퓨터가 '육체에서 분리된' 사고를 부추길지 궁금해 했다. 그는 마치 오늘날 우리가 자동차에 의존하듯이 점점 더 말하기와 생각하기를 컴퓨터에 의존할 수 있다는 것을 두려워했다. 그의 책『탈학교 사회』(1973)에서 일리치는 컴퓨터 네트워크를 두고 한 도시 혹은 서로 떨어진 지역에 있지만 비슷한 관심을 가진 동료 집단들을 연결할 수 있는 대안적 만남의 수단으로 인식했다. 또한 이를 통해 표준화된 전통 교육에서는 어려운 사회적 관계와 배움이 이루어질 수 있다고 보았다(일리치, 1971). 이러한 연유로 '공생공락의 도구들' 사이트를 운영하는 마이클 슬래터리는 일리치가 디지털 혁명의 선도자였다고 주장한다[1]. 그는 산업적으로 생산된 첫 번째 노트북 '오스본 1'의 디자이너였던 컴퓨터 엔지니어 리 펠젠스타인이 어떻게 일리치의 글을 읽고, 그의 컴퓨터를 공생공락의 도구로 여겼는지를 상기시킨다. 우리는 속도, 시간, 이미지에 대한 인식과 대면 관계의 가치 변화에 대한 일리치의 비판적 숙고가 소위 네트워크 사회에 대한 열렬한 지지자들의 견해와는 다르다는 것을 염두에 두어야 한다.

어느 경우라도 이러한 토론은 공생공락에 대한 일리치의 정의가 어느 정도 불확실하고 모호하다는 것을 드러낸다. 일리치는 분명 개인이나 공동체가 가진 기질의 구조가 아닌 도구의 구조에 대해 언급했다. 그러나 공생공락의 도구와 그렇지 못한 도구를 융통성 없이 분리하는 것은 그의 핵심적인 두 가지 주장을 놓칠 위험이 있다.

---

1 http://conviviality.ouvaton.org 2017년 5월 3일 접속.

첫 번째 주장은 기술 도구가 진공 상태가 아니라 사회와 젠더 관계의 네트워크 안에 존재한다는 것이다. 일리치는 관계의 구조를 대상의 구조보다 중시했다. 어떻게 보면 화기, 자동차, 비행기, 핵폭탄의 발명을 이끈 것은 특정한 관계의 구조였다. 한편으로는 공생공락의 관계가 없다면 표면적으로 공생공락의 도구를 쓸지라도 남자, 여자, 그리고 어린이들의 선택의 자유와 **자율성**에 어긋날 수 있다. 따라서 사회와 젠더 관계 영역에 들어맞는 모든 도구는 일정 정도 이들 관계의 구조를 표현한다. 즉 사회관계의 구조와 도구의 구조는 같이 결정되며, 순환적이고 다양한 방향으로 발전한다.

두 번째 주장은 인터넷을 포함한 일부 도구가 중간 지대에 해당되며 일정 정도의 유연성과 활력을 보여 준다는 것이다. 또한 문맥에 따라 사용 가치와 교환 가치 중 한쪽으로 기울어질 수 있다. 만약 사회관계의 구조가 변한다면 공생공락의 도구인지의 여부도 어느 정도 변할 것이다. 발렌티나 보레만스(Valentina Borremans, 1979:4)는 공생공락의 도구와 사용 가치를 지킬 수 있는 문화, 사회, 정치적 여건에 대한 연구에 새로운 방침이 필요하다고 주장했다.

일리치는 공생공락 사회에서라도 강력한 도구나 중앙화된 생산 형태를 막을 이유가 없다고 여러 차례 주장했다. 중요한 것은 사회가 수요를 충족하기 위해 생산하는 도구와 발명, 개인적 성취를 양성하는 도구 사이의 균형을 보장하는 것이다. "공생공락의 재건을 위해서는 현재 산업의 독점이 붕괴되어야 하지만, 모든 산업 생산의 폐기를 요구하지는 않는다."(일리치, 1975: 88) 공생공락 사회는 정지되어 있거나 냉동된 상태가 아니다. "사람들은 변화가 없는 사회를 현재의 지속적인 변화가 있는 사회만큼 견딜 수 없어할 것이다. 공생공락의 재건은 다만 변화율의 제한을 필요로 한다."(일리치, 1975: 91)

탈산업사회로의 전환은 생산 방법과 수단이 다양화되고 개인의 계획에 호의적인 사회 모델의 가능성을 열어 준다. 산업 생산이 장기적으로 표준화될 때, 공생공락의 생산은 개인의 창의성과 협력적인 혁신을 장려한다. 생산성에서 공생공락으로의 전환은 어떤 면에서는 경제적 결핍 상태에서 자발적이고 '사치'스러운 선물 경제로 전환하는 것이다.

'공생공락'에 대한 이반 일리치의 주장은 세르주 라투슈(2010)를 필두로 탈성장 이론가들의 주요 영감 소재가 되었다. 탈성장 관점에서 보았을 때 공생공락은 핵심적인 인류학적 사고 중 하나이다. 공생공락은 관계, 인정, 기쁨이 있는 공간을 만들 수 있고, 산업적이고 소비적인 체계에 대한 의존도를 줄일 수 있는 가능성에 대한 믿음을 대변한다.

그러나 일리치는 '탈성장'이라는 용어를 쓰지 않았다. 그는 풍요롭다고 말하는 오늘날에도 새로운 형태로 계속되고 있는 빈곤을 거스르기 위해서는 '현대적 존재'가 되어야 한다고 믿었다. 그는 이 '현대적 존재'의 형태를 '공생공락하는 내핍'이라 불렀다. 이는 '자유를 보호하고 공생공락의 도구를 이용하기 위한' 정치적 선택의 과정으로 볼 수 있으며, 지금 우리가 자발적인 탈성장이라고 지칭하는 것과 매우 가깝다.

전문적인 '필요 창출자'들이 측정할 수 없는 사용 가치를 우선 창출하는 데 쓰이는 기술과 도구가 있는 사회적 기반 시설을 (정치적 수단을 통해) 보호함으로써 시장 의존도를 줄이는 데 성공한 탈산업 경제, 그곳에서 지배적인 삶의 형태를 우리는 현대적 자급자족이라고 부른다(일리치, 1978: 52).

비물질화

실비아 로레크

'비물질화'는 생산과 소비에 필요한 물질의 양을 획기적으로 줄이는 것을 의미한다. 비물질화는 우리의 사회적 **메타볼리즘**이 어떻게 그리고 얼마나 감소되어야 하는지를 보여 준다. 비물질화는 전통적으로 배출된 환경 오염 물질을 처리하는 '사후 처리' 기술과 정반대로 투입에 초점을 맞춘 전략이다. 이는 환경 문제를 근본적으로 해결하기 위해서이다. 비물질화 개념은 기후 변화와 생물다양성 등 현재의 환경 문제가 재화와 서비스를 생산하는 데 쓰이는 물질·에너지양과 밀접한 관련이 있다고

실비아 로레크(Sylvia Lorek)

독일 지속가능한유럽연구원 원장. 소비자 경제학으로 박사 학위를, 가계 경제학과 영양학으로 석사 학위를 받았다. 국가, 유럽, 세계적 수준의 지속가능한 소비를 위한 시민 사회 활동에 참여하고 있다. sylvia.lorek@t-online.de

주장한다. 만약 투입이 줄어든다면 전반적인 환경 영향도 줄어들 것이라는 얘기다.

또한 비물질화는 재생 불가능한 자원의 이용 가능성이 한계에 다다랐고, 어류나 목재 같은 중요한 재생 가능 자원은 재생산 비율보다 소비율이 더 높다는 사실에 대한 대응이기도 하다. 몇몇 자료를 살펴보면 다음과 같다.

'종래'의 원유 추출은 2006년에 정점을 찍었다. 대부분 주요 유전은 1960년대에 발견됐고, 이 유전들에서 나오는 생산량이 해마다 4~6퍼센트씩 감소하고 있다. 그리고 '새로운' 석유는 이를 따라잡지 못하고 있다(**석유 정점** 참고).

첨단 기술 산업 사회를 가능케 한 재생 불가능한 자원 89가지 가운데 63개는 2008년 기준으로 봤을 때 세계적으로 희귀해졌다.

확인된 어류 자원 중 82퍼센트는 2008년 현재 최대한 이용되거나 지속 가능한 수준 이상으로 남획되었다(세계적으로 확인된 어류 자원 중 32퍼센트는 남획되고 있고, 이는 1970년대에 비해 10퍼센트 증가한 수치이다).

지구의 경작 가능한 토지 30퍼센트가 생산 불가능한 토지가 됐다. 토양 침식과 토질 저하는 자연적인 재생률보다 10~40퍼센트 빠른 속도로 진행되고 있다.

비물질화는 종종 디커플링[1]이라는 용어와 연관되어 쓰이며, 혼동되기도 한다. 자원 디커플링은 **국내총생산**으로 측정되는 경제 활동 단위당 쓰이는 자원의 이용률을 줄이는 것을 의미한다. 디커플링은 일반적으로 경제 활동을 기준으로 두지만, 비물질화는 지구의 수용력과 한계를 기준으로 한다. 상대적, 절대적 디커플링 사이에는 차이점이 있다. 상대적 디커플링은 자원 이용이 국내총생산보다 느리게 성장할 때 달성할 수 있다. 절대적 디커플링은 경제는 성장하는 한편 자원 이용은 적어도 일정하거나 또는 감소하는 것을 의미한다. 비물질화는 이 글에서 정의된 바와 같이 절대적 디커플링 형태로 나타난다. 즉 물질과 탄소 이용의 절대적 감축이다. 일례로 절대적 디커플링의 가능성은 경제의 물질 또는 탄소 집적 정도에서 감소하고 있는 "인수 4[2]" 또는 "인수 10[3]"의 관점에서 종종 언급된다.

비물질화 옹호자들은 이러한 자원 이용의 감소는 두드러진 자원 생산성 증가가 경제 **성장**에 따른 자원 소비 증가를 상쇄할 경우 가능하다고

---

1 디커플링(decoupling)은 분리를 의미하지만, 여기에서는 경제 활동에서 자원의 사용을 줄인다는 특정한 의미로 쓰였다.

2 물질과 에너지 등 자원의 이용을 2분의 1로 줄이는 동시에 생산성은 두 배로 높여 결과적으로 4배의 효율성을 달성하자는 목표를 뜻한다. 혹은 자원 이용을 4분의 1로 줄이면서 생산성은 동일하게 유지하거나, 같은 자원으로 4배의 생산성을 달성하는 것도 인수 4의 목표에 해당한다.

3 자원 이용을 10분의 1로 줄이면서 생산성을 동일하게 유지하려는 목표.

본다. 절대적인 디커플링을 달성하는 전략에는 새로운 기술과 물질 개발, 건설 과정에서 자원 생산량 표준 설정, 재화의 내구성 증가와 재활용, 소위 '자원에 적게 의존하는 생활 방식'과 같은 다양한 접근법을 포함한다. 이 전략 개발에는 연구 개발 지원, 환경 효율적 공공 조달, 비물질화된 재화와 서비스 시장 설립을 위한 적극적 지원 등의 특별한 정책 수단이 필요하다. 디커플링 지지자들의 다른 제안에는 에너지세나 원료세를 부과하는 등 시장 기반 도구를 통해 외부 환경 비용을 내재화하자는 주장이 있다.

독일이나 미국 같은 국가들은 경제의 절대적인 디커플링(즉 국내총생산 성장과 자원 이용의 안정화)을 자원 효율 정책을 통해 이루었다고 주장한다. 그러나 정작 이들 국가에서 물질과 탄소 소비가 증가한 것이 현실이다. 다만 이들이 물질적 재화를 수입하는 국가들에서 증가가 일어났다는 것이 다를 뿐이다. 절대적인 디커플링이라는 인상을 주는 것은 물질 흐름의 방향 때문이다. 선진국이 자국 물질 채굴과 가공을 비롯한 생산 과정을 개발도상국으로부터 수입한 물질로 대체하는 것은 현재 진행 중인 세계적인 변화이다(피터스 외, 2011). 이는 **환경 정의**와 연관된다. 이러한 지역 간 물리적 교역 균형을 고려할 때, 이 변화를 통해 유럽은 가장 큰 이득을 보는 한편, 호주와 중남미는 환경 부담을 가장 크게 짊어지고 있다. 이 같은 변화가 유럽 내에서 절대적인 디커플링이 일어나고 있다는 인상을 준 것이다.

물질 사용에 대한 데이터를 개선하기 위해 유럽환경청은 생산뿐만이 아닌, 소비를 기준으로 한 물질 사용을 계산하는 프로그램을 개발했다. 이는 한 국가에서 소비되는 모든 최종재 내 총필요물질(Totla material required, TMR)을 따지며, 생산 사슬에 있는 자원 소비를 포함한다. 여기에는 기계와 기반 시설에 대한 투자도 포함된다(유럽환경청, 2013).

그러나 대부분 국가에서 물질 소비가 여전히 증가하지만, 경제 산출량보다는 느린 속도로 증가하는 상대적인 디커플링을 보이고 있다. 세계적으로 물질 생산량은 1980년~2008년에 37퍼센트 늘었다. 국내총생산이 147퍼센트 늘어난 반면, 물질 소비는 '고작' 79퍼센트 늘었다. 그러나 이 상대적인 디커플링은 세계 경제의 방대한 물질화를 포함한다. 다시 말해, 같은 기간 동안 세계적인 생물량 사용은 35퍼센트 늘었고, 광물 추출은 133퍼센트 늘었으며, 화석 연료는 60퍼센트, 금속 사용량은 89퍼센트 늘었다. 온실가스는 42퍼센트 늘었다(디트리히 외, 2012).

디커플링 지지자들은 시장에 기반을 둔 기술적인 해결 방안을 제시하지만, 인구와 소득이 계속 늘어날 경우 맞닥뜨릴 도전의 규모를 감안하면 부적절하다. 지속적인 성장이 가져올 순수한 행동의 규모는 상상을 초월한다. 90억 인구가 사는 세상에서 모두가 서구적 삶의 방식을 추구한다면 생산물 가격의 달러당 탄소 집적도는 2050년에는 지금보다 130배 더 낮을 것이다. 이는 과학자들이 위험한 기후 변화를 피하기 위해 필요하다고 주장하는 350ppm 한계에 머무르려 하는 경우를 가정한 것이다. 21세기 말까지 경제 활동은 탄소를 대기 중에 배출하지 않고 흡수해야 한다. 그러나 효율성으로 인해 아낀 돈을 다른 물질이나 에너지 집약적 재화에 사용될 가능성과 **제본스의 역설**을 고려할 때, 탄소 감축은 더 어려운 과제가 된다. 효율화는 아마도 더 많은 자원을 쓰게 만들 것이다.

이런 점에서 봤을 때 절대적 비물질화를 위한 적절한 방법은 탄소와 자원 사용 한도를 정하는 것이다. 이를 통해 '누수'와 리바운드의 가능성을 줄일 수 있기 때문이다. 한도 조약의 목적은 해마다 자원 허용량을 점차 낮춰 자원 이용을 절대적으로 줄이는 것이다. 이로써 생산과 소비 방식을 바꾸고, 적은 물질을 투입하는 생산과 서비스를 위한 혁신에 인센티브를 제공할 수 있다. 또한 계획된 자원 이용 한도는 짧은 경제 순환과 높은 자급률을 통해 경제를 재지역화하는 데 기여한다. 이 책에서 다룬 **나우토피아, 도시 텃밭, '다시 땅으로'** 같은 기획들이 이러한 혁신에 부합한다.

체계 안에서 꾀하는 작은 조율만으로는 물질과 탄소 이용을 우리가 필요한 수준만큼 급진적으로 줄이기에 충분하지 않다. 우리가 필요한 수준이란, 지구의 안전한 수용력 안에 머물기 위한 사전 예방 법칙에 기반을 둔다. 비물질화는 지속적으로 성장하는 경제에서 이뤄지기 힘들다. 우리의 사회적 **메타볼리즘**을 지속 가능한 **정상 상태** 수준으로 줄이기 위해 탈성장이 필요하다. 자원 한도 설정은 탈성장을 위한 하나의 정치적 제재 방법이다.

데팡스

오노프리오 로마노

에너지 소비는 두 가지로 나뉜다. 우선 삶의 보전과 재생산을 위해 필요한 소비가 있다. 두 번째는 비생산적인 지출에 쓰이는 소비이다. 사치품, 애도, 전쟁, 종교, 게임, 행사, 예술, 왜곡된 성적 행위 등이 그 예이다. 이러한 활동들은 데팡스의 요건을 충족하며 그 자체가 목적인 활동들이다. 순수한 재생산에 필요하지 않은 에너지라고 정의되는 과잉 에너지는 모든 사회에 존재한다.

인간 사회와 자연을 아우르는 넓은 의미에서 데팡스는 물리적 한계로 인해 유기체가 이용할 수 없는 에너지를 의미한다. 이 에너지는 환경 안에서 스스로 소멸될 때까지 무의미하게 순환한다.

조르주 바타이유는 《사회비판》에 처음으로 쓴 '데팡스에 관한 생각'이라는 글에서 과잉 에너지에 대한 정의를 소개했다. 그의 다른 이론적 견해와 마찬가지로 데팡스의 내용과 윤곽은 고정되지 않았으며, 명확하게 정의되지 않았다. 이 글은 일곱 번 수정됐다. 훗날 바타이유는 데팡스 개념에서 벗어나 '일반 경제'에 대한 이론 작업을 시도했다. 이에 관한 글의 일부는 "일반 경제의 의미"(1946) 및 "유용성의 한계"에 실렸다(그의 사후인 1976년에 전집이 출간됐다). 이 작업은 『저주의 몫』(1949)이라는 제목의 책으로 탄생했다. 작업의 두 번째 부분은 "에로티즘의 역사"(1957)라는 제목이, 마지막 세 번째 부분은 "절대성"(1976)이라는 제목이 붙어 출간됐다. 데팡스와 유사한 생각은 프로이트의 '덧없음'과 죽음 충동(프로이트, 1990) 개념에서 찾을 수 있다. 그러나 데팡스는 마르셀 모스의 책 『증여론』(1925)에서 분석한 포틀래치 개념과 보다 유사하다. 이 모든 주장들은 인간과 사회가 자가 발전에 대한 이른바 '자연적인' 소명 의식에 역행하며 상실에 동요하는 경향을 다룬다.

인류학적 사고 틀에서 에너지는 행동의 연료로 재정의할 수 있다. 즉 우리를 행동하게 만드는 연료라는 뜻이다. 바타이유는 한 생명체가 생명을 유지하고 성장하기 위해 쓰는 에너지의 비중을 '비굴한 정도'라고 불렀다. 실제로 순전한 생물적 생명 유지는 이용 가능한 에너지 총량의 극소량만 써도 가능하다. 기본적인 문제는 과잉 에너지가 이러한 '비굴한' 용도에 쓰이는 에너지를 능가한다는 것이다. 과잉 에너지는 '자주적인' 이용을 필요로 한다. 행동의 연료는 정치적 가능성을 지향하는 철학을 기반으로 방향점을 세워야 한다(로마노, 2014). 우리를 '인간'으로 만드는 것은 과잉 에너지의 자주적인 사용이다. 지리적, 역사적으로 각기 다른 종류의 사회가 있었던 까닭은 과잉 에너지를 다른 방식으로 사용했기 때문이다. 과잉 에너지는 제물, 축제, 전쟁 혹은 평화 유지에 쓰일 수 있다. 일례로 티베트 사회에서는 대부분 과잉 에너지가 특별한 계층의 승려를 지원하는 데 쓰인다.

인간이 과잉 에너지를 접하는 것은 중요한 순간이다. 이런 점에서 과잉 에너지는 '저주받은 몫'이다. 이는 인간이 삶의 의미와 방향을 회의하게 한다. 과잉 에너지를 쓰지 않게 되면 스스로의 자유를 즐기지 못하는 인간의 무능함을 나타내는 것일 수 있다. 이러한 이유에서 모든 인간 사회는 데팡스에 관한 의례 형식을 디자인해 왔다. 데팡스는 '비굴함' 너머에 있는 에너지를 파괴하는 형태이다.

이러한 의례들은 세련도에서 차이가 있으며, 각기 다른 용도에 쓰인다.

- 과잉 낭비를 인간답게 만드는 데 쓴다. 즉 과잉 낭비를 통제되지 않는 자연 과정 영역에서 문화와 상징의 영역으로 가져온다.
- 공리주의 차원에 있는 에너지를 신성에 대한 접근으로 방출한다. 실제로 이러한 사물들의 파괴는 유용한 것으로서의 비굴한 상태를 파괴해 사물을 신성의 영역에 재배치한다(의례적 파괴를 통해 제물을 만드는 것, 이것이 제물의 진짜 의미이다).

■ 스트레스를 주는 과잉의 존재를 물리적으로 없애 존재와 행동에 대한 압박을 없앤다.

데팡스의 개념은 '**성장** 사회'에 있는 주요 맹점을 규명하는 데 도움을 준다. 우리는 에너지와 과잉 문제 제거에 어떻게 대처해야 하는가? 실제로 비굴한 순간에 대한 숭배는 이 사회의 기초이다. 근대성은 종의 생존에 대한 두려움과 시급함이라는 맥락에서 유래했으며, 당시 사회 생산 역량으로는 감당할 수 없었던 예상치 못한 인구 폭발과 그에 따른 사회적 필요의 증가로 가속화됐다. 이 불균형은 새로운 도전에 대한 직면을 허락하지 않았던 전통 공동체의 파괴로 이어졌다. 충족되지 않는 필요를 충족하기 위해 개개인은 공동체와의 유대를 깨고, 자율적으로 새롭고 더 효과적인, 성장 중심의 행동 방향을 취했다. 리스먼(Riesman, 1950)은 유럽에서 중요한 인구 이동과 그에 따른 사회적 변화가 17세기에 일어났다고 지적했다.

개인주의의 과정은 공동체가 에너지를 관리할 능력을 앗아갔다. 이는 과잉 에너지를 소진하던 데팡스 의례도 포함된다. 현대 사회는 생존을 위한 '본래의 비상사태'에 계속 짓눌린 가운데 **성장**의 가속도를 멈추지 않았다. 본래의 비상사태를 지속하는 것은 과잉 에너지 문제를 없애고, 우리가 행동의 '의미'와 대면하지 않게 한다. (계속적인 성장을 요구하는) 영구적인 생존을 추구하는 가운데, 우리는 과잉 에너지 출현에 기원하는 '존재'의 필요성 문제를 대면할 때만 마비 상태에서 벗어날 수 있다. 만약 동물이 된다면, 우리는 인간이 되는 데 느끼는 피로에서 벗어날 수 있다. 동시에 우리는 데팡스를 '공식적인' 공공 토론에서 없앨 수 있다. 대신 이는 '사유화'되고 수치심 뒤로 숨는다. 어떠한 '낭비적' 행동도 도덕적으로 영속적인 비상사태와 공존할 수 없기 때문이다.

사회의 개인화가 주어진 상황에서 일개 개인은 작은 교환들을 통해 낭비의 부담을 떠안는다. 이러한 작은 교환은 변태적인 성 생활, 알코올 중독, 도박, 호화로운 소비 등이다. 바타이유는 이를 두고 소시민의 '천박한 분출'이라 일컬었다. **성장**의 시대에 호화롭고 집단적인 데팡스는 더 이상 찾아볼 수 없으며, 오로지 비공식적으로 소비되는 사적인 해소만이 존재한다. 따라서 현대 사회는 에너지 문제를 이중적 전략으로 해결하려 한다. 유례없는 수준으로 에너지의 비굴한 이용을 확대(성장에 대한 집착의 강화)하고, 데팡스를 사유화하는 것이다. 그러나 이 전략은 사용 가능한 에너지를 일에 배치하는 핵심적인 이유로 삼기에는 부적절하다. 많은 양의 에너지는 사용되지 않은 채 남아 순환하며, 인간에게 스트레스를 준다. 정교하고 상징적인 파국, 즉 의례적이고 집단적인 데팡스를 위한 도구가 부족한 상태에서 성장 사회를 살아가는 이들은 '진짜' 자연의 파괴를 꿈꾸고 열망하게 된다.

따라서 데팡스는 성장 사회에서 벗어나는 길을 이론화하는 데 핵심적인 개념이다. 역설적으로 데팡스는 아직 탈성장 주요 이론의 기둥으로 자리 잡지 않았으며, 성장 반대 운동에 영감을 주는 원천도 아니다. 이는 아마도 데팡스를 진정으로 받아들이는 것은 탈성장 운동의 '파국과 부족에 대한 인식의 틀'을 파괴하는 것을 의미하기 때문일 것이다. 데팡스를 생각해 보면, 서구 사회가 두려워하는 파국의 위협은 과잉 에너지 처리를 실패한 데 따른 증상일 뿐이다. 탈성장 지지자들에게 이는 '진짜' 위험이다. 따라서 탈성장에 관한 생각은 때로는 신자유주의적 자본주의의 복원을 정당화하는 주류 문화에 종속된다. 탈성장은 현대의 삶의 방식을 유지하는 데 필요한 자원이 부족하다는 것을 고발하며, 실제로 **성장** 사회의 근본 문제들을 단순히 뒤바꾸기만 한다. 바타이유는 다음과 같이 적었다.

> 대개 개별적인 존재는 언제나 자원의 부족에 굴복할 것을 각오한다. 이는 존재 일반에게 자원이 넘치고, 죽음이 아무런 의미가 없는 것과 대비된다. 개별적인 관점에서 보면, 문제는 자원의 결핍에서 시작된다. 존재 일반의 관점에서 보면, 문제는 자원의 과잉에서 시작된다. (바타이유, 1988: 39)

개인화된 인간들은 존재의 불안정한 속성에 얽매이고, 따라서 생존 문제에 집착한다. 인간들은 고립될 때 근본적으로 비굴한 입장을 갖게 되며 동물 상태로 돌아가 자원 획득이 첫째 목적이 된다. 과잉 에너지의 도전은 우리가 체계에 대한 관점을 가질 수 있을 때 비로소 눈에 들어온다.

탈성장 지지자들은 개인화된 주체들의 전형적인 비굴한 입장을 일반 체계로 옮긴 것과 다름없다. 인간성의 복잡함은 공리주의적 생존 논리가 뒷받침하는 '필요의 법칙' 대상이 된다. 자원의 비효율성을 강조하는 개인적 관점이 일반적인 집단행동에 적용된다.

결과적으로 탈성장 이론은 경제학의 기본 계율인 희소성의 원리를 되살리고 새로운 추진력을 주는 위험을 무릅쓰고 있다. 또한 탈성장 이론은 성장 신화를 뒤집힌 관점에서 보는, 똑같은 상상계를 쓰는 위험을 감수한다. 이 상상계는 존재의 보전을 위해 순환되는 모든 에너지를 사용한다. 다만 탈성장에서는 '도덕적' 삶의 방식과 효율적 기술을 위한다는 차이점이 있다. 탈성장 프로젝트는 삶의 의미를 집단적으로 구성하고 정치적 자율성을 복원하는 데 대한 관심을 강조함으로써 보다 폭넓은 지지를 얻을 수 있다. 이는 우리가 과잉 에너지의 도전을 마주할 수 있는 유일한 방안이다.

탈정치화

에릭 스윈게도우

'정치¹'는 서로 다른 사회 생태적 질서에 대한 상상이 상징적·물질적 제도화를 두고 경쟁하는 공적 지형을 의미한다. 어떠한 정치 생태적 미래가 필요하며, 이를 어떻게 이룩할 수 있을지 논하는 경쟁은 '정치'의 지형을 구성한다. 즉, '정치'는 사회를 관통하는 서로 다른 견해와 욕망들을 눈에 보이고 느낄 수 있게 만든다. 따라서 '정치'는 널리 공유되는

---

1 여기서 '정치(the political)'는 일반적인 정치(politics)와 구분되는 뜻으로 쓰였다. 이 책에서는 저자의 의도를 따르기 위해 the political을 '정치'로 구분해 옮겼다.

에릭 스윈게도우(Erik Swyngedouw)

영국 맨체스터대학교 환경·교육·개발학과 지리학 교수. 정치경제학, 정치생태학, 도시 이론과 문화 관련 저서와 논문을 썼다. 보다 참된 지리학을 위해 정치적으로 명료하면서 이론과 실제에 바탕을 둔 연구에 중심을 두고 있다. erik.swyngedouw@manchester.ac.uk

공적 공간, 공생의 아이디어, (자연, 사회, 과학, 문화 또는 정치 철학 분야에서) 사회나 정치적 조직체가 바탕을 두어야 할 근본이나 핵심의 결여를 나타내는 신호를 의미한다. '정치'는 논쟁 활동에 내재되어 있다.

탈성장을 위한 변혁의 정치에는 현재 우리가 살고 있는 세계에 적절한 정치화가 필요하다.

그러나 탈성장이 필요하다는 관점이 자연의 자본주의적 메타볼리즘이 지닌 엔트로피 에너지 불균형과 이 과정에 포함되는 사회 생태적 불평등이나 갈등을 대체한다면, '성장'이 아닌 '탈성장'에 바탕을 둔 사회 생태적 배치로의 전환은 '과학'이나 사회 논쟁에서 '정치'로 고민을 확장해야 한다.

나는 '정치'와 달리 현실 정치 또는 정책 결정 과정을 정치 행위자들 사이의 권력 관계로 간주한다. 또한 현실 정치와 정책 결정은 일상적으로 개인과 집단이 이익을 추구하는 제도 · 절차적 배치 속에서 법규 및 이행을 둘러싼 협상, 정책 형성과 이행을 의미한다고 간주한다. 통치 제도와 기술 형태의 현실 정치, 이익 추구나 갈등 중재와 연관된 전략, 전술 그리고 권력 관계는 사회를 불안정하게 그리고 일시적으로 움직인다.

정치가 행정 관리를 뜻하는 경우, 우리가 살고 싶어 하는 환경과 이를 어떻게 창출할지에 관해 겨루는 '정치'와 대비된다. 일반적으로 전자는 봉합하고, 궁극적으로 배제하려는 경향이 있다. 이 과정은 현실 정치가 '정치'를 식민화하거나 '정치'를 '공동체'(상상된, 나뉘지 않은 개체)로 대

체한다는 특색이 있다. 여기에서 '공동체'는 (국가, 인종 등의) '사람들' 또
는 '조직', '관리', '바람직한 거버넌스'에 관한 특정한 사회학적 **상상계**
이다. 탈정치화되고 있는 현재의 신자유주의에서 사물과 사람에 관한 공
적 관리는 경제 성장과 **자본주의**의 필요를 사회 자연적 메타볼리즘의 유
일한 형태로 정립하는 데에만 두드러지게 구체화되어 있다. 즉 시장의
힘을 자연에 접근해 자연을 바꾸거나 분배하는 유일한 방법으로 여기고,
시장을 아무 의심 없이 동원하는 경제 **성장**을 우리가 나아갈 유일한 길
로 정립하는 것이다. 탈정치화 과정은 최소한 서로 다른 의견과 입장의
타당성을 인정하는 의미의 '정치'를 압류한다. 다른 말로 이야기하면, 탈
정치화는 성장을 유지하고 북돋는 거버넌스의 관리 기술이 점차 사회를
지배해 나가는 형태를 띤다. 이러한 거버넌스는 경제적 부의 축적이 방
해 받지 않는 것으로도 이해될 수 있다(스윈게도우, 2011). 예를 들어 오
늘날 주된 생태적 관심은 지속 가능한 개발이 교토의정서[2]와 같은 기술
적, 제도적 동원을 우선적으로 의미하는 것에서 찾아볼 수 있다. 이러한
기술적, 제도적 배치의 목표는 생태에 관한 우려를 자본주의적 성장 위
주 경제와 공존하도록 하여 '아무것도 바뀔 필요가 없도록' 하는 것이다
(스윈게도우, 2010: 222). 더 넓은 신자유주의 성장의 사고는 논쟁의 여지
가 없다. 예를 들어 2008년 이후 경제 위기가 어떻게 국가와 국제 지식
인이 성장을 복원하고 부의 축적을 강화하는 것을 용인했는지 생각해 보

---

2 기후 변화 협약에 따른 온실가스 감축 목표에 관한 의정서.

라. 이는 많은 이들이 '민주주의 이후' 형태로 제시했던 다양한 대안이나 의견을 표면적으로 거부하는, 정확히 말하면 압류하는 환경이다. 이는 경제의 탈정치화('신자유주의적 자본주의는 주류 정치 내에서 반박될 수 없다고 주장하는 것')와 정치의 경제화('모든 공적 관심의 주제를 시장 규칙과 경제적 계산으로 돌리는 것')라는 쌍둥이 같은 두 개의 강압에 따른 과정이었다.

탈성장을 정치화하는 도전은 따라서 민주주의 이후의 탈정치화 시대에 '정치'의 재출현을 고민하고 실행하는 것이다. '정치'는 무한히 억눌릴 수 없다. '정치'는 언제나 탈출, 반란, 평등에 대한 요구 같은 내적 실천으로 돌아온다. '정치'의 재출현은 폭동, 반란, 반역, 새로운 '평범'의 정치적 상연 등 방해 과정을 통해 드러난다. '정치'의 재출현은 항상 구체적이고 특정하지만, 보편적인 비유적 응집으로 보인다. 이 과정은 기존 질서의 공간 내에서 새로운 평등주의적 물질과 사회 생태 공간성이 생산되는 것을 의미한다. 또한 이 과정은 의견의 불일치가 정치의 기반이라는 것을 공고히 하며, 공간의 (재)전용과 새로운 사회 생태적 자질, 그리고 새로운 사회 생태적 관계를 생산하며 작동한다.

초기 재정치화의 새로운 형태는 다양한 반란 행동과 늘어나는 급진적 불만에서 포착된다. 예시로는 스페인의 **인디그나도스**, **점령** 운동 등 수많은 반란들이 있다. 또한 이제 막 시작한 탈성장 운동을 비롯해 더 평등하고 사회적 포용을 실천하며 생태 감수성이 있는 다른 운동 조직도 초기 재정치화의 예시이다. '정치'의 귀환이 머뭇거리는 징표는 이러한 운동들이 실제 정책 결정이나 정치 영역 바깥에서 진행되는 것이다. 더군다나 새로운 정치 주체의 주장들은 불평등한 사회 생태적 조건이 지배하는 사회에 평등을 요구한다.

신자유주의 탈정치화 속에서 사회 생태적 문제들의 재정치화를 이루려면 시급하고 전략적인 생각이 필요하다. 첫째, 정체성 정치[3]에 집착하는 포스트모던을 수용하거나 존재 방식의 다양성을 찬양하고 분산된 저항과 개인화된 대안 활동으로 대표되는 미시 정치를 장려하는 대신, 분열과 배척을 중시하고 '정치적 행동'과 정치적 진실 과정에 대한 충성을 강조하는 것이 중요하다. 분열과 배척을 중시하고, 정치적 진실을 강조한다는 건 모두를 초대하는 정치화 과정을 뜻한다. 반란적인 평등주의 행동이 효과가 있으려면 '저항'을 긍정적 명령으로 요구하는 환상을 넘어서야 한다. 저항 행동('나는 끝없는 성장, 신자유주의화, 세계화, 자본주의에 저항해야 한다. 그렇지 않으면 도시, 세계, 환경, 빈곤층이 고통받을 것이다') 은 민주주의 이후라는 겉모습을 쓴, 권력에 대한 응답이다. 저항 행동은 정치 질서를 온전히 남겨 둔다. 정치를 단지 저항 의식이라고 이해하면 정치적으로 실패할 수밖에 없다. 많은 사회 운동과 같이 저항과 갈등을 양성하는 것은 무엇이 진짜 중요한지를 감추는 속임수가 되었다. 즉, 자본주의 이후 또 다른 사회 생태적 질서의 실천을 감추게 되는 것이다.

---

3 유럽과 미국 등지에서 증가하고 있는 인종주의적 국수주의.

둘째, 우리는 재정치화의 양상에 관심을 가져야 한다. 기존 조건의 상징적 질서를 변혁하고 넘어서는 상황을 중재하는 재정치화는 낡은 것에서 새로운 상황으로의 변환을 나타낸다. 따라서 정치화는 기존 민주주의 이후의 상징적 질서 너머에 있는 실천을 시작하는 것이다. 그리고 정치화는 상징화가 일어나도록 허락하는 기존 질서 안에서 변혁이 필요하게 만든다. 가장 유망한 탈성장 운동의 정치화 순간은 이러한 전술을 유지하고 키우는 데 달려 있다.

셋째, 새로운 것을 디자인하고 신자유주의적인 창의성을 발휘하며, 남들과 달라야 한다는 (지식인에 의한) 행동 명령에 대한 적절한 반응은 바로 행동하기를 거부하는 것이다. 매번 사람들은 일정한 방향으로 행동하기를 초대받았다. 즉 쓰레기를 재활용하고 생태발자국을 줄이는 등 개인화된 소비 실천이 사회 생태적 질서를 보다 평등하고 생태적으로 올바르게 만든다는 미신을 유지하도록 행동 명령을 받아 왔다. 그러나 실제로는 아무 일도 일어나지 않는다. 우리는 행동하기를 거부하는 한편, 다시 생각해야 한다. 새로운 평등주의적 상상계 혹은 환상의 형성이 시급하지만, 해방적 사고의 부활은 검열 받고 유예되어 왔다.

평등을 사회학적으로 검증되는 개념이나 관찰되는 불평등을 치유할 정책으로 여기는 것이 아니라, 자명하게 민주적이고 정치적인 것의 조건으로 여겨야 한다. 모든 이들이 평등하고 자유로운 방식으로 공공의 삶을 생산하는 데 활발히 참여할 수 있다는 점이 강조되어야 한다. 이를 이루려면 무엇보다도 사회 생태적 재화와 서비스에 대한 접근, 변혁, 분배를 조직하는 방법에 대한 급진적인 정치화가 필요하다. 실제로 지식인의 환상을 우회하려면 평등한 사회 생태적 공간성을 함께 생산하는 것을 상상하는, 지적이고 정치적인 용기가 필요하다. 또한 공유하며 사는 삶을 사는 새로운 정치적 궤도의 시작, 무엇보다도 탈성장 운동을 포함하는 새로운 정치 지형에서 평등 자유주의적 실천에 대한 충성을 천명할 용기가 필요하다. 이런 점에서 우리는 사회 생태적 평등 자유주의적 실천이 가장 중요하다고 주장해야 한다. 탈성장과 평등주의적 민주화는 진실로 상호 연결되어 있다.

재앙 교육

세르주 라투슈

생태학의 선구자 중 한 사람인 드니 드 루즈몽은 1977년에 이렇게 적었다.

> 나는 우리의 근면하지만 무의식적인 노력으로 일련의 재앙이 오고 있다고 느낀다. 만약 이들 재앙이 전 세계를 일깨울 만큼 크지만, 모든 것을 부술 만큼은 아니라면, 나는 이를 배우는 경험이라고 부를 것이다. 이는 우리의 관성을 극복할 수 있는 유일한 방안이다. (파르탄, 1979에서 재인용)

세르주 라투슈(Serge Latouche)
프랑스 파리11대학 경제학 명예교수. 남반구-북반구 경제와 문화 관계 전문가이자 사회과학 인식론의 전문가이다. 경제 통설에 대한 비판적 이론을 개발했으며, 탈성장 이론에 관해 가장 잘 알려진 지식인 중 하나이다. 『성장이여 안녕』(2009) 등의 많은 저서가 있다.

경험으로부터 교훈을 얻는다는 일반 개념에 기댄 이 인용문에는 파르탄의 견해가 나타나며, 이 견해는 놀랍게도 급진적이며 운명론적인 동시에 그 유효성에 의문을 제기할 수 있다. 장-피에르 뒤피의 책『확고해지는 재앙을 위해』(2002)가 출간되면서 이들의 생각은 다시 유행을 타고 있다.

재앙은 사전에서 '개인 또는 많은 이들에게 닥친 갑작스럽고 운명적인 불행'이라고 정의된다. 재앙의 예로는 철도나 비행기 참사처럼 많은 이가 죽는 사고를 포함할 수 있다. 글자 그대로 이는 '비극을 부르는 결정적인 사건'이다. 그러나 우리가 여기서 다루는 파국이나 재앙은 인류사에 나타나는, 즉 인간의 활동과 함께 진화하고 인간의 활동으로 바뀌는 복잡한 체계인 생물권의 역학 때문에 생성되는 재앙이다. 여기에는 체르노빌 또는 후쿠시마 같은 재앙뿐만 아니라 기후 변화와 생물다양성 몰락도 포함된다. 지금 우리가 걷는 파국으로 치닫는 길을 바꾸는 데 **상상계**가 필요하며, 상상계를 탈식민화하려면 이러한 '재앙 교훈'에 기댈 수 없다. 그러나 프랑스 대안 지식인의 스승이자 탈성장의 전령인 프랑수아 파르탄은 재앙을 생산주의 사회의 광기에서 벗어나게 할 '점프 시동[1]'으로 여겼다. 그가 자신의 책 중 하나를 도발적으로『재앙이 더 깊어지기를!』이라 이름 지은 것은 결코 우연이 아니다. 1978년에 펴낸 이 책에

---

1 배터리 충전 량이 부족해 차 시동이 걸리지 않을 때, 다른 배터리(부스터 배터리)를 이용해 시동을 거는 것.

서 그는 진정한 재앙만이 인간 사회의 자기 파괴를 막을 수 있는 유일한 길이라고 주장했다.

이러한 비전은 파국적인가? 진보 추종자들은 우리의 비관적인 문명을 위협하는 위험들을 숙고하는 이들을 비난한다. 재앙 교육은 첫 번째 핵 폭탄을 경험한 이후 핵으로 인한 종말을 토론하는 가운데 탄생한 것이 사실이다. 여기서 특히 칼 야스퍼스나 귄터 안더스의 책들을 떠올리지 않을 수 없다. 또한 제래드 다이아몬드(2005)가 대중화했지만, 실제로는 20년 앞서 조셉 테인터(Joseph Tainter, 1988)가 개발한 주제인 붕괴도 떠올릴 수 있다. 다이아몬드에 따르면 한 문명은 새로운 상황에 적응할 역량 없이 환경을 파괴할 때 붕괴한다. 테인터에 의하면 복잡한 사회는 에너지를 얻으려는 전략이 수확 체감의 법칙[2]을 따르기 때문에 붕괴하는 경향이 있다.

재앙 교육은 철학자 한스 요나스의 '공포의 발견적 교수법'과 같은 선상에 있다. 이는 "행복에 대한 예언보다 불행에 대한 예언에 귀를 기울이는 것이 낫다."라는 주장이다(1990: 54). 그는 자학적으로 멸망을 맛보길 희망한 것이 아니라, 정반대로 이를 막기를 희망했다. 이는 '타조 정책[3]'의 자멸적 낙관주의에 대한 대안이다. 우리를 더욱 재앙으로 이끄는

---

2 자본이나 노동처럼 생산에 투자되는 요소가 많아져도 이로 인해 얻는 추가적인 생산량이 투자량보다 적어지는 지점.

3 자명한 위험이나 문제를 무시하고 마치 그런 위험이 없는 듯 행동하는 경향을 뜻한다.

것은 재앙에 대한 단단한 자세가 아니라, 행복하고 (수동적인) 낙관주의이다.

이 글에서 언급하는 재앙 교육은 철학자 장-피에르 뒤피의 최신 분석을 포함한다. 뒤피는 한스 요나스를 인용하며 그의 재앙주의에 배움의 역할을 부여한다. 그러나 그는 재앙 자체가 아닌 재앙에 대한 예측이 우리에게 교훈을 준다고 보았다. 뒤피는 기술 관료에게 거버넌스의 한 방법을 제안했다. 이는 핵 위험을 필두로 한 주요 기술적 위험에 대한 예방책이다. 이 재앙 교육은 회복 불가능한 상태 예방, 특히 최후의 재앙을 예방하는 것을 목표로 한다. 이러한 두 가지 접근법 모두 최악을 바라는 것이 아니다. 오히려 이를 피하는 데 목적이 있다. 한스의 접근법은 경험에 바탕을 두고 재난을 경고하는 데에서 충격을 경험할 수 있다는 점에 주목하며, 뒤피의 접근법은 이러한 경험 자체를 원치 않는다.

후쿠시마 같은 비극의 경험에서 오는 교훈이 실제로 유용한지 궁금해하는 것은 당연하다. 나오미 클라인(2008)은 그의 유명한 책『쇼크 독트린: 재앙 자본주의의 대두』에서 이익을 주는 재앙이라는 생각에 반한 급진적 이상을 지지한다. 그에 따르면 신자유 또는 신보수 지배 정치 체제는 재앙으로부터 이익을 취하고 재앙을 유발하며, 저소득 계층에는 재앙적이지만 다국적 기업에는 짧은 시간에 이윤이 생기는 해법을 강행한다. 그의 책 서두에는 허리케인 카트리나에 의해 파괴된 미국 루이지애

위험한 상황에서 머리만 모래 속에 묻는 습관이 있는 타조에 비유한 것이다.

나와 이 재앙에 대한 부시 행정부의 끔찍한 관리를 다룬다. 당시 미국 정부는 공립학교 체계를 파괴했고, 빈곤층을 도심에서 몰아냈으며, 복원을 둘러싸고 제한 없는 투기를 부추겼다. 2001년 9.11 테러부터 이라크 전쟁에 이르기까지 수많은 예시를 다룬 그의 책은 매우 설득력 있다.

실제로 재앙 교육과 이윤을 위한 재앙의 착취라는 두 가지 주장은 긴밀한 관계에 있다. 그 이유는 인간이 보다 현명해져야 하기 때문이 아니다. 문제는 지배 정치 체제가 해체되고 중립화되어야 한다는 점이다. 맥락에 따라 어느 경우에는 재앙을 앞두고 로비가 판을 칠 것이다. 다른 경우에는 사람들의 압력이 생명을 살리는 해법을 강행하고, 이러한 로비에 맞선 변화를 이룰 수 있을 것이다.

엔트로피

세르지오 울자티

엔트로피는 열역학 기본 개념 중 하나이다. 엔트로피 정의를 알려면 기계적 일을 할 수 있는 역량 또는 좀 더 폭넓게 모든 물리, 화학, 생물적 변환을 포함해 '체계 변환을 이끄는 능력'으로 정의되는 에너지 개념을 살펴봐야 한다. 변환 과정을 이끄는 동안 에너지는 다시 이런 과정을 이끌 능력을 잃어버린다. 즉 에너지는 (열 형태로) 보존되지만 변환 과정을 가능케 했던 일부 속성은 되돌릴 수 없다(농도, 온도, 압력, 높이, 정보의 격차 등). 유사한 정의는 에너지뿐 아니라 차이의 소멸로 인해 생기는 변환을 지원하는 물질 자원에도 적용된다. 실제 과정에서 격차는 사라지지

세르지오 울자티(Sergio Ulgiati)

이탈리아 나폴리대학교 라이프사이클 측정과 환경 인증 분야 교수. 환경 회계와 에머지 통합, 라이프사이클 측정 등의 분야에 관심이 있다. sergio.ulgiati@uniparthenope.it

만, 열이나 물질은 보존된다. 일할 수 있는 역량의 감소는 넓은 의미로 '엔트로피'라고 일컫는다. 에너지 보존은 '열 보존'이라고도 할 수 있으며(열역학 제1법칙), 변환 과정을 일으킬 수 있는 능력의 상실은 엔트로피 개념 또는 열을 100퍼센트 사용하지 못하는 것과 연관된다. '이용 가능한 에너지' 개념은 실제로 변환 가능한 에너지 양을 의미한다.

본래 엔트로피 개념은 18세기 초~19세기 후반 영국 산업혁명 기간에 탄생했다. 증기 동력을 쓰는 기계의 개발(석탄광에서 펌프로 물을 퍼내고 석탄의 연소열을 동력으로 전환하는 기계)은 거대한 기술·과학 연구의 시작이었다. 이 연구들은 열역학 법칙이라고 알려진 에너지 전환 과정의 기본 틀을 만들었고, 모든 에너지 변환의 주요 법칙을 설명했다. 1824년 카르노는 열 전환의 한계를 처음으로 이해하고 이를 언급했으며, 이후 1850년 클라우지우스와 1851년 (로드 켈빈이라고도 알려진) 톰슨은 보다 탄탄한 수학 공식을 개발했다. 엔트로피는 상태의 확률(볼츠만, 1872)하고도 연관된다. 확률이 낮은 상태(더 조직되고 농도가 높고 양질의 상태)에서 확률이 높은 상태(덜 조직되고, 희석되고, 저질의 상태)로 자연적으로 일어나는 진화는 체계 바깥에서 에너지를 제공해야 가능하다. 이후 '엔트로피'는 경제학에서도 자원의 질적 저하, 즉 물질의 집적 상태, 구조, 정보 손실과 완전한 복구의 불가능성을 언급할 때 쓰이게 됐다(조르제스쿠-뢰겐, 1971).

A라고 불리는 체계의 상태는 항상 표준 상태와 연관되어 엔트로피 가

치로 특징지어진다. 에너지 보존이 일어날 때 체계는 새로운 상태인 B로 이동하며, B는 다른 엔트로피 가치로 특징지어진다. 새로운 가치는 주변 환경과의 열 교환과 이러한 교환 온도에 기댄다. 열의 이동 방향에 따라 체계의 엔트로피는 증가 또는 감소하고, 주변 환경의 엔트로피는 반대로 변한다. 두 상태인 A와 B 사이의 불가역적 변환 속 엔트로피의 차이는 항상 가역적 변환보다 크다(실제 자연 안에서의 과정은 결코 되돌릴 수 없다). 만약 체계가 격리되어 있다면, 즉 주변 환경과 에너지나 물질 교환이 이뤄지지 않는다면, 이른바 엔트로피 법칙이 적용된다. '만약 격리된 시스템이 처음 상태인 A에서 마지막 상태인 B로 변환하는 과정을 거치면, 마지막 상태의 엔트로피는 처음 상태의 엔트로피보다 결코 낮을 수 없다.' 즉 엔트로피는 언제나 증가한다는 뜻이다. 외부 에너지를 엔트로피 증가에 맞서 이용할 수 없는 죽은 유기체의 경우를 떠올려 볼 수 있다. 건물도 같은 법칙을 따르며, 엔트로피 증가를 막기 위해서는 외부로부터 에너지 유입(유지 보수)이 필요하다. 광합성은 전형적인 예이다. 식물은 태양으로부터 에너지를 받아 고분자를 생성하는 데 사용한다. 즉 이들의 엔트로피는 외부 환경의 엔트로피 증가로 인해 감소한다.

엔트로피가 증가하면 무슨 일이 발생하는가? 실제 생활에서 이는 어떤 의미를 지니는가? 엄격한 열역학적 관점에서 볼 때, 체계 내 엔트로피의 증가는 더 이상 진화에 이용할 수 없는 에너지 또는 물질 자원 증가를 의미한다. 체계 내 모든 에너지가 이용 불가능해질 경우, 어떠한 체계 변환도 불가능하다. 그 결과 '엔트로피'라는 용어는 종종 과학자들 사이에서 느슨한 의미로 사용된다. 즉 일반적으로 무질서, 조직의 결여, 무한정, 물리적·사회적 질적 저하, 낮은 이용 가능성 등을 뜻하는 용어로 사용된다. 또한 엔트로피는 고품질 자원 이용 가능성의 감소, 폐기물과 화학품, 환경으로 방출되는 열로 인한 오염, 전 세계 대도시에서 삶의 조건 저하로 인해 증가하는 사회 무질서, 몰락하는 경제, 적절한 자원 사용에 대한 관심을 요청하고 자연과 인간 환경의 질 저하(저장된 정보 손실)를 방지한다는 개념을 지지한다.

경제학자인 니콜라스 조르제스쿠-뢰겐(1971)은 열역학 제4법칙으로 정리된 물질의 질적 저하 개념에 엔트로피 개념을 적용할 수 있다는 점을 강조했다(**생물 경제학** 참고). 물질은 생산과 소비에서 가치가 있다. 물질의 이용 과정은 물질의 두 가지 속성을 약화시키면서 물질의 질을 저하한다. 즉 물질은 환경에 희석되고 구조를 잃는다. 금속 동전에 쓰인 금속 원자처럼 희석된 물질을 복구하려면 막대하고 끝없는 양의 에너지가 필요하며, 이는 복구를 사실상 불가능하게 한다. 제4법칙의 적용 가능성과 이론적 토대를 두고 열띤 토론이 벌어졌다(칼릴, 1990). 또한 제4법칙은 제2법칙의 특별한 경우로 인식될 수 있다(비안차르디 외, 1993). 그러나 제4법칙의 논리는 신고전주의 경제학과 반대로 열역학을 기초로 성장의 한계를 주장하는 문화와 생물 경제학 개발의 기초를 이뤘다.

물질과 에너지의 질적 저하는 태양 에너지 또는 심부 지열에너지[1], 조력 같은 다른 재생 가능한 에너지원의 끊임없는 공급으로 맞설 수 있다. 이러한 강력한 힘들은 오둠의 **에머지** 개념의 기초를 이루며, 생물권의 자가 조직을 도울 수 있다. 엔트로피는 자가 조직 과정에서 생성되며, 퇴화한 열로서 외부 공간으로 배출된다. 완전한 종말보다는 덜 무서운 이 관점은 진동(성장과 탈성장)과 자원의 제약(**성장**의 한계)을 인정함으로써 여전히 많은 선택지가 가능한 '자연'의 방식에 적응할 것을 요구한다. 결과적으로 우리는 무질서와 질적 저하 개념에 대한 엔트로피의 중대성을 제한함으로써 엔트로피 개념을 약화할 것이다. 생물권 제약이 존중받는한, 광합성과 같은 생명 과정은 조직을 세우고 새로운 구조를 창출하며, 물질을 모으고 에너지를 업그레이드한다. 또한 새로운 정보를 창출하는한편, 투입되는 자원의 양을 줄일 수 있다. 따라서 새롭게 투입되는 자원은 새로운 생명 순환을 위해 쓰이게 되며, 궁극적으로 생명 순환은 태양에너지의 엔트로피 증가에 따라 이뤄지고 또한 제한될 것이다.

---

1 지하 심층부에 있는 열에너지. 이를 이용해 발전과 난방열 공급이 가능하다.

에머지

세르지오 울자티

에머지는 하나의 과정 속에서 환경이 직간접적으로 투자하는, (주로 태양과 같은) 이용 가능한 총 에너지로 정의된다. 이 개념은 지구상의 생명 과정을 지원하는 생물권의 활동을 과학적으로 측정하기 위해 제안됐다 (오듐, 1988, 1996). 이러한 '기부자' 관점으로 보면, 자원의 '가치'는 자원 순환의 최적화를 이루려는 진화의 '시행착오' 속에서 자연의 생성과 사회 과정을 위한 노력에 의존한다. 주류 경제 이론은 가치 개념을 화폐 단위(지불할 용의, 즉 사용 가치)로 다루는 반면, 에머지에 기초한 가치는 자연이 지속 가능한 생산과 순환을 위해 투자하는 천연 자원(태양 에너지, 지열 등)의 양과 관련이 있다. 석유 생산과 이산화탄소 배출 흡수에는 모두 광합성 작용이 필요하다. 이는 우리가 석유 1배럴에 얼마나 지불할 의사가 있는지와 상관없이 일어나는 활동이다. 즉 공급 측면의 가치이다.

따라서 에머지는 축적된 태양 에너지(seJ, solar equivalent joules)라는 공통 단위로 시장화 또는 비시장화된 자원, 서비스, 상품과 저장량의 환경 가치를 양적으로 평가해 계산할 수 있다.

태양 복사[1], 중력 포텐셜[2], 심부 지열은 물질과 정보 순환을 도와 생물권이 발전하고 작동하게 하는 동력이다. 이는 체계가 스스로 열역학적 평형 상태가 되지 않기 위해 유지하는 순환을 통해 이뤄지며, 적응력이 높고 필수적이다. 탄소 순환이 한 예이다. 나무는 광합성을 통해 이산화탄소를 흡수하고, 잎사귀를 생산한다. 떨어진 잎사귀는 땅에서 분해되어 표토층의 유기물을 생산한다. 이는 미생물에 의해 대사 작용되어 다시 이산화탄소가 된다. 물, 질소, 인을 비롯해 모든 생태계 구성 요소가 제각각의 규모와 순환 주기를 가지고 이러한 순환을 이룬다. 에머지는 에너지가 아니다. 에머지는 과정에 대한 환경적 지원의 도구로서 에너지를 이용한다. 에머지 계산에는 에너지와 광물 자원, 시간, 생태계 서비스가 포함된다. 태양 복사, 중력 포텐셜, 심부 지열의 환경적 흐름은 지구 표면에 광물이 집중되고 공기, 물, 영양분이 순환하게 함으로써 유기체, 생물종, 인구 그리고 모든 공동체가 상호 작용하고 발전하는 생명 유지 장치를 만들고 작동하게 한다. 이러한 환경 동력으로 유지되는 생태계는 모든 생물종에 직접적인 서비스를 제공한다. 또한 생태계는 미래 이

---

1 태양의 표면 온도가 높을 때 방출되는 복사 에너지.

2 주어진 위치에서 단위 질량의 입자가 가지는 중력 위치 에너지.

용을 위해 자원을 저장하는 데에도 기여한다. 즉 지하수, 표토, 바이오매스와 생물다양성처럼 서서히 재생되는 자원을 저장하고, 화석 연료와 광물처럼 재생 불가능한 자원을 저장한다. 여기서 느린 재생, 재생 불가능이라는 용어는 인간 사회의 수명에 비교한 상대적인 개념이다.

에머지 과정은 자원 유입을 고려하며, 환경 역학 내의 역할과 비용에 바탕을 두고 자원 유입에 공급 측면의 질적 요소(에너지 변환도 또는 단위당 에머지 가치, Unit Emergy Values, UEV)를 부과한다. 또한 에머지 과정은 경제적인 성과, 자원 가용성, 환경 통합성, 최종 산물과 연결된 성과 지수를 생산한다. 따라서 일련의 성과 지수와 비율이 과정 또는 체계 진화의 특성을 설명하기 위해 도입될 수 있다. 지역 자원 대 외부 자원, 재생 가능 대 재생 불가능, 효율 대 비효율, 분산 대 집중, 자원 기반 무역 수지 대 화폐 기반 무역 수지, 무역 균형, 정적 대 동적 등이 그것이다. 예를 들어 에머지는 무역의 경제 용어로 쓰이는 화폐 가치가 아니라, 체현된 환경 비용을 기준으로 자원 무역을 계산한다. 만약 경제 수지가 대략 균형을 이뤄도 환경 수지는 그렇지 않을 수 있다. 수익을 위해 원료를 수출하는 개발도상국은 자국 경제를 위해 쓸 수 있는 환경적 부와 잠재적 역량을 잃는다. 일반적으로 이러한 손실은 받은 돈을 뛰어넘는 에머지로서 보상할 수 없다. 즉 거래된 돈은 국제 시장에서 구입한 자원 양의 에머지 가치 중 일부만 나타낼 수 있을 뿐이다.

경제 활동은 새로운 흐름을 만들고 새로운 저장소를 개발한다. 석유는 전기와 운송 서비스로 변환되고, 광물은 기반 시설과 기계, 도시로 변환되며, 전기와 기계, 기반 시설은 교육, 건강, 여가 서비스로 변환된다. 이 과정에서 정보의 새로운 저장소가 형성된다. 즉 대학, 도서관, 미술관, 박물관, 실질적 지식과 경험, 그리고 장기적 관점에서 문화, 종교, 언어 등이 형성된다. 이는 사회 체계 발전의 토대가 되는 동시에 하위 계층이 자원의 토대를 확장하거나 유지할 수 있도록 한다.

오둠(1988, 1996)은 인간 사회가 자연 자본을 뽑아 먹고 살며 여러 가지 생태계 서비스를 이용하고 있다는 점을 지적하며, 자연 자본과 생태계 서비스를 부의 실제적 원천이라 규정지었다. 이는 노동과 경제 자본만이 부의 원천이라고 믿는 일반적인 믿음에 대한 대안이자 이러한 믿음을 보충하는 견해이다. 전통적인 에너지 또는 경제 분석은 대개 화폐나 에너지 단위로 평가할 수 없는 투입을 고려하지 않는다. 시장은 오로지 화폐 가치만 인정하지만, 경제는 상당량의 투입을 환경에 의존한다. 만약 이러한 투입 자원에 적절한 가치가 주어지고 고려되지 않는다면, 자원을 잘못 이용하게 되어 체계의 미래를 전망하기 어려울 것이다. 인간이 주도하는 대부분의 흐름은 복잡한 가치를 인정하는 방법으로 계산하기 불가능하지만, 에머지 개념을 동원해 '생산 비용'을 평가하고 생물권 과정의 가치 위계를 성립하기란 훨씬 쉽다. 에머지는 다른 개념의 가치를 대변하며, 자연이 자원을 생산하는 데 든 비용에 그 뿌리를 둔다. 자연이 시장에 있는 인간뿐만 아니라 지구 전체 생물종을 위한 자원을 생성하기 위해 보여주는 '노력'을 계산하는 것이다. 인간의 눈에 보이는 시장 가치를 극대화하는 것은 다른 종의 생존을 위험에 빠트릴 수 있다. 에머지는 극대화가 아닌 최적화를 요구한다. 또한 시장 가치 평가로 환원될 수 없더라도 자원을 생성하는 데 필요한 것들(에너지, 시간, 물질)에 따라 자원의 질을 고려하고 모든 생물종의 권리를 감안하는 정책적 선택이 필요하다.

자연 과정은 긴 생물학적 기간을 거치며 선택되고, 가능한 자원의 흐름에 맞춰 사용 비율을 조율해왔다. 불행히도 화석 에너지의 발견 이후 인간 사회는 자원 생성 시간보다 더 빠른 속도의 자원 채굴 방법을 익혔다. 이는 인간 사회의 지속 가능성이 생물권의 적재량 및 저장 용량과 양립할 수 없게 만드는 문제를 낳았다.

경제 **성장**과 성과는 돈으로 환산할 수 없는 환경 문제와 제약(기후 변화, 에너지 부족, 생물다양성 손실, 물 부족) 때문에 하루가 다르게 더 큰 제약을 받고 있다. 과정을 이끄는 총 에머지는 지구의 자가 조직 활동에 대한 측정 방법이다. 이 측정은 체계의 최대 성장이 어느 규모인지를 가늠케 한다. 즉 생물권이 감당할 수 있는 역량의 최대 한계를 알 수 있다.

환경적 제약과 일반 체계 법칙은 모든 종류의 체계가 성장, 절정, 하강, 복원의 순환을 하도록 강제한다. 오둠과 오둠(Odum and Odum, 2001)은 현대 문명을 위해 '성장하면서 하강하는 방안'을 고안했다('하강' 또는 이 책에서 부르는 바와 같이 '탈성장'). 이들은 지속 가능성이란 영원히 유지될 수 있는 **정상 상태**에 도달하는 것이 아니라, 자원의 흐름에 적응할 수 있는 능력이라고 지적했다. 짧은 순환 주기를 가진 숲 생태계는 봄에 꽃이 피고 성장하며, 여름에 열매와 씨를 생산하고(정보 저장), 가을에 잎사귀를 떨어뜨리며(토양 미생물에 의한 재활용), 이용 가능한 자원(태양 에너지)이 적은 겨울에 리듬과 컨디션을 회복한다. 인간을 포함한 지구상의 다른 모든 체계와 생물종에서도 이런 흐름이 나타난다. 오둠과 오둠(2001)이 지적한 바와 같이, 우리가 소속된 더 긴 '파장' 주기를 가진 사회의 순환을 인식하기란 쉽지 않은 일이다. 대신 우리는 생태계의 좀 더 짧은 순환 주기를 발견할 수 있다. 탈성장과 자원의 최적화는 체화된 시간과 질에 초점을 맞춘 에머지 방법을 통해 적절하게 다뤄질 수 있다.

국내총생산(GDP)

댄 오닐

경제 활동 지표인 국내총생산은, 한 국가에서 1년간 새롭게 생산된 모든 재화와 서비스 가치를 합한 값이다. 그 전에 쓰였던 국민총생산(gross national product, GNP)은 1930년대 미국에서 대공황을 극복하기 위해 개발됐다. 그 시기 미국 정부는 경제 상태에 대한 총체적 자료가 없어 정책이 효과가 있는지 알기 어려웠다. 이에 따라 러시아계 미국인 경제학자 사이먼 쿠즈네츠가 처음으로 국민총생산 계정을 만들었다. 그의 생각은 간단했다. 즉 모든 경제 생산 자료를 호황기에는 증가하고 불경기에는 감소하는 하나의 숫자로 만들자는 것이었다(피오라몬티, 2013:23-6).

댄 오닐(Dan O'Neill)
영국 리즈대학교 생태경제학 강사이자 정상 상대 경제 발전을 위한 센터 수석경제학자.
『이만하면 충분하다』의 공동 저자이다. d.oneill@leeds.ac.uk

쿠즈네츠가 개발한 국민 계정 체계[1]는 2차 세계대전 때 매우 유용한 것으로 증명되었다. 미국은 이를 통해 경제에 사용되지 않던 잠재 역량을 찾아낼 수 있었고, 많은 이들이 불가능하다고 생각했던 생산 수준을 초과할 수 있었다. 코브 외(1995: 63)가 언급한 것처럼 "미국에서 맨해튼 프로젝트[2]는 찬사를 받았다. 그러나 기술적인 성과로 보면 국민총생산 계정은 그에 못지않게 중요했다."

전쟁이 끝난 뒤 1946년에 통과된 고용법에 따라 국민총생산은 미국의 공식 경제 정책에 포함됐다. 1953년 유엔은 국민 계정 체계를 위한 국제 표준을 마련했고, 사이먼 쿠즈네츠의 아이디어는 세계로 퍼졌다. 경제학자들은 적절한 재정 관리와 (국민총생산으로 측정되는) 경제 성과에 대한 자세한 지식을 통해 두려운 '경기 순환'을 극복하고 계속 번영할 수 있다고 믿기 시작했다(코브 외, 1995).

그럼에도 불구하고 국민총생산은 보편적으로 받아들여지지 않았다. 소비에트연합은 물질 순생산이라는 다른 경제 성과 지표를 사용했는데, 이 지표는 물리적 재화를 포함하지만 서비스는 제외했다. 사회주의적 접근은 서비스를 주요 수입으로 여기지 않았고, 사회주의 분배의 결과로 간주했다. 냉전 시기, 두 경제 지표는 선전 도구로 활용됐다. 미국과 소련은 서로 자신의 지표를 근거로 자신의 경제 **성장**률이 더 높다고 주장

---

1 국민 경제 전체를 종합적으로 분석하는 국가 재무 제도.

2 미국이 극비에 진행한 원자 폭탄 제조 프로젝트.

했다. 그러나 1991년 소련이 붕괴한 뒤 국민총생산은 유일한 지표가 됐다(피오라몬티, 203: 34-40).

같은 해 총 '국민' 생산은 조용히 총 '국내' 생산으로 대체됐다. 비록 두 지표가 긴밀하게 연결되긴 하지만, 중요한 차이가 있다. 국민총생산 측면에서 다국적 기업의 수입은 기업이 소속된 국가에서 계산된다. 반면 국내총생산은 공장이 위치하고 자원 채굴이 이루어지는 국가에서 계산되며, 이익이 다른 국가로 돌아가도 마찬가지이다. 이러한 국민 계정 변화는 세계화를 부추기는 등 중요한 결과를 가져왔다. 코브 외(1995: 68)는 "북반구 국가들은 남반구의 자원을 가지고 떠나면서, 이를 남반구의 수익이라 불렀다."라고 지적했다.

사이먼 쿠즈네츠가 1934년에 일찍이 경고한 것처럼 "국가의 부는 국가 수입을 근거로 추론하기 매우 어렵다."(코브 외, 1995: 67) 1962년에 쿠즈네츠는 자신의 국민 계정 체계를 이용하고 해석하는 방식을 비판하는 대표 주자가 되었다. 그는 더 성장하려면 무엇을 위해, 어떤 것을 성장시킬지 목표를 명확히 해야 한다고 말했다(같은 글).

기본 문제는 국내총생산이 좋은 경제 활동과 나쁜 경제 활동을 구분하지 않고, 모든 활동을 똑같이 취급한다는 것이다. 만약 내가 맥주나 자전거를 사면 이는 국내총생산에 영향을 미친다. 만약 정부가 교육에 투자하면 이 또한 국내총생산에 영향을 미친다. 이것은 모두 우리가 긍정적이라고 말하는 지출이다. 그러나 만약 석유가 유출되어 납세자들이 정화 비용을 지불해야 한다면, 이 역시 국내총생산에 포함된다. 만약 더 많은 가정이 값비싼 이혼 절차를 진행한다면 여기에 드는 돈 역시 국내총생산에 포함된다. 전쟁, 범죄, 환경 파괴 모두 주요 국가 발달 지표의 변화 요인이다. 국내총생산은 '더하기' 버튼은 크게 달려 있지만, '빼기' 버튼은 없는 계산기이다.

이와 동시에 국내총생산은 집안일이나 자원 활동처럼 돈 거래가 이뤄지지 않는 많은 유익한 활동을 계산하지 않는다. 만약 내가 스스로 빨래를 한다면 이는 국내총생산에 포함되지 않는다. 그러나 내가 당신에게 10달러를 주고 세탁을 맡기고, 당신이 나에게 10달러를 주고 세탁을 맡긴다면, 국내총생산은 20달러 상승한다. 이는 세탁된 셔츠 숫자가 변하지 않는다고 해도 마찬가지이다.

국내총생산의 더 큰 문제는 소득 분배에 대한 정보가 없다는 점이다. 만약 1인당 국내총생산이 증가한다고 해도 상류층에게만 추가 소득이 돌아간다면, 일반 개인들의 소득은 증가하지 않는다. 소득과 부의 불평등한 분배는 사회 안에서 기회가 불평등하다는 것을 의미한다(반덴베르크, 2009).

더 이상 성장이 부유한 국가 사람들의 삶을 향상시키지 않는다고 말하는 다양한 사회 지표들을 고려할 때, 영원히 증가하는 국내총생산이라는 전략은 더욱 걱정되는 전략이다(**성장의 사회적 한계** 참고). 연평균 소득이 이만 달러를 넘을 경우, 추가 수익은 더 많은 **행복**을 사는 데 기여하지

않는 듯하다. 1968년 미국 대선 후보였던 로버트 F. 케네디는 특히 국내
총생산을 비판했다. 그는 "국내총생산으로는 우리의 유머나 용기, 지혜
와 배움, 연민과 국가에 대한 헌신을 측정할 수 없다. 국내총생산은 쉽게
말해 삶을 가치 있게 만드는 것들을 제외한 모든 것을 측정한다(피오라
몬티, 2013: 81)."

　이러한 비판에도 불구하고 국내총생산은 권력을 유지하고 있다. 순응
을 위한 욕망은 경제 전문가들의 독립적인 사고를 억압하고, 논란이 있
는 문제를 제기하거나 대안을 내놓기를 회피하게 만드는 '집단사고[3]'에
묶어 버렸다(피오라몬티, 2013: 146-8). 정책 결정자들은 실증이 부족한
데도 불구하고 불충분하게 성장하면 경제가 불안정해지고, 실업률이 늘
어날 것이라며 두려워한다. 피오라몬티(2013: 153-6)는 국내총생산이 단
순한 숫자가 아니라, 시장이 부의 유일한 생산자라는 생각을 기반으로
사회를 조직하는 방법이라고 주장한다. 따라서 국내총생산을 뛰어넘으
려면 시장 경제 자체에 도전해야 한다. 만약 이것이 사실이라면, 국내총
생산을 대체하는 것은 기술적인 프로젝트가 아니라, 근본적으로 정치적
인 프로젝트여야 한다.

　그러나 세계적으로 국내총생산은 진보를 측정하기에 형편없는 수단
이라는 인식이 늘고 있으며, 대안을 요구하는 목소리가 높아지고 있다.

---

3 집단의 조직원들이 갈등을 최소화하고, 의견의 일치를 유도해 비판적인 생각을 하지
　않는 것.

프랑스 대통령 니콜라스 사르코지가 설립하고, 노벨경제학상을 수상한 조셉 스티글리츠, 아마르티아 센 등 두 명의 학자가 의장을 맡은 '경제성과와사회진보계측위원회'는 세계 경제 위기가 사람들을 놀라게 만든 이유는 우리가 잘못된 지표에 초점을 맞추었기 때문이라고 결론지었다(스티글리츠 외, 2009).

우리의 목표가 성장에서 탈성장 사회로 전환하는 것이라면, 적절한 지표는 무엇일까? 국내총생산을 단순하게 탈성장 지표로 사용하는 것은 솔깃한 이야기일 수 있다(예를 들어 연간 3퍼센트 증가에서 3퍼센트 감소). 그러나 이는 좋은 생각이 아니다. 만약 국내총생산 감소가 환경에 대한 압력이 감소하는 신호라 해도, 이는 경제 활동 수준이 얼마나 환경적으로 지속 가능한지 알려주지 않기 때문이다. 또한 국내총생산 감소는 사회적 진보에 대해 우리에게 아무것도 알려주지 않는다. 국내총생산은 진보에 대한 지표로서 형편없으며, 단지 목표를 바꿔서 이용한다 해도 국내총생산이 형편없는 지표라는 사실은 바뀌지 않는다. 생태경제학자 허먼 데일리의 말을 인용하면, 우리가 국내총생산을 통해 할 수 있는 최고의 일은 국내총생산을 잊어버리는 것이다.

탈성장을 측정하기 위해서는 다음과 같은 두 종류의 지표를 포함한 다른 접근법이 필요하다. 첫째, 사회의 자원 이용 수준이 일정 기간 얼마나 바뀌는지, 자원 이용 수준이 생태적 한계 내에 있는지를 측정하는 일련의 생물 물리적 지표와 둘째, 사람들의 삶의 질이 개선되는지를 측정하는 일련의 사회적 지표가 그것이다. 여기에서 (단 하나의 지표와 대비된) '일련의 지표'라고 쓴 것은 탈성장이 많은 목표를 가질 수 있으며, 각각의 목표는 별개의 지표를 필요로 한다는 점을 강조하기 위해서다. 이는 탈성장이 효용의 극대화라는 단일한 목표에 초점을 맞춘 신고전주의 경제학과 다른 핵심이다.

나는 2008년 파리에서 열린 제1차 탈성장 컨퍼런스의 선언문 일부에 기초해 탈성장이 진행되고 있는지, 그리고 그것이 사회적으로 지속 가능한지를 측정할 수 있는 일련의 '탈성장 계정'을 만들었다(오닐, 2012 참고). 이들 계정은 생물 물리적 지표 7가지(물질 사용, 에너지 사용, 이산화탄소 배출, 생태발자국, 인구, 가축 수, 구축 자본)와 사회적 지표 9가지(행복, 건강, 평등, 빈곤, 사회 자본, 참여 민주주의, 노동 시간, 실업, 물가 상승률)를 포함한다. 이 계정은 국내총생산을 포함하지 않으며, 어떠한 근대 경제 지표를 포함해서도 안 될 것이다.

국내총생산은 사회가 직면한 어려움이 오늘날과 매우 다르던 시절에 발달했다. 우리는 더 이상 전쟁을 위해 생산을 극대화할 필요가 없는 시대에 살고 있다. 대신 우리는 하나뿐인 지구의 환경 제약 안에 살면서 삶의 질을 향상시켜야 하는 과제를 마주하고 있다. 만약 부유한 국가들이 그들의 목표를 경제 성장 추구에서 지속 가능한 탈성장 추구로 바꾼다면, 진보를 위한 측정 방법도 바꿔야 할 것이다. 이를 위해서는 국내총생산을 버리고 보다 유효한 정보를 포함한 지표로 대체해야 할 것이다.

'성장을 향해'

브뤼셀 EU 집행 위원회 건물 외벽에 붙은 구호

(EU 집행 위원회 본부인 벨라몽 건물에서

필카 세쿨로바가 2014년 3월에 촬영)

성장

피터 A. 빅토르

경제 성장은 보통 일정 기간 동안 한 국가에서 생산된 재화와 서비스의 증가로 정의된다. 경제 성장의 핵심은 일반적으로 이해하는 바와 같이 **국내총생산**의 증가이다. 이는 단순하게 들리지만 경제 성장 측정에는 의문의 여지가 많다. 예를 들어 어떤 재화와 서비스가 포함되어야 할 것인가? 만약 그 품질이 시간이 지나면서 변한다면 어떻게 할 것인가? 성장한다고 또는 성장하지 않는다고 측정되는 지표에 바나나부터 이발까지 수많은 종류의 재화와 서비스를 어떻게 더하는가?

피터 A. 빅토르 (Peter A. Victor)
캐나다 요크대학교 환경학 교수. 생태경제학을 가르치고 연구한다. 팀 잭슨 교수와 공동으로 거시 생태경제학을 개발하고 있으며, 특히 성장의 대안을 위한 국가 경제 가상 모델을 개발 중이다. petervictor@sympatico.ca

1940년대 이후 유엔은 모든 국가가 따르기를 격려하며, 국내총생산 측정 절차를 마련하는 데 국제적인 노력을 모았다. 유엔의 측정 절차는 국내총생산을 계산하는 범위와 방법에 대한 의문에 해답을 제시하며, 시간이 흐르면서 변해왔다. 경제 성장 측정의 기본 원칙은 재화와 서비스의 생산량 증가로부터 유래한 국내총생산 증가('실제' 국내총생산 인상)와 단순히 가격 인상으로 인한 국내총생산 증가('명목' 국내총생산)를 구별하는 것이다. 실제로 일정 기간 안의 수량과 가격 변화, 오래된 것을 대체하는 새로운 상품과 서비스는 경제 성장 측정을 복잡하게 만든다.

경제학의 역사는 경제 성장을 설명하기 위한 시도의 반복이었다. 아담 스미스와 데이비드 리카도로 대표되는 고전파 경제학자들은 특화, 노동 분업, 비교 우위에 기초한 시장과 해외 무역 확대를 경제 성장의 핵심 원천이라고 강조했다. 19세기 후반과 20세기 초반 대부분 국가 경제가 성장할 때, 반드시 거쳐야 한다고 가정한 '단계'에 따라 성장을 분류하고자 하는 다양한 시도가 있었다. 칼 마르크스(1887)는 자본주의 시기에 있는 경제 성장이 자멸의 씨앗을 품고 있다고 보았다. 사상의 스펙트럼 반대쪽에서 로스토(Walt Whitman Rostow, 1960)는 '출발', '성숙', '고도의 대량 소비'를 두고 스스로 유지되는 경제 성장 단계라고 보았다. 이 두 견해 사이에 요셉 슘페터의 통찰이 있다. 그는 혁신이 낡은 기술과 관련 사업을 파괴하고, 새롭고 더 이윤이 높은 것으로 대체하는 과정을 '창조적 파괴'라고 묘사해 대중화했다.

존 메이너드 케인즈는 그의 책 『고용 · 이자 및 화폐의 일반 이론』 (1936)에서 실업은 불충분한 지출에 기인한다고 설명했다. 그는 새로운 건물, 장비, 기반 시설에 대한 투자의 역할을 강조했다. 이러한 투자는 한 국가의 지출 내 다른 요소들보다 규모의 변동이 심하다. 그러나 그는 투자가 한 국가의 생산 능력을 계발한다는 점에는 거의 주의를 기울이지 않았다. 1950~1960년대에 이러한 투자는 신고전학파 경제학자들의 관심 대상이 됐고, 이들은 노동 생산성을 증가시킴으로써 자본 축적과 기술의 변화가 경제 성장에 기여하는 수학 모델을 만들었다. 노동 생산성(GDP/고용된 노동) 증가는 노동력 증가와 경제 성장을 낳는다. 그러나 로버트 솔로로 대표되는 경제학자들이 기술 변화가 경제 성장에 중요하다는 점을 인식하는 동안, 이들의 모델은 기술 변화가 어떻게 경제 성장을 이끄는지 설명하지 못했다. 이 문제는 1980년대에 '내생적' 성장이라는 제목으로 다루어졌고, 투자와 혁신에 대한 가정이 올바르다면 경제 성장은 영원할 수 있다고 주장했다.

내생적 성장 이론의 대안은 경제 성장을 경제 과정뿐만 아니라 물리 과정으로 보는 이들이 제안했다. 이들은 경제 성장에 대한 설명은 경제학뿐 아니라 자연 과학 법칙에 기초를 두어야 한다고 주장했다. 로버트 에이리스(Robert Ayres, 2008)는 기술 변화가 아닌 엑서지[1]가 로버트 솔로의 신고전학파 성장 이론에서 누락된 변수라고 주장했다. 그는 일본

---

1 exergy, 에너지 유용성을 나타내는 단위.

과 미국의 경제 성장 백년 역사 분석을 통해 자본과 노동의 성장에 기인하지 않는 경제 성장이 기술 변화 때문이라고 할 필요가 없음을 밝혔다. 그의 결론은 다음과 같다.

우리는 엑서지가 생산의 제3요소라고 확실하게 말할 수 있다. 또한 미래 경제 성장은 주된 엑서지 비용의 지속적인 감소 여부 그리고/또는 투입량이 감소하는 엑서지의 유효 이용에 따른 산출의 지속적인 증가에 달려 있다. (에이리스, 2008: 307)

경제 성장에 대한 비판은 경제 성장 그 자체만큼 긴 역사를 가지고 있다. 스미스와 리카도의 현대판인 맬서스는 인구 증가가 필연적으로 식량 생산 증가 속도를 초과할 것이며, 이에 따라 생활수준이 지속적으로 나아질 수 없다고 주장했다. 대부분의 경제학자들은 맬서스의 주장을 거부했지만, 그가 자연 체계의 역량이 계속 확장하는 경제를 받쳐줄 수 없을 것이라는 데 주목한 것은 오늘날까지 경제 성장에 대한 비판의 핵심 내용으로 남아 있다. 최근에 이 한계는 '행성의 경계'라는 용어로 표현됐다. 여기에는 기후 변화, 생물다양성 파괴, 해양 산성화, 생물 물리적 순환 방해 등이 포함되며, 이에 더해 지난 2세기 동안 경제 성장이 기댄 저렴한 화석 연료가 감소하는 데 대한 우려가 제기됐다. 경제가 계속 성장하기를 원해도 불가능할 수 있다는 것이다. 많은 선진국에서 1960년대 이후 경제 성장률이 감소하는 추세는 성장의 종말이 예상보다 더 가까이 있을지 모른다는 점을 시사한다.

그러나 경제 성장은 부유한 국가에서 여전히 중요한가? 일찍이 1848년에 존 스튜어트 밀은 "서로의 발꿈치로 짓밟고, 뭉개고, 밀치고, 짓누르는 것이 현존하는 사회생활 유형"(밀, 1848: 113)이라고 한탄했다. 그는 또한 오늘날 너무나 익숙한 경제 성장의 부정적인 측면을 묘사했다. 에즈라 미샨의 책 『경제 성장의 비용』(1967)은 활발한 토론을 촉발했고, 『성장의 한계』(메도즈 외, 1972)가 이에 합류했다. 『성장의 한계』는 40년간의 자료와 불안하게도 일치하는 확장과 몰락의 경제 성장 미래 시나리오를 설명했다(터너, 2012).

다른 이들은 선진국의 경제 성장이 삶의 질에 도움이 된다는 일반 가정에 도전했다. 연구자들은 고소득이 사람들을 행복하게 한다고 가정하지 않고, 이들의 관계를 조사해 실제로 소득과 행복의 비례 관계를 증명하기 어렵다는 사실을 밝혔다(레이어드, 2005). 많은 선진국들이 이미 도달한 일정 수준 이후의 소득 증가는 **행복**의 수준을 향상시키지 않는 것으로 보인다.

또한 경제 성장과 동의어로 간주되는 국내총생산 증가는 실제로 유의미한 것들을 측정하기 어렵다는 비판이 있다. 국내총생산은 삶의 질과 별개인 다양한 이유로 증가할 수 있다. 만약 금전 거래 없이 일반적으로 이루어지던 것이 상업화될 경우 국내총생산은 증가한다. 이는 개발도상국에서 국내총생산이 크게 증가하는 이유 중 하나이기도 하다. 국내총생산은 생산의 실제 증가가 아니라, 전통 활동들이 상업화되고 **상품화**되면서 증가한다. 이와 유사하게 국내총생산 증가는 관행적인 경제 성장 측정법으로 잡아낼 수 없는 자원 고갈과 환경오염을 유발할 수 있다. 지난 20년간 세계적으로 불평등에 대한 일부 지수가 감소되었다고 해도, 여전히 세계 인구의 대다수는 소득 불평등이 증가하는 국가에 살고 있다. 페미니스트 학자들은 국내총생산으로는 알 수 없는 여성과 남성의 경제 여건 차이에 주목한다. 이 또한 국내총생산이 좋은 삶의 척도로서 부적절하다는 증거이다(**페미니스트 경제학** 참고).

경제 성장에 대한 이러한 비판이 유의미한 데에는 두 가지 이유가 있다. 첫째, 경제 성장을 주요 정책 목표로 삼음으로써 국가는 완전 고용, 여가 증대, 풍족한 삶, 더 높은 민주 참여, 환경 회복력 등 좋은 삶과 번영에 보다 직접 기여하는 목표를 달성하는 데 실패할 수 있다. 둘째, 생태 자원적으로 제약 받는 상황에서 부유한 국가가 경제 성장을 추구하는 것은 개발도상국의 경제 성장을 희생시켜야 할 가능성이 높다.

이 모든 이유를 감안하면, 이제 선진국은 성장 없는 관리 또는 탈성장을 고려해야 할 때이다.

행복

필카 세쿨로바

　행복은 좋은 삶의 요소이다. 삶의 만족도와 행복의 높은 연관성을 고려할 때, 행복은 삶에 대한 만족과 어느 정도 비슷한 단어이다. 행복이라는 관념은 철학적 기류에 따라 다르다. 쾌락주의적 행복은 물질적 목표나 즐거운 경험을 얻는 것과 연관된 긍정적 효과를 의미한다. 이는 삶의 만족도와 경험적으로 가깝게 연관되며, 수치로 표현된다. 즉 가장 낮은 숫자는 삶의 만족도가 전혀 없는 것을 의미하며, 가장 높은 숫자는 완전한 만족을 뜻한다. 반면 행복 지상주의적 행복은 개인의 가능성과 삶의

필카 세쿨로바(Filka Sekulova)
바르셀로나자치대학교 환경과학기술연구소 연구원. 전환 및 웰빙을 연구 중이다. 심리학과 환경경제학을 공부했으며 행복의 경제학과 기후 변화에 대한 박사 논문을 썼다. 탈성장, 행복, 생태경제학에 대한 글을 쓴다. filka@degrowth.net

목표가 조화를 이루는 삶을 의미한다. 이는 긍정적인 정신 작용을 평가하는 질문지를 통해 형식화된다. 어떤 활동들은 쾌락주의와 행복 지상주의 모두를 만족시키지만, 모든 쾌락적 즐거움이 행복 지상주의적 행복을 가져다주는 것은 아니다.

행복에 대한 문헌의 첫 번째 시사점은 좋은 삶을 유형과 무형의 요소를 포함한 합성 구성체로 다룬다는 것이다. 비금전 영역(건강, 사회 자본, 관계, 혼인 여부, 성격)은 금전 영역(물질적 조건, 유용 가능한 수입)보다 행복에서 더 중요한 비중을 차지하는 경향이 있다는 것이 증명되어 왔다(이스털린, 2003). 행복의 비금전 영역 손실이 금전 영역의 손실보다 삶의 질에 보다 깊고 영구한 균열을 일으키는 경향이 있다. 이러한 연구 결과는 탈성장 이론뿐만 아니라 삶에서 경제 요소가 차지하는 비중을 인간관계, 사회적 연계 및 **공생공락**으로 대체하자는 아이디어와 같은 선상에 있다.

두 번째 시사점은 경제학의 공리주의 이론과 연관이 있다. 만약 삶의 만족도가 불완전한 유용성 지표라고 해도 행복에 대한 연구들은 소비자가 특정한 소비를 늘림으로써 얻는 만족은 시간이 흐르면서 유용성에 긍정적으로 기여하지 않는 점을 시사한다. 따라서 행복에 관한 연구들은 순수한 공리주의 경제학자의 사고 틀 안에서라도 **성장**이 애초 목표를 충족하는 데 실패할 수 있다는 점을 시사한다.

세 번째 시사점은 이스털린의 역설과 관련이 있다. 이 역설은 한 국가의 소득 증대와 삶의 질 사이에 연관이 없다는 것이다. 이 비연관성에는 두 가지 이유가 있다. 첫 번째는 특정한 준거 집단이나 환경에서 '행복한' 삶을 구성하는 요소를 유추하는 데에 사회적 비교가 영향을 미친다는 점이다. 즉, 사회적 비교는 정서에 영향을 미친다(**성장의 사회적 한계** 참고). 두 번째 이유는 물질적 기대의 변화로 소득 증대가 좋은 삶에 미치는 긍정적 영향이 상쇄되기 때문이다. 즉, 열망은 끊임없이 증가한다.

세 가지 시사점은 탈성장 이론과 어떻게 연관되는가? 첫 번째 대답은 탈성장을 넓은 의미에서 소비가 감소한다는 의미로 볼 경우, 이는 주관적인 삶의 질에 부정적인 영향을 미치지 않을 것이라는 점이다. 그 이유는 적응 때문이다. 사람들은 물질 조건 향상에 익숙해지는 경향이 있다. 예를 들어 복권 당첨자들은 비슷한 특징을 가진 사람들과 비교해 더 행복하지 않다. 이처럼 사회적 지위를 고려한다면, 더 적은 물질 소비에 적응한다고 해서 영원히 행복을 덜 느끼는 것은 아니다. 두 번째는 사회 비교이다. 소비의 감소는 모든 사람들이 소득 기준을 낮추도록 할 것이고, 따라서 사회와 심리에 미치는 부정적 영향을 상쇄시킬 것이다. 그러나 탈성장을 경제 위기 때처럼 넘쳐나는 물질 사회 속 일부 집단의 소비 감소로 해석한다면, 삶의 질은 떨어질 것이다.

탈성장은 상호 보완적 행위, 정책, 전략이 포함된 다면적인 전환이라는 일반적인 이해를 넘어, 특정한 탈성장 제안이 행복에 미치는 영향을 탐구할 수 있을 것이다. 이러한 영향 중 하나는 근무 시간 감소와 **일자리**

나누기 도입이다. 행복에 관한 문헌에는 시간제 근무가 삶의 만족도를 높인다는 연구 결과가 있다. 또한 모든 이의 소득 증대가 모든 이의 행복 증대라는 결과를 낳지 않는다면, (업무 시간을 줄임으로써) 모든 이의 소득을 낮추는 것 역시 모든 이의 행복을 방해하지 않을 것이다. 전망 이론에 따라 누군가는 금전적 손실이 같은 크기의 금전적 이익보다 더 마음이 아프다고 주장할 수 있다. 그러나 손실이 이익보다 행복에 더 큰 영향을 미치는 불균형이 장기적으로 존재한다거나 지속한다는 경험적 증거는 명확하지 않다.

탈성장의 일자리 나누기 제안은 자유 시간과 비금전적 활동, 호혜적 활동, 공동 활동 등 재생산적이라고 정의되는 활동에 쓸 수 있는 삶의 여유가 늘어남을 의미한다. 사회와 가족과의 상호 활동이 삶의 질을 높이는 주요 요소인 점을 감안하면, 공동체 기반 활동의 증가가 행복을 방해하지 않을 것이다(**돌봄** 참고). 또한 스스로의 시간과 삶을 제어할 수 있는 능력으로 이해되는 자유는 건강, 고용, 소득, 결혼, 종교보다 삶의 만족도에 더 큰 영향을 미치는 것으로 나타났다. 따라서 의미 있다고 여겨지는 활동에 쓰이는 시간이 많아지면 삶의 만족도를 높일 수 있다. 예를 들어 자원 활동은 공감 능력을 키우고 열정을 쏟는 대상을 바꿈으로써 행복에 긍정적으로 기여하는 것으로 나타났다.

이와 더불어 우리는 탈성장을 두고 최저 및 최대 수준의 급여 사이에 민주적으로 정해진 고정 비율이 필요하다고 이야기한다(**기본 및 최대 소**

득 참고). 소득 불평등은 삶의 만족도에 매우 부정적인 영향을 준다. 불평등이 심한 지역에 사는 개인들은 건강과 행복 수치가 모두 낮다. 만약 탈성장으로 인해 개인 간, 국가 간 소득 격차가 줄어든다면, 경쟁이 감소함에 따라 삶의 질은 높아질 것이다.

탈성장의 또 다른 상징적인 아이디어는 차에 대한 의존도를 줄이는 동시에 고속 교통 수단과 오염도가 심한 기반 시설 규모를 줄이는 것이다. 이러한 전환이 사회적 박탈감을 늘리지 않으면서 도시와 농촌의 자연 공간을 늘릴 수 있다면, 이는 좋은 삶에 긍정적인 영향을 미칠 것이다. 통근에 관한 연구는 자동차에서 많은 시간을 소비하면 행복에 부정적 영향이 있음을 보여 준다. 뿐만 아니라 환경오염은 삶의 질을 낮춘다는 연구가 늘고 있다. 예를 들어 나쁜 대기 질이 낮은 행복 지수와 관련된 연구가 여러 편 나와 있다. 이러한 사례는 교통 정체가 좋은 삶의 위협으로 떠오르는 런던과 중국의 대도시에서 볼 수 있다. 대부분 도시 사람들이 자동차 대신 대중교통을 이용하거나 가까운 직장을 선택한다면, 삶의 만족도는 낮아지지 않을 것이다. 반면, 자동차를 기반으로 기능하는 사회에서 자동차를 포기하는 것은 성가신 일이 될 것이다.

탈성장에 관한 공공 논의에서 제기되는 제안은 공공장소에서 광고를 금지하는 것이다. 물질주의와 경제 안전을 매우 중시하는 개인들은 그들의 삶에 그리 만족하지 않는다는 연구 결과들이 있다(Kasser, 2002). 따라서 공공장소 내 광고 금지가 물질에 대한 열망을 감소시킨다면, 이는 삶의 질 향상에도 기여할 것이다. 또한 텔레비전을 보는 행위는 행복의 중요한 요소인 인간관계를 방해한다는 것을 증명한 연구도 있다.

보다 추상적이지만 전형적인 탈성장 제안은 지배적인 성장의 상상계와 물질 소유, 축적으로부터 얻는 사회적 명성 쌓기에 도전하는 것이다. 비물질적 가치와 좋은 삶의 관계를 연구한 사례를 보면, 비물질적 가치는 높은 삶의 만족도와 연관된다. 본질적인 가치(이타심 등)는 대개 높은 수준의 삶의 질과 연관되며, 기본 필요를 충족하는 적은 양의 물질 자원도 관련이 있다. 또한 경쟁을 기반으로 한 소비가 행복에 미치는 부정적 효과를 고려하면, 물질 영역에 지배받지 않는 사회적 상상계는 개인과 사회 행복에 긍정적인 영향을 미친다고 기대할 수 있다.

앞서 언급한 자료들의 시사점은 탈성장이 행복에 미치는 영향 중 일부에 불과하다. 탈성장이 바로 행복으로 이어진다고 믿거나, 행복이 사회의 유일한 목표라고 믿는 것은 순진한 생각이다. 오히려 탈성장이 삶에 대한 만족도를 줄이지 않는다는 것이 이 글의 요점이다. 특히 다음과 같은 것들이 충족될 때 - 모든 이들이 소득이나 유급 노동 감소를 동일하게 경험하고 개인 자유 시간과 자율성이 향상되며, 호혜적이고 공동체적인 활동에 쏟는 시간이 늘어나고 이것이 대인 관계에 긍정적 영향을 미치며, 여행에 쓸 수 있는 시간이 늘어남으로써 고속 교통수단의 규모가 줄어들고, 나눠 쓰기와 **공생공락**을 통해 사치품 소비나 물질적 욕망의 수준이 줄어들 때 - 다른 말로, 탈성장이 다양한 행동과 정책을 수반해 진행된다면, 개인의 행복을 위협하지 않을 것이다. 만약 탈성장이 자유 시간의 분배, 도시와 자연 환경 상태, 건강, 개인적 자유와 인간관계의 질 등 행복의 결정 요소를 충족한다면, 삶의 질에 미치는 탈성장의 영향은 앞으로도 긍정적일 것이다.

상상계의 탈식민화

세르주 라투슈

상상계 탈식민화하기 아이디어와 프로젝트는 두 가지 원천을 지닌다. 바로 코넬리우스 카스토리아디스의 철학과 제국주의에 대한 인류학적 비판이다. 생태학적 비판과 더불어 이 두 가지 사고는 탈성장의 지적 기원이다. 카스토리아디스는 상상계에 초점을 맞추는 한편, 제국주의를 이야기하는 인류학자들은 탈식민화에 초점을 맞췄다. 이 두 원천을 이야기하는 것은 상상계의 탈식민화라는 용어의 의미를 정확하게 이해하는 데 도움을 준다.

카스토리아디스의 주장 중 '상상계를 탈식민화하기'라는 문구는 명료하다(내가 알기로 비록 그는 이 구절을 쓰지 않았지만).『사회의 상상적 제도』의 저자인 카스토리아디스는 사회 현실을 '상상계의 중요성' 이행이라고 보았으며, 이는 표현이 느낌을 부른다고 주장하기 위해서였다. **성장**

과 **개발**이 일종의 믿음이라면, 그래서 한 국가 경제에서 '진보'를 비롯한 모든 기초 범주가 가지는 상상의 의미가 이 믿음을 넘어설 수 있다면(헤겔의 유명한 '거둠(Aufhebung)') 그 상상계가 바뀌어야 함을 의미한다. 따라서 탈성장 사회에 도달하는 것은 부분적으로 우리의 상상계를 탈식민화하는 것을 뜻한다. 즉 세계의 변화가 우리에게 선고를 내리기 전에 우리가 세계를 바꾸는 것이다. 이는 카스토리아디스의 교훈을 엄격하게 적용하는 것이다. 그는 이렇게 주장했다.

> 과거와 비할 수 없는 규모의 새로운 상상계를 창조하는 데 필요한 것은, 생산과 소비의 확장 외의 의미들을 삶의 중심에 놓는 것이다. 즉 추구할 만한 가치가 있다고 여겨지는 삶의 다른 목표들을 중심에 놓는 것이다. 이는 우리가 마주해야 할 매우 어려운 과제이다. 우리는 경제적 가치가 더 이상 중심에(혹은 유일하게) 있지 않는 사회, 즉 경제를 궁극적 목표가 아닌, 단지 삶의 수단으로 되돌리는 사회, 다시 말해 계속해서 증가하는 소비를 향한 광란의 질주를 포기하는 사회를 바라야 한다. 이는 자연 환경 파괴를 피하기 위해서 뿐만 아니라 현대 인간의 정신적이고 도덕적인 빈곤으로부터 탈출하기 위해 더욱 필요하다. (카스토리아디스, 1996: 143-4)

다른 말로, 소비와 규모의 초 근대 사회로부터 탈출해야 한다. 카스토리아디스는 이렇게 덧붙였다.

그러나 이런 종류의 혁명은 서구에서 삶을 대하는 정신 사회적 구조, 다시 말해 상상계의 근본적인 변화를 요구한다. 삶의 유일한 목표가 더 많이 생산하고 소비하는 것이라는 생각은 우스꽝스럽고, 굴욕적인 생각으로 반드시 없어져야 한다. 허위의 지배, 허위의 이성적 · 자본주의적 상상계와 끝없는 확장의 상상계는 반드시 없어져야 한다. 이는 모두가 힘을 합칠 때 가능하다. 개인이나 하나의 조직은 잘해봤자 준비하고, 비판하고, 격려하고, 가능한 대안들을 묘사할 수 있을 뿐이다. (카스토리아디스, 2010: 199)

그러나 지배적인 상상계에서 탈출하려 할 때 우리는 반드시 우리가 들어왔던 길을 통해 돌아가야 한다. 그 길은 세계의 **상품화**와 함께한 생각의 경제화 과정이다. 카스토리아디스에게 경제는 발명품이다. 그의 책 『사회의 상상적 제도』 마지막은 이 주제에 집중한다. 이는 서구 근대 상상계에서 경제가 어떻게 제도화되었는지 분석하고자 했던 나의 책 『경제의 발명』을 통해 개발하려 한 생각의 원천이다(라투슈, 2005).

카스토리아디스에게 개발과 성장은 폭넓은 분석 주제가 아니었다. 그는 두 가지 주제를 몇몇 날카로운 문장들로 정리했고, 다른 논의와 주제에 대한 성찰로 전환했다. 개발의 위기에 대해 그는 이와 연관된 상상적 의미, 특히 진보의 위기로 분석했다. 개발의 놀라운 이데올로기적 생명력은 이와 맞먹는 진보의 생명력에 기반을 둔다. 그는 이를 훌륭하게 표현했다.

아무도 더 이상 진보를 진짜로 믿지 않는다. 모두가 내년에 조금 더 가지고 싶어 하지만, 행복이 연간 3퍼센트의 소비 성장에 달려 있다고 아무도 생각하지 않는다. 성장의 상상계는 분명 여전히 존재한다. 이는 서구에서 유일하게 유효한 상상계이기도 하다. 서구인들은 곧 해상도가 높은 텔레비전을 살 수 있을 것이라는 사실 외에는 아무것도 믿지 않는다. (카스토리아디스, 2010: 181)

하나의 믿음을 뿌리 뽑는 방식은 이미 남반구와 북반구의 관계 분석에서 쓴 탈식민화라는 비유를 통해 볼 수 있다. '식민화'라는 용어는 반제국주의 인류학에서 사고방식을 논할 때 종종 쓰이며, 이 용어는 여러 책 제목에서도 찾을 수 있다. 식민화된 이들의 심리학에 관한 옥타베 마노니의 전집은 이에 관한 초기 문헌 중 하나이다. 더욱 정확히 말하면, 발란디어의 제자인 제라드 알타베는 1969년 마다가스카르에 관한 그의 연구를 '상상계의 억압과 해방'이라고 이름 붙였다. 1988년 세르지 그루진스키는 서구화 과정을 언급한 『상상계의 식민화』를 출간했다. 그러나 그루진스키가 상상계의 식민화를 다룰 때, 이는 여전히 일반적으로 역사에서 언급되는 식민화의 연속을 뜻하는 것이었으며, 선교사들의 원주민 개종에 관한 것이었다. 개종은 정신의 '탈문화화'이자 제국주의 프로젝트에 의해 기독교와 서구 문명으로 동화되는 과정이다. 이는 단순히 상징적 수단이 아닌, 상상계 억압이다. 스페인 정복자들이 아메리카 대륙에서 종교 재판 때 널리 썼던 장작더미를 생각해 보라.

성장과 개발을 두고 우리는 사고방식 전환의 과정을 다루고 있다. 이 과정은 진보와 경제의 상상계를 구축하고자 하는, 이념적이며 준종교적 속성을 가진다. 그러나 아미나타 트라오레(Aminata Traore, 2002)가 쓴 탁월한 표현인 '상상계의 강간'은 여전히 상징적이다. 서구에서 상상계의 식민화를 이야기할 때 우리는 우리가 희생자이자 동시에 대리인인 정신적 침략을 이야기한다. 이는 부분적으로 자발적 노예 상태인 자기 식민화를 뜻한다.

따라서 '상상계의 탈식민화'라는 용어는 의미상의 변화를 나타낸다. 이는 인류학자들이 분석한 것을 거스르는 특정 형태를 강조하는 점에서 독창적이다. 다시 말해 이는 '소프트웨어' 또는 패러다임의 변화이며, 에두아드 글리산트의 말처럼 '상상계의 진정한 혁명'이다. 이는 무엇보다도 문화적 혁명이다. 그러나 이것이 전부가 아니다. '상상계의 탈식민화'는 경제로부터의 탈출, 가치의 변화, 이에 따른 탈서구화에 관한 것이다. 이는 정확히 탈성장 '신봉자'들이 주장하는 개발 이후 프로그램이다.

카스토리아디스와 반제국주의 인류학자들에게 식민적인 상상계에서 벗어나는 문제는 중요하지만 매우 어려운 문제다. 우리가 우리의 상상계를 바꾸자고 결정할 수 없고, 특히 성장에 '중독'된 경우 더욱 어렵기 때문이다. 다만 카스토리아디스가 중요하다고 보았던 교육을 먼저 떠올릴 수밖에 없다.

예를 들어 우리가 이야기하는 사회에서 시민들에게 자유나 참여할 수 있는 기회가 없는 것이 무엇을 의미하는지 묻는다면, 이는 시민 교육, 즉 파이데이아[1]인가? 우리는 수학 교육이 아닌, 시민 교육을 해야 한다. 태어날 때부터 시민인 자는 없다. 그렇다면 어떻게 한 명의 시민이 될 수 있는가? 오로지 배움을 통해서 가능하다. 우리는 우선 우리가 살고 있는 도시를 봐야 한다. 텔레비전 시청을 말하는 것은 물론 아니다. (카스토리아디스, 2010)

그러나 탈성장 사회가 아직 구축되지 않은 경우, 온전히 해독을 실현할 수 없다. 우리는 소비 사회와 우리를 깨져야 할 원 안에 가두는 '시민 우매화' 체계에서 먼저 탈출해야 한다. 오늘날 이데올로기의 매개체인 광고의 공격성을 고발하는 것은 카스토리아디스가 '소비주의자와 텔레비전 자위'라고 부르는 것에 대한 반격의 시작이다. 《라데크로상스(La decroissance)》지가 "카세르드퓌프(Casseurs de pub)"(애드버스터스 연합)에서 파생된 것은 결코 우연이 아니다. 광고는 성장 사회의 핵심 요소이다. 탈성장 운동과 성장 반대자들은 광고의 공격성에 맞서 다양한 방식으로 저항한다.

---

1 고대 그리스어로 교육이나 학습을 뜻한다. 교양을 몸에 익힘으로써 시민으로서 덕을 갖추게 하는 교육.

제본스의 역설

(리바운드 효과)

블레이크 알코트

월리엄 스탠리 제본스(1865; 알코트 2005)는 석탄이 동날 것을 우려하던 산업혁명 전성기에 두 개의 동시적인 현상을 고민했다. 제련된 철의 양이나 증기 기관의 작업 단위당 필요한 석탄 투입량이 계속 감소하고, 전체 석탄 소비량은 증가한다는 점이었다. 또한 필요한 노동 수요가 노동 생산성과 함께 증가했다. 그는 이 관찰을 통해 자원을 이용해 효율성을 높이는 기술 변화는 자원 소비율을 낮추는 게 아니라 오히려 높인다

블레이크 알코트(Blake Alcott)

미국 오클라호마와 코네티컷 주 출신이며 2001년까지 스위스 취리히에서 캐비닛을 만들었다. 2006년 영국 캠브리지대학교에서 환경 정책 석사 학위를 받았고, 2013년 이스트앙글리아대학교에서 지속 가능성 전략으로 박사 학위를 받았다. 현재 캠브리지에서 은퇴한 생태경제학자로 살고 있다. www.blakealcott.org blakeley@bluewin.ch

고 결론지었다.

그의 주장은 전기 조명의 예에서 입증됐다. 1루멘[1]의 빛을 내는 데 필요한 전기량이 백 배 감소하면, 건물과 거리를 밝히기 위해 쓰이는 전기량은 천 배 증가했다. 제본스는 이를 '역설'이라 불렀다. 이는 우리가 심리적으로 산출 단위당 투입 비율이 감소하면 투입량의 전체 소비가 감소할 것이라고 기대하기 때문이다. 물론 투입되는 자원은 물, 인, 경작 가능한 토양, 노동 시간, 에너지 등이 될 수 있다.

우선 몇 가지 정의를 알아보자. 전기 주전자의 에너지 효율이 평균 10퍼센트 높아졌다고 가정해 보자. 전기 주전자의 숫자는 같고, 끓이는 물의 양도 변하지 않는다고 하자. 그렇다면 물을 끓이는 데 이용된 에너지양은 10퍼센트 감소할 것이다. 이 10퍼센트 감소한 양은 절약된 에너지의 절대량이다. 이는 기술 용어로 공학적 절약이라 불린다. 그러나 이 양은 이론에 불과하며 현실적으로 절약되는 에너지 양은 더 적다. 산출되는 결과와 투입되는 에너지 가격이 모두 낮아지기 때문이다. 소비자들은 일시적으로 절약된 에너지를 다른 일을 하는 데 쓴다. 따라서 공급자들이 가격이 낮아진 만큼 공급을 줄이지 않는 한, 잠재적 소비 수요는 일시적으로 유휴 에너지를 가져갈 것이다. 이 새로운 수요를 반등 소비라고 한다.

제본스는 반등 소비가 기술 절약을 능가한다고 보았다. 이는 효율성이

---

1 빛의 밝기를 판단하는 수치.

그대로 유지될 때보다 효율성을 높일 때 '더 많은' 에너지가 소비된다는 것이다. 만약 증기 기관의 효율성이 1800년 제임스 와트의 수준으로 남아 있다면, 우리는 훨씬 더 적은 양의 석탄을 소비했을 것이다. 두 번째로 반등이 기술 절약과 100퍼센트 동일한 경우를 생각해 보자. 이는 기술 효율성의 증가가 투입되는 소비에 영향을 미치지 않을 경우 일어나며, 현재 소비는 계속 증가한다. 세 번째로 유휴 에너지 중 일부가 영구적으로 필요하지 않을 경우이다. 이 경우 반등은 1퍼센트~99퍼센트 사이에 존재할 것이다. 만약 반등이 거의 100퍼센트에 가깝다면 효율성을 늘리는 정책은 '비용 효율적'이지 않을 것이다. 반등이 100퍼센트라면, 이런 정책은 비효율적이다. 그러나 제본스의 역설처럼 100퍼센트를 넘으면, 역효과가 발생한다.

그렇다면 더 높은 효율성을 부추기거나 이를 입법화하려는 탈성장 전략은 타당한가? 만약 효율성 증가로 인해 일시적으로 절약된 자원이 잠재적 수요와 인구 증가로 인해 모두 쓰이지 않고, 제본스가 틀렸을 경우에는 타당할 것이다. 역사학자, 인류학자, 심리학자 대부분은 우리가 보전 가능한 에너지를 사용하지 않은 채 내버려 두지 않을 것이라고 말한다. 더 많은 소비자와 새로운 에너지를 발견하고, 그 에너지를 새로운 용도에 쓰며, 이를 위해 더 효율적인 기술을 개발하는 것, 이 모든 것이 총체적 연소 수준에 영향을 미친다. 이에 더해 효율성 증가는 사회의 총 구매력과 생산 가능성을 높일 것이다. 이는 새로운 에너지 이용법을 발견하도록 부추길 것이며, 식량 생산을 높이고 보건, 난방 건물을 보급해 인구 증가에 기여할 것이다.

지난 약 20년간 세계적으로 투입 대비 산출이 증가했다는 증거가 있다. 노동 1시간, 화석 연료 1줄, 농지 1헥타르를 투입할 때 이전보다 더 많은 재화와 서비스가 생산된다. 우리는 이를 전 세계 국내총생산 총합과 노동 시간, 에너지, 물, 구리, 철, 희귀토 등 물리적으로 측정된 투입량 간의 비율을 통해 측정할 수 있다. 그러나 효율성 증가를 에너지 사용량, 일하는 인구 수, 광물 채굴량 감소와 같이 이룰 수 있는가? 아니다. 실제 경험에 따르면 반등은 적어도 100퍼센트일 것이다. 흥미롭게도 어떠한 역사학자나 경제학자도 반등이 더 크다고 주장하지 않았다. 더 높은 생산성은 경제 **성장**과 더 많은 일자리를 의미했다.

물론 반등이 100퍼센트보다 적을 것이라고 믿는 이들 또한 현재까지 효율성 증가가 단 한 방울의 석유 소비도 줄이지 않았다는 사실을 부정하지는 않는다. 그러나 이들은 효율성 증가 없이는 더 많은 석유가 쓰였을 것이라고 주장한다. 이 주장은 오늘날 반등에 관한 논의가 기본적으로 이론에 바탕을 둔다는 사실을 보여 준다. 우리는 미시 경제학을 이용해 직접 반등을 측정할 수 있다. 만약 어떤 소비자가 연비가 더 효율적인 차를 운전하고 연료비를 절약한다면, 수입 중 일부는 더 많이 운전하는 데 쓸 수 있다. 산출(주행 거리)은 증가하고, 반등은 0퍼센트보다 더 높다(카줌, 1980). 더욱이 간접 반등 역시 확실하다. 이는 이른바 소득 효과라고 불리며, 소비자는 남는 구매력을 생활 도구나 옷 또는 비행기 표를 사는 데 이용한다. 두 종류의 반등을 보면 총 반등의 '규모'를 알 수 있다. 다만 간접 반등은 측정하기 매우 어려우며, 다양한 경제 분야에서 직접 반등이 측정된다고 해도, 이를 통해 간접 반등이나 총 반등을 정확하게 알아낼 방법은 없다.

반등에 관한 연구는 더 큰 문제를 보여 준다. 만약 자동차나 컴퓨터 같이 한 국가의 순수 수입에 '체화'된 양을 무시하고 소비되는 에너지 양만을 측정할 경우, 결과는 왜곡될 수 있다. 모든 국가의 평균 반등을 판단할 때, 또 한 가지 어려움은 가난한 국가의 총 반등이 OECD 국가들보다 더 높게 산출되는 것이다. 이는 아마도 가난한 국가의 소비자들이 욕구가 덜 충족되었기 때문일 것이다. 이러한 문제점들을 고려하면, 30년이 넘은 미시 경제적 연구에서 총 반등 추정량이 제각각인 것은 놀랄 일이 아니다(소렐, 2009).

따라서 어떤 이가 실제로 기술 효율성 제고를 통해 절약했다는 주장은 믿기 어렵다. 또한 더 적게 일하고, 생산하고, 소비하는, 즉 보다 '자족적인' 삶을 대안으로 삼자는 주장은 솔깃하지만, 여기에도 여전히 반등은 존재한다. 만약 내가 일방적으로 더 적은 에너지를 쓰기로 결정한다면, 증발된 수요는 세계 에너지 시장에서 에너지 가격을 낮출 것이다. 결국 평소처럼 일하면서 더 많이 소비하길 원하는 전 세계 수십 억 명의 '주변 소비자'들이 내가 더 이상 사용하지 않는 에너지를 요구할 것이다. 이는 공평한 소비에 기여할 수는 있지만 에너지 보전에는 기여하지 않는다. 수십 억 인구가 비자발적으로 가난하게 사는 가운데 전 세계 인구가 더욱 '자족적으로' 살자는 요구는 부도덕하다. 그러나 이러지 않는 이상 자발적으로 이용하지 않아서 남게 된 에너지는 다른 이들이 가져가 버릴 것이다.

반등은 탈성장과 연관된다. 왜냐하면 지속 가능한 규모로 줄여야 하는 것은 공익사업이나 행복, 국내총생산이 아니라 인간이 만들어 내는 생물 물리학적 처리량이기 때문이다. 이는 소비되는 총 자연 자원의 양과 소비로 인한 배출과 폐기물을 의미한다. 그리고 실제로 처리량을 확실하게 줄일 수 있는 정책 방향이 존재한다. 채굴하고 소비하는 자원 양을 법으로 제한하는 것이다. 예를 들어 여러 공동체들은 수백 년간 지하수 사용량을 법으로 제한해 왔다. 또한 교토의정서는 탄소 배출량을 제한하려 한다.

많은 사람들은 제본스가 살던 시대처럼 자원 소비를 물리적으로 제한하는 대신 더 효율적으로 자원을 사용해 자원을 절약하겠다는 불확실한 전략에 기대고 있다. 그러나 지금 무슨 일이 일어나고 있는가? 절약되고 있는가? 만약 우리 중 일부가 적은 처리량을 요구하며 살아가고 **일자리 나누기**를 통해 더 적게 일한다고 해도, 나머지 세계는 이로 인해 이용 가능해진 자원을 요구하지 않을 것인가? 투입 소비는 반등하고 있다. 그러나 만약 사회가 자원 소비를 우선 제한하면, 자동적으로 사람들은 더 효율적이고 충족할 만한 삶을 살 것이며, 덜 행복하지는 않을 것이다.

우리는 마음 속으로 기술 효율성이 어떻게든 자원 고갈과 오염 수준을 낮출 것이라는 희망을 가지고 있다. 이는 효율성 향상을 위한 환경 전략이 탄생한 배경이다. 그러나 환경은 인간의 효율성과 같은 비율이라든지 경제의 **비물질화** 같은 데 '신경 쓰지' 않는다. 유일한 문제는 실제 양이지, 우리가 일정한 양의 자원을 얼마나 쥐어짜 내서 유용성을 창출하는지 여부와 상관없는 일이다.

제본스의 주장에 교훈이 있다면, 우리는 기술이나 개인의 순수한 변화를 넘어서서 자연 자원은 **공유물**이라는 통찰을 바탕으로 하는 정치 해법을 찾아야 한다는 것이다(사느, 2000).

신맬서스주의자

조안 마르티네스-알리에

스탠포드대학 생태학 교수인 폴 에를리히를 포함해 '신맬서스주의자'라고 불리는 저자들은 1960년대와 1970년대에 인구 성장에 대해 단호하게 경고했다. 실제로 20세기에 세계 인구가 15억에서 60억으로 증가했기 때문에 이 경고는 쉽게 받아들여졌다. 2010년대에 세계 인구는 70억 명에 이르렀지만, 생식력(여성 1인당 자녀)은 많은 국가에서 빠르게 감소해 자녀는 계속 2명을 밑돈다. 세계 인구는 2050년까지 최대 85억~90억에 달한 뒤 소폭 감소할 것이다. 일부 국가에서는 농촌뿐만 아니라 도시에서도 인구가 줄어들 것이다.

에를리히 교수는 1968년 『인구 폭탄』이라는 책을 펴내고, 인구 과잉은 환경의 질적 저하 요인 중 하나에 불과하다고 지적했다. 그는 잘 알려진 공식인 'I = f (P, A, T)'(환경 영향=인구×생활 수준×기술)를 소개했다.

환경 영향(온실가스 배출이 대기 구성 물질을 바꾸는 사례 등)은 인구 규모, 1인당 소득('부') 그리고 활용 기술에 달려 있다는 것이다. 여기에서 인구는 여전히 중요한 요인이다.

탈성장 운동은 인구 증가에 대해 거의 토론하지 않았다. 전체적으로 인구 증가를 반대하는 입장을 취하지만, 1인당 소비의 사회 불평등에 더 초점을 맞춘다. 이는 다른 좌파 운동에서도 흔한 현상이다.

탈성장주의자들은 일반적으로 상의하달식 인구 정책이나 폴 에를리히, 가렛 하딘이 1960년대~1970년대에 주장했던 이주 제한을 싫어한다. 또한 강제 불임이나 국가가 가족당 자녀 1명을 강요하는 중국 정책을 싫어한다. 그러나 탈성장주의자들은 마르크스주의자들과 반대로 인구에 대해 걱정해야만 한다. 맬서스가 1798년에 펴낸 『인구론』에서 농업 생산 증가에 회의적인 입장을 보인 것은 사실이다. 그는 노동 투입에 대비해 수익이 점차 감소한다고 믿었다. 인구 증가는 더 많은 사람들이 농업에 종사할 수 있게 하지만, 이에 비해 생산율은 적게 상승하고 최종적으로 식량 부족 사태가 발생한 것이라는 주장이었다. 마르크스주의자들은 맬서스를 좋아하지 않았다. 맬서스는 수익의 감소를 믿었고, 더 나아가 경제 상황을 개선하면 생식력이 증가한다고 믿었기 때문에 빈곤층의 경제 상황을 개선하는 것이 쓸모없다고 생각했기 때문이다. 그는 진정한 반동자였다. 마르크스주의자들은 맬서스가 자급자족의 위기를 강조하는 것을 싫어했다. 마르크스는 착취 받는 프롤레타리아들의 구매력에 비해 투자가 과도할 때 위기가 나타난다고 설명했다. 마르크스주의 자들은 **자본주의**가 저렴한 노동을 필요로 하기 때문에 인구 증가가 야기 된다고 보았으며, 앵겔스가 지적했듯 비자본주의 사회에서는 인구 통제 가 훨씬 수월할 것이라고 보았다.

탈성장주의자들은 이러한 모든 주장을 알고 있으며, 비록 맬서스의 반 동 정책을 싫어한다고 해도 맬서스의 주장이 일면 타당하고, 인구 증가 에는 상응하는 비용이 뒤따른다고 본다. 탈성장주의자들은 인구 증가가 자연 환경에 중대한 위협이 아니라고 가정하는 낙관적인 경제학자들에 게 이의를 제기한다. 이 경제학자들은 헥타르당, 그리고 노동 시간당 생 산성이 기술 진보와 함께 늘어날 것이라고 주장하며 인구 증가에 긍정 적이다. 실제로 에스터 보세럽은 1965년에 쓴 『농업 증가의 조건』에서 맬서스의 표를 뒤집어 인구 증가는 생산 증가로 이어질 것이라고 설명 했다. 이는 더 짧은 순환과 함께 더 집약적인 생산 체계가 가능하기 때문 이다(떠돌아다니는 농업이 아닌, 이모작도 가능해질 수 있다). 그러나 이는 오 래전 경제 역사에 적용할 수는 있겠지만, 유럽 농업은 19세기 중반부터 구아노[1]나 가공 비료 같은 수입 비료에 의존해 왔다. 현대 식량 체계는 화 석 연료 에너지를 많이 쓴다. 생태경제학 관점에서 봤을 때 농업 생산력 은 더 이상 증가하지 않는다고 주장할 수 있다.

---

1 해안 지역에서 죽은 해조, 폐사된 물고기 등이 웅고, 퇴적된 것으로 주로 인산질 비료 로 쓰인다.

탈성장주의자들은 1900년에 (유럽과 미국에서) '의식적인 출산'에 찬성한 보다 급진적인 페미니즘적 신맬서스주의자들의 후계자이다. 가난한 이들은 자발적으로 '의식적인 출산'을 할 능력이 있다고 여겨졌다(마스후안, 2000; 론신, 1980). 이것은 페미니즘이자 최초의 환경 운동이었다. 오늘날 부유한 신맬서스주의자들은 빈곤층에서 재생산 비율이 더 높고, 이는 이주를 유발해 자신들의 환경을 위협할 것이라고 우려한다. 하딘은 이를 이른바 '구조선 윤리'로 발전시켰다. 따라서 상의하달식 인구 정책이 필요하다는 것이다. 그러나 1900년의 신맬서스주의는 상의 하달식 인구 정책이 아니었다.

탈성장주의자들은 '상향식' 페미니즘 신맬서스주의자들을 더 가깝게 느끼며, 낙관적인 경제학자들의 인구 증가에 대한 견해에 동조하지 않는다. 이들은 노인 연금을 충당하기 위해 미래에 결국 연금 생활자가 될 젊은이들이 더 많이 필요하다는 주장을 비웃는다.

신맬서스주의 무정부 페미니스트들은, 여성은 자신이 원하는 수의 자녀를 가질 자유가 있다고 설파했다. 이들 중 많은 이가 환경 문제를 우려하고, 지구가 지속 가능하게 먹여 살릴 수 있는 인구가 어느 정도인지 되물었다. (미국의 엠마 골드만, 마가렛 상어와 프랑스의 폴 로빈 등이 이끄는) 이 국제적 사회 운동은 스스로를 신맬서스주의자라 불렀다. 그러나 맬서스와 달리 인구 증가는 자발적인 결정에 따라 빈곤층에서 멈출 수 있다고 믿었다. 이들은 자발적 정관 수술을 포함한 산아 제한을 권고했다. 신맬서스주의 운동은 인구 증가 제한을 꾀한 게 아니었다. 이와 반대로 여성의 자유, 인구 과잉이 소득에 미치는 압박 회피, 환경과 인간의 자급자족에 대한 위협에 기반을 둔 '상향식' 행동주의를 기본으로 삼았다. 인구 과잉을 예측했고, 이는 아이디어와 행동으로 이어졌다. 프랑스 등지에서 신맬서스주의자들은 정치적, 종교적 권력 기관에 대해 '자궁 파업'이라는 아이디어와 반군사주의, 반자본주의를 내세우며 도전했다. 인구를 자발적으로 통제하는 것은 '산업 예비군'의 싸구려 노동력을 자본주의에 제공하기를 거부하는 것이었다.

이 운동은 유럽과 미국 이외에 아르헨티나, 우루과이, 쿠바에서 활발했다. 브라질에서는 1932년 마리아 라세르다 데 모라가 『서로 사랑하되 늘어나지 말라』는 제목의 책을 썼다. 남부 인도에서 E.V. 라마스와미는 1926년 자기 존중 운동을 결성했다. 그는 카스트에 맞선 정치 철학을 개발했고, 여성의 자유를 옹호했다. 그는 힌두교의 순혈, 이에 따른 여성의 성생활에 대한 통제를 반대하며 산아 제한에 찬성했다(구하, 2010). 60년이 지난 뒤 인구학자들은 인도 타밀나두 지역의 낮은 출산율을 설명하려 하면서 이곳 여성의 교육 수준이 낮았고, 인도 케랄라와 비교해 빈곤율이 높았다는 것을 발견했다. 아마 정치적인 의지와 라마스와미가 주도한 사회 개혁 운동이 인구 전환에 영향을 미쳤을 가능성이 있다.

프랑수아 도본느(1974)가 '에코페미니즘'이라는 단어를 썼을 때 그는 이 급진적인 신맬서스주의 흐름의 마지막 투쟁가였다. 그는 낙태에 대한 권리를 위해 싸웠고, 많이 나아진 여성의 성생활의 자유뿐만 아니라 당시 유럽에서는 범죄로 취급되던 동성애자들의 성적 자유를 위해 싸웠다.

결론적으로 지난 200년간 맬서스주의와 신맬서스주의에 있었던 다양한 흐름을 다음 세 가지로 정리할 수 있다.

첫째, 맬서스에 따르면 전쟁이나 전염병 또는 순결 통제나 만혼 등으로 제한되지 않는 한, 인구는 기하급수적으로 증가한다. 식량 생산은 투입되는 노동력의 증가보다 상대적으로 적게 증가할 것이다. 따라서 자급의 위기가 온다.

둘째, 1900년의 신맬서스주의자들은 피임을 통해 스스로 성장을 규제할 수 있다고 믿었다. 여성의 자유는 이를 위해서, 그리고 그 자체로 중요하다고 설파했다. 빈곤은 사회 불평등으로 설명되었다. '의식적 출산'은 저임금을 막고 자연 자원에 대한 압력을 줄이기 위해 요구됐다. 이는 (더 많은 군인을 원하는) 국가와 기독교 교회에 맞선 유럽과 미국의 성공적인 상향식 운동이었다.

셋째, 1960~1970년대 신맬서스주의자들은 늦어지는 인구 전환과 1900년의 신맬서스주의자들의 운동이 실패한 가운데 나타났다. 이들은 국제기구와 일부 정부가 지원하는 상의하달식 정책을 설파했다. 인구 증가는 빈곤과 환경오염의 주된 이유로 간주되었다. 따라서 국가들은 피임 도구를 확산해야 하고, 어떤 경우에는 당사자의 (특히 여성의) 사전 동의가 없더라도 피임해야 한다고 주장했다.

첫 번째와 세 번째 흐름은 탈성장주의자들에게 혐오스럽지만, 두 번째 흐름은 탈성장주의자들의 의견과 매우 가깝다. 자발적인 출산 제한, **성장**에 맞선 자가 제한의 집단행동이라는 생각은 탈성장에 영감을 준다. 유럽 의회의 중견 의원이자 탈성장 옹호자인 이브 코셰는 셋째 자녀에 대한 파업을 제안했다(기샤르, 2009).

석유 정점

크리스티안 케르쉬너

콜린 캠벨과 알레클레트 크옐은 2002년에 석유정점연구모임(ASPO)을 창립하며 '석유 정점' 개념을 개발했다. 그러나 사람들은 석유 정점을 석유 고갈이나 '소진'으로 잘못 해석하고, 석유 정점을 1970~1980년대의 생물 물리적 (자원) 한계 토론과 동일시했다. 당시 토론은 재생 불가능한 자원이 양적 한계(경제적으로 추출 가능한 물리적 매장량)뿐만 아니라 재생 에너지처럼 공급(속도)에도 한계가 있다는 사실을 다루지 않았다.

크리스티안 케르쉬너(Christian Kerschner)

바르셀로나자치대학교 환경과학기술연구소에서 생태경제학으로 박사 학위를 취득했다. 주요 관심사는 자원 고갈과 경제 수준에 대한 일반적인 문제들이다. 정상 상태 경제를 경제적 탈성장과 함께 분석한 영향력 있는 논문을 썼으며, 정상 상태 경제에 대한 영감을 제공했다.

christian.kerschner@gmail.com

공급 속도를 고려하면 정점 개념은 재생 가능한 자원에도 적용할 수 있으며, 이미 물 정점, 비옥지 정점 등으로 표현된다.

'자원 공급'은 지질적, 경제적, 환경적, 사회적으로 주어진 외부 제약 속에서 일정 시간당(대개 하루 동안) 추출할 수 있는 물리적 양이다. 따라서 정점은 '주어진 제약 안에서 특정 자원의 최대 공급 속도(생산과 소비)'라고 정의할 수 있다. 석유 정점 연구에 따르면, 이 속도는 석유의 경우 일일 약 팔천오백만 배럴(mb/d)이다. 정점은 자원 부족이 사회에 미칠 영향을 고려하면 중요한 지점이다. 반면, 종종 인용되는 '자원 고갈까지 남은 시간(남아 있는 자원 추정량을 현재 연간 소비량으로 나누어 계산)'은 오해의 소지가 있다. 일례로 브리티시 패트롤륨(BP, 영국의 석유 회사)은 석유의 경우 40년, 가스 60년, 석탄 120년이 남았다고 추정했다. 이 숫자는 자원 한계에 대처할 시간이 아직 많이 남아 있다는 인상을 준다.

따라서 석유 정점의 첫 번째 핵심 논지는 공급의 제약이 일반 가정보다 훨씬 가까운 시일 내에 닥친다는 점이다. 현상의 양적 측면, 즉 가능한 공급 속도와 얻을 수 있는 양에 주된 관심을 두는 지질학자들의 석유 정점 연구 주제는 공급 제약이다. 석유지질학자인 킹 허버트는 최종 원유 생산을 보여 주기 위해 생산과 발견 추세를 반영한 곡선일치법을 개발했다. 그는 거의 정확하게 미국의 석유 정점을 예측했으며(허버트는 1971년 정점을 예상했는데, 실제 정점은 1970년 가을에 발생했다), 세계적인 석유 생산 정점을 2000년이라고 예측했다. 캠벨과 라헤레르(1998)는 허버트의 작업을 갱신했다. 그들은 정점을 2006년으로 예측했다. 석유정점연구모임의 2002년 첫 보도 자료는 흐름 속도가 85mb/d라는 가정 하에 정점을 2010년으로 예측했다. 석유 생산이 현재 85mb/d 속도로 정체하면서 당시 가정이 계속 유지되는 중이다. '지표 아래'에 있는 석유 정점 연구 중 현재까지 가장 폭넓은 메타 분석[1]은 일반 석유의 생산 정점이 지질학적 이유로 인해 2030년 이전에 찾아올 것이라고 결론지었고, 2020년 전에 찾아올 위험이 크다고 결론지었다(소렐 외, 2010).

궁극적으로 얻을 수 있는 자원(URR)은 석유 정점 시기에 관한 토론에 초점을 맞춘다. 이는 특정 자원의 생산 총량(과거와 미래)을 포함한 추정치이다. 석유정점연구모임은 일반 석유 1,900기가배럴과 비전통석유(심해, 역청, 혈암유[2], 셰일 가스, 극지 석유 등의 중유[3]) 525기가배럴을 계산에 이용한다. 현재까지 소비된 석유 총량은 약 1,160기가배럴이며, 이는 우리가 이 자원을 절반 이상 썼다는 뜻이다. 세계 석유 생산에 닥친 정점을 부정하는 이들이 추정하는 URR은 훨씬 높다. 국제에너지기구(IEA)는 일반 석유를 1,300기가배럴, 비전통석유는 2,700기가배럴로 예측했다. 최근 셰일 가스 시추 기술의 발전은 낙관적인 전망에 새로운 '기름'을 붓는다. 그러나 국제에너지기구의 전망 중 주요 부분은 '아직 발견하지 않은'

---

1 기존 연구 결과를 객관적이고 계량적으로 종합하여 고찰하는 방법.

2 혈암을 증류하여 만든 기름, 성질은 중유와 같다.

3 원유에서 가솔린, 석유 등을 증류하고 남은 기름.

석유에 기대고 있으며, 이 석유를 어디에서 얻을 수 있는지 언급하지 않는다. 또한 많은 분석가들은 셰일에 대한 '과장 광고'는 언제라도 터질 수 있는 거품과 같다고 지적한다.

URR 수치를 두고 토론할 때, 석유 정점을 부정하는 이들은 이 문제의 결정적인 변수인 비축량의 흐름 속도에 대한 언급을 생략한다. 소렐, 밀러 외(2010)는 현존하는 유전이 감소하는 추세(연간 4퍼센트)를 두고 볼 때, 현재의 수요를 따라잡기 위해서는 3년마다 사우디아라비아 같은 규모와 속도로 생산할 수 있는 곳을 발견해야 한다고 말했다. 사우디아라비아는 약 262.2기가배럴을 가지고 있고, 캐나다의 역청 170.4기가배럴은 사우디아라비아의 뒤를 이을 계승자라고 여겨진다. 그러나 사우디의 유전은 세계 시장에 10.85mb/d의 속도로 나오는 반면, 캐나다의 역청은 현재 1.32mb/d에서 속도를 올리지 못하고 있다.

석유 흐름 속도에는 지질학 이외의 다른 많은 제약이 영향을 준다. 예를 들어 많은 석유 생산 국가는 (대개 보조를 받는) 자국의 수요 증가로 인해 상당 부분 수출을 줄였다. 지정학은 또 다른 제약이 될 수 있다. 그러나 가장 중요한 것은 석유 정점 문헌에서 이야기하는 석유 정점의 질적 측면이 흐름 속도를 결정할 것이라는 점이다.

석유 정점의 두 번째 논지는 이 현상이 현재 사회 경제 체계에 중대한 해를 미칠 것이라는 점이다. 이는 무엇보다도 최상의 것을 먼저 쓰는 원칙에 따라 양질의 석유를 먼저 추출했기 때문이다. 질 낮은 석유는 채굴

할 때 훨씬 많은 단위당 경제 비용이 들 뿐만 아니라, 사회 환경 비용도 높다. 우리는 자원 자체의 품질과 위치의 질을 구분할 수 있다. 자원 측면에서 우리는 역청 같은 중유나 대개 유황으로 인해 오염도가 높은 석유에 과거보다 더 많이 의존하고 있다. 위치 측면에서 우리는 어려운 지질적 조건(심해, 흩어져 있는 셰일 등), 지정적 조건(적대적 정권, 정치적 불안정), 지리적 조건(극지방 석유, 극단적 기후, 공해 등)을 마주하고 있다. 즉 석유의 **상품 개척 경계**가 확장되고 있다.

늘어나는 탐사 횟수와 추출 · 생산 비용은 필연적으로 우리의 투자대비에너지이익(EROI)을 낮춘다. 투자대비에너지이익은 지난 수년간 대부분 에너지 자원에서 감소하는 추세이다. 투자대비에너지이익은 에너지 자원을 탐사, 추출, 정제하는 데 필요한 양을 제외한 뒤 남은 순수 에너지이다. 1970년대에 투자대비에너지이익은 미국에서 생산되는 석유의 경우 약 30:1이었으나 2005년에는 절반으로 떨어졌다. 이에 반해 역청은 2:1~4:1 정도의 비율을 보이고 있다(머피와 홀, 2010). 수압으로 파쇄해서 얻는 혈암유와 셰일가스의 투자대비에너지이익을 정확하게 알기에는 지진이나 환경에 미치는 영향을 차치하고라도 아직 너무 이르다. 수력을 제외한 대부분 재생 가능한 에너지는 투자대비에너지이익이 매우 낮다.

에너지 분석가들에 따르면 주요 에너지 자원 품질의 변화는 경제에 중

대한 결과를 초래한다. 심지어 '올두바이 이론[4]'의 지지자들은 사회 붕괴가 임박했다고 예고한다. 일부는 2008년 경제 위기의 주된 요인이 석유 부족이었고, 석유 정점은 현재 세계 경제 위기의 실제 요인이라고 주장한다. 반면 전통적인 경제학자들은 이러한 연관 관계를 계속 부정한다. 이들은 기술 혁신으로 인해 모든 자원은 대체 가능하다고 믿는다. 이 믿음의 한 가지 문제점은 대부분 대체재의 투자대비에너지이익이 낮다는 것뿐만 아니라, 이전에 석유를 두고 묘사한 바와 같은 역학 관계가 다른 자원에도 적용된다는 점이다. 점점 낮아지는 광석 품위는 광물과 금속의 가격을 올려 인 정점이나 구리 정점을 초래할 것이다. 이들 중에는 희귀토처럼 재생 에너지 기술에 절대적으로 필요한 것도 있다(테르튬, 이트튬, 네오디뮴 등).

다른 말로, 자원 정점은 인간 사회가 생물 물리적 한계에 이미 도달했다는 사실을 보여 준다. 경제적 탈성장은 이러한 관점에서 볼 때 더 이상 선택의 문제가 아니라 현실이다. 탈성장 운동의 어려움은 사회적으로 지속 가능한 '탄소 이후 사회'를 향한 방도를 개발하는 것이다. 일부 에너지 분석가들은 현대 경제 체계가 너무 복잡하고 전문화되어 있어서 자발적인 관리를 통해 번영과 함께 탈성장하기란 불가능하다고 주장한다. 즉 지금의 경제는 원만하게 바꾸기 매우 어려운 체계라는 것이다. 이들에게 바퀴의 방향을 바꾸는 것은 이득보다 더 큰 해를 가져온다. 따라서

---

4 개인당 에너지 생산량에 근거해 현대 산업 문명이 곧 그 끝을 맞이하게 된다는 이론.

석유 정점에 대한 경제의 취약성을 연구해 조심스럽게 적응 정책을 만드는 것이 중요하다(케르쉬너 외, 2013 등). 첫 번째 시작점은 자원 제한을 통해 생물 물리적 한계를 뒤로 미루는 것이다. 이를 통해 감퇴 곡선을 줄일 수 있고, 적응에 더 많은 시간을 허용할 수 있다. 그러나 탈성장 운동의 목표는 단순히 적은 사회적 비용으로 석유 정점을 '견뎌내는 것'이 되어서는 안 된다. 탈성장 운동은 현재의 사회 경제적 조직 유형과 재생 불가능한 자원의 무분별한 남획에 기반을 둔 문명에 의문을 갖고, 더욱 평등하고 지속 가능한 세계를 창조하는 데 이 위기를 이용해야 한다.

단순성

사뮤엘 알렉산더

넓은 의미에서 자발적인 단순성은 의식적으로 낭비와 자원 집약적인 소비를 최소화하는 삶의 방식을 뜻한다고 할 수 있다. 또한 이는 점차 더 많은 시간과 에너지를 비물질적인 만족과 의미를 찾는 데 씀으로써 '좋은 삶'을 다시 상상하는 것이다. 다른 말로 자발적인 단순성은 '충분한' 물질의 최소 기준을 받아들이는 것이다. 그 대신에 사람들은 공동체나 사회 참여, 가족에 더 많은 시간을 쓰거나, 예술이나 지적 프로젝트, 가

사뮤엘 알렉산더(Samuel Alexander)
단순성연구소(www.simplicityinstitute.org) 공동대표이자 호주 멜버른대학교 환경 석사 과정 내 '소비주의와 성장 패러다임' 과목을 가르치고 있다. 호주 시민단체 '코부르크 전환' 공동 창시자이며 최근 두 번째 저서 『엔트로피아: 산업 문명 너머의 삶』(2013)을 펴냈다. s.alexander@simplicityinstitute.org

내 생산, 더 보람찬 일자리, 정치 참여, 정신적 탐구, 휴식, 즐거움 모색 등 삶의 다른 목표 추구에 더 많은 시간과 자유를 쏟을 수 있다. 이들 중 어떤 것도 많은 돈을 필요로 하지 않는다. 개인적, 사회적, 정치적, 인도적, 생태적 근거를 내세운 지지자들의 다양한 변호를 받는 자발적인 단순성은 인간이 공평한 몫의 자연을 소비하면서도 의미 있고 행복하며 자유롭고 다양한 삶을 살 수 있다는 가정에 기댄다(알렉산더와 어셔, 2012 참고).

사회철학자 리차드 그렉은 1936년 '자발적 단순함'이라는 용어를 만들었다. 비록 그가 얘기한 삶의 방식은 인류의 문명만큼 오래된 것이지만 말이다. 역사를 돌이켜 볼 때, 물질적 부와 소유에 중심을 둔 삶의 방식에 의문을 가진 개인과 공동체들은 언제나 존재했다. 단순성의 역사는 싯다르타 고타마(부처)에서 시작했다. 그는 29살에 왕족이라는 지위와 무의미한 사치라고 여긴 것들을 포기했고, 극도의 금욕주의적 삶을 통해 영적 진실을 찾았다. 자기 박탈의 수행을 통해 스스로를 죽음 문턱까지 몰고 간 단식을 한 뒤 자신의 행보를 다시 생각했고, 수년간의 내적 투쟁 끝에 불교도들이 '중도'라고 일컫는 '깨달음'을 얻었다고 전해진다. 중도란 세속적인 탐닉과 금욕 사이에 있는 중재적인 자기 수양의 길을 의미한다. 물질적으로 단순한 삶의 가치에 대한 유사한 메시지는 대부분 종교와 종교적 글에서 찾을 수 있다(항상 그들의 수행 속에서 찾을 수 없다면 말이다). 또한 세계적으로 수많은 토속적인 지혜의 전통에서도 찾을 수 있다.

　고대 그리스와 로마에서 견유학파와 스토아철학의 철학가들 가운데
특히 삶의 단순성을 지지하는 이들이 많았다. 단순성을 가장 급진적으
로 옹호했던 주장 중 하나는 디오게네스가 자유롭고 의미 있는 삶은 기
존의 부를 측정하는 수단으로 측정할 수 없다는 것을 보여주기 위해 빈
곤한 삶을 자발적으로 택한 것이다. 이보다 덜 극단적인 것은 에픽테토
스, 마르쿠스 아우렐리우스, 세네카 등 스토아학파였다. 이들은 빈곤보
다는 의식적인 절제를 주장했다. 스토아학파는 사람들이 세속적인 부와
명예를 항상 조절할 수는 없으나, 그에 대한 태도는 조절할 수 있다는 주
장을 여러 방면으로 설파했다. 이와 유사하게 중국의 노자는 '지족자부
(知足者富)', 즉 만족할 줄 아는 사람이 부자이며 그렇지 않은 이는 가난
하다고 주장했다.

　영국의 빅토리아 시대로 넘어가 보면, 존 러스킨과 윌리엄 모리스 같
은 '도덕주의자'들의 글에서 단순한 삶에 대한 열정적인 지지를 발견할
수 있다. 러스킨은 돈을 단순히 교환을 위한 중립적인 가치로 여기기를
거부했고, 화폐 경제가 어떻게 소비의 사회 환경적 영향을 숨기는지 강
조했다. 러스킨은 사람들이 오직 가치 있는 목표를 추구할 때만 물질적
인 것들이 유의미함을 인식해야 한다고 주장했다. 윌리엄 모리스는 어
떻게 항상 소비가 노동에 의존하는지 주목했다. 그는 사람들이 '어리석
고 사치스러운 물건들'의 소비를 줄인다면 '쓸모없는 노역'이 크게 줄어

들 수 있다고 주장했다. 유럽의 집시들은 예술과 즐거움을 위해 단순한 삶을 사는 경향이 있다. 아미쉬[1]파, 트라피스트[2] 수도승, 퀘이커[3] 등 종교적 믿음에 기반을 둔 단순한 삶을 보여 주는 이들은 또 다른 흐름이다. 20세기에 간디, 레닌, 톨스토이, 테레사 수녀 등 유명한 인물들은 모두 물질적 단순성을 추구하며 살았다.

　미국이 과대 소비주의의 탄생지라는 점을 두고 볼 때, 미국에 '생활은 검소하게, 생각은 고상하게'라는 저류가 있어 왔다는 것에 놀라는 이들도 있을 것이다(시, 2007). 19세기 중반 미국에는 뉴잉글랜드 초월론자들이 정교화한 단순한 삶의 유형이 있었다. 이 유형에는 헨리 소로를 포함해 시인, 신비주의자, 사회 개혁자, 철학가 등 다양한 이들이 모인 집단이 있었으며, 풍부한 창의성과 명상을 위해 절제하는 삶을 살았다. 대표적인 초월론자였던 랄프 왈도 에머슨은 이렇게 말했다. "너무 많은 비용을 치르고 소유하는 것보다 소유하지 않는 편이 더 낫다." 다른 초기 미국인들은 부당 이득과 시민 윤리 사이의 긴장을 강조했으며, 단순한 삶과 민주주의 번영의 내밀한 관계를 강조했다. 벤자민 프랭클린은 생각 없이 빚지는 소비자들을 비난하며 이렇게 경고했다.

1　기독교의 일파로 문명 사회에서 벗어나 현재에도 엄격한 규율에 따라 18세기 말 시대처럼 생활한다.

2　성 베네딕트의 규율에 따른 공동 생활과 관상 생활을 수행하는 수도회.

3　프로테스탄트의 한 교파.

사치품을 위해 빚지는 것만큼 미친 짓이 있을까! 빚을 지려 할 때 무엇을 하고 있는지 생각하라. 당신은 당신의 자유를 다른 권력에 넘기는 것이다. 자유와 독립성을 지켜라. 검소하고 자유롭게 살아라.(프랭클린, 1817: 94)

보다 최근의 일로는 미국 카터 대통령이 "소유와 소비는 의미를 추구하는 우리를 만족시키지 않는다."며 물질의 제한을 지지한 일이다. 그는 '영적 위기'를 주장하며 '자아도취와 소비'에 대한 숭배는 '자유에 대한 잘못된 생각'에 근거한다고 주장했다(Shi, 2007 참고).

'현대' 단순성 운동이라고 부르는 것은 일반적으로 1960~1970년대 북미와 유럽의 반문화로 거슬러 올라간다. 이들은 강한 반소비주의 및 환경주의 정서를 가지고 있었으며, 단순한 삶을 지지했다. 이는 당시 '**다시 땅으로**' 운동과 연관된다. 영감을 주는 헬렌과 스콧 니어링의 삶은 이 운동의 대표적인 사례이며, 현대의 신농촌주의자들에게 영향을 미쳤다. 더욱 최근 사례로는 전환 마을, 영속 농업, 생태 마을 운동 등이 소비주의적 삶의 태도에서 적게 소비하고 에너지를 덜 쓰는 삶의 태도로 바꾸는 것을 지지하는 예를 들 수 있다(**생태공동체** 참고). 이들 운동의 영향력은 아직 작지만, 이들은 해법을 몸소 실천함으로써 대안 사회를 이루려고 한다. 보다 단순성에 초점을 맞춘 이론은 '충족 경제⁴'(알렉산더, 2012),

---

4 태국 푸미폰 왕이 주장한 개념으로 절제와 신중함에 바탕을 두고 구성원들의 장기적인 이익을 추구하는 개발을 일컫는다고 알려졌다.

'더 단순한 길⁵'(트레이너, 2010) 등이 있다. 이들 이론은 단순한 삶 문화에 기반해 낮은 에너지 사용, 높은 수준의 지역화, **정상 상태 경제** 등의 목표를 가지고 사회를 재편해야 한다고 주장한다(**탈정치화** 참고). 정치를 고려하지 않은 단순성 운동이 정치적, 거시 경제적 구조를 바꾸기는 어렵다는 것은 자명한 이야기이다. 단순성 운동은 체계로부터 '탈출'을 모색하는 게 아니라, 체계를 급진적으로 '전환'해야 한다.

순수 거시 경제적 관점에서 탈성장은 계획된 축소 과정으로 간주된다. 그러나 이는 탈성장 전환에 반드시 수반되어야 할, 그리고 선행되어야 할 문화적 가치와 관행의 변화를 놓치는 것이다. 만약 끝없이 더 높은 소득과 소비를 추구하는 개인들로 이루어진 문화라면, 문화는 **성장** 경제를 원하고, 실제로 성장이 필요할 것이다. 따라서 탈성장 경제와 정치가 자라나기 위해서는 문화 측면에서 사람들이 높은 수준의 소비와 '부유한' 삶의 방식을 포기하거나 이에 저항하고, 대신 '더 단순한' 삶의 방식을 받아들이고 소비를 줄여야 한다. 이상적으로 이는 자발적 전환, '계획된 경제 축소'가 될 것이다. 그러나 이는 불황, 몰락으로 인해 사람들에게 강요된 전환이 될 수도 있다. 역사적으로 동서를 막론하고 철학, 종교적 헌신, 예술적 창조, 쾌락주의, 혁명 혹은 민주 정치, 인도적 봉사, 생태 운동

---

5 생산과 소비를 줄이고, 성장을 지향하지 않는 작고 자급자족적인 지역 경제 속에서 협력과 참여를 통해 사회를 구성해야 한다는 주장을 일컫는다.(참고: http://thesimpler-way.info/)

등 다양한 가치를 추구하면서 자신들의 삶을 단순화해 온 사람들을 보면 이러한 전환을 쉽게 기대할 수 있다. 그러나 동시에 일반적으로 물질적 가치는 자발적인 단순성의 가치보다 우세했다. 총체적으로 생태적 한계점을 넘어서고 있고 경제는 불안정한 현재는 드디어 삶의 단순성이 전성기를 맞을 때인지도 모른다. 탈성장은 바로 여기에 달려 있다.

성장의 사회적 한계

요르고스 칼리스

기본 물질적 필요를 충족하는 일정 수준 이상의 경제에서 소득 증가는 이른바 '위치재'로 이어진다(힐쉬, 1976). 독점 부동산, 고급 차, 희귀한 그림, 명문 사립 대학 학위 등은 모두 '위치재'이다. 이러한 재화에 접근 하는 것은 사회 지위를 보여 주며 상대적 소득에 좌우된다. 일반재와 달 리 우리는 주변인들이 더 많은 위치재를 가질 때 만족도가 낮아진다. 위 치재는 본질적으로 희소성이 핵심 특징이다. 당연히 모든 이가 높은 지 위에 있거나 '희귀한' 작품과 '가장 비싼' 차를 가질 수 없는 노릇이다. 경제 성장은 위치재를 향한 욕망을 영원히 충족시키지 못한다. 더욱 나 쁜 것은 성장이 위치재에 대한 접근을 더 어렵게 만든다는 것이다. 물질 의 생산력이 더 높아질수록 본질적으로 제한된 위치재는 더욱 비싸진다. 좋은 경관을 지닌 주택의 비싼 가격이나 평생 치러야 할 만큼의 돈이 드는 일류 대학 학위가 이를 증명한다. 따라서 위치재는 성장의 사회적 한계를 말한다. 이는 성장 자체에 제한을 두는 성장의 제한과 달리, 성장이 가져올 수 있는 것에 제한을 두는 것이다.

그럼에도 불구하고 부유한 국가에서 성장에 대한 욕망을 지탱하는 것은 바로 위치재를 향한 소망이다. 탈성장을 반대하는 책을 쓴 다니엘 벤아미가 '모든 이에게 페라리를'이라는 꿈을 변호하는 것을 생각해 보라. 잠시 그의 주장에 동조하고, '이론적으로' 기술의 진보가 석유 정점이나 기후 변화 같은 한계를 대체할 수 있다고 가정해 보자. 모든 이가 페라리를 가질 때 발생할 교통 체증이 페라리를 자전거보다 느리게 만들지 않을 것이라고 가정해 보자. '이론적으로' 도시와 고속도로는 칠십억 페라리가 최대 속도로 달릴 수 있도록 재편되어야 한다. 그렇다고 해도 벤아미의 꿈이 가진 기본 한계는 만약 모든 이가 페라리를 가진다면, 페라리가 더 이상 '페라리'가 아니라는 것이다. 페라리는 대중적인 자동차인 피아트 친퀘첸토와 동일시될 것이다. 열망은 부와 지위를 의미하는 또 다른 차로 이전될 것이다. 새로운 차에 접근하지 못하는 이들은 오늘날 페라리를 가지지 못한 이들처럼 자괴감에 빠질 것이다. 위치재 추구는 제로섬 게임이다(프랭크, 2000).

그러나 이는 상당한 사회적 비용을 치르는 제로섬 게임이다. 칠십 억 페라리를 위해 토지를 변경하거나 공기를 정화하는 데 낭비되는 자원을 상상해 보라. 제로섬 위치 게임에 낭비되는 사적, 공적 자원은 다른 곳에 더 유용하게 쓰일 수 있다(프랭크, 2000). 실제로 부유한 사회에서는 사회적 소득의 비율이 증가하면 사적, 위치적 소비에 낭비되는 한편, 모두의 삶의 질 향상에 기여할 수 있는 공공재는 방치된다(갤브레이스, 1958). 위치재 소비는 여가를 덜 매력적으로 만들고, 사교성을 떨어트리며, 가족, 친구, 공동체, 정치에 할애하는 시간을 줄인다(Hirsch, 1976). 시간은 예산처럼 짜이고 돈의 가치로 평가된다. 결과적으로 사회 관계가 **상품화**된다. 상품화는 또한 위치재에 대한 우선적인 접근권을 유지하기 위해 실천한 엔클로저(사유화된 해변이나 대학 학비 등)의 결과이기도 하다(Hirsch, 1976). 더 많은 재화와 서비스가 돈과 지위 경쟁의 지배 아래 놓이고, 돈에 대한 욕심이 커지며, 더 많은 사회관계와 사회 관행이 침식된다(Hirsch 1976; 스키델스키와 스키델스키, 2012).

성장의 사회적 한계 주장은 탈성장의 중심에 있다. 성장이 단지 사회 환경적 비용 때문에 영원하지 않거나 경제성이 떨어지기 때문은 아니다. 이는 성장이 '무의미'한 목표이고, 달성할 수 없는 꿈이기 때문이다(스키델스키와 스키델스키, 2012: 7). 모든 이의 기본 물질적 필요를 충족할 수 있는 부유한 국가에서 지위의 불평등은 분배의 문제다(Hirsch, 1976). 만약 생산성의 증가와 성장이 위치재를 더 비싸게 만든다면, 탈성장은 이들을 덜 비싸게 만들고 삶의 질을 높이며, 불필요한 위치재에 쓰이던 자원 소비를 줄일 것이다. 탈성장 궤도는 이러한 방식으로 교육, 보건, 공공 기반 시설 같은 기본재의 수준을 오히려 향상시킬 것이다.

그러나 여전히 고려하지 못한 문제들이 남아 있다. 탈성장 관련 글의 상당수, 특히 자발적 **단순성**과 연관된 글에서는 위치재나 과시적 소비 자제를 도덕적이고 개인적인 문제로 묘사한다. 이는 잘못된 것이다. 지위를 위한 소비는 개인적 비행이 아니다. 이는 개인이 주류에 남기 위해 따라야 하는 구조적인 사회 현상이다. '무한 경쟁'에서 벗어나 생활을 단순화하는 것은 품위를 잃거나 취업 기회 감소, 소득 손실 등 '선구자의 위험'을 동반한다(프랭크, 2000). 경제 불안을 겪으며 특전을 적게 누리는 이들은 당연히 이 위험을 감수하기 주저할 것이다. 그러나 평균적인 삶의 방식을 따르고 남들과 크게 다르지 않게 살려는 욕망 속에는 건강한 시민 윤리가 있다. 실제로 후기 자본주의에서 지속적으로 새로운 위치재를 만들어 내고 축적을 자극하는 건 '다름에 대한 욕망'이다. 한편, 역설적이게도 검소하고 '단순한' 삶의 방식은 탁월과 지위의 상징이 되었다. 이러한 삶의 방식을 인정하고 따를 형편이 되는, 교육 받은 지식인들이 먼저 선택했기 때문이다(히스와 포터, 2004). **'다시 땅으로'** 운동가들이 1960년대에 입었던 청바지라던지, 반문화주의자들이 '발견'하고 **생태공동체**들이 정착한 외딴 시골 지역의 부동산 가격이 상승하는 것을 생각해 보라. 비극적이게도 지위적 소비로부터 벗어나기를 소망하는 이들은 새로운 위치재의 선두 주자가 된다.

만약 문제가 구조에 있다면, 해법 역시 구조에서 찾아야 한다. 일부 경제학자들은 정부가 위치재를 더 비싸게 만들어야 한다고 주장한다. 이들은 소득에 과세하는 대신 저축을 줄이는 방식을 지지하며, 사치재에 세금을 부과하거나 소득세에서 소비세로 세금 제도를 바꾸어야 한다고 제안한다. 또한 이들은 부자들이 더 많이 저축한다는 사실을 고려해 부담이 좀 더 높은 누적 징수율을 동반해야 한다고 제안한다(프랭크, 2000). 다른 이들은 한발 더 나아간다. 급진적인 재분배에 대한 제안은 모든 이들이 비슷한 수준의 부를 가지면 아무도 위치재의 가격을 다투어 올리지 않을 것이라는 가정에서 나왔다. 또한 위치재를 상업 영역에서 없애고(비상품화), 공적 접근과 공공의 비시장적 분배를 통해 가능하게 하자는 주장도 있다(허쉬, 1976).

두 번째로 연관된 문제는 자본주의 안에서 세금과 규제로 지위 경쟁을 다스릴 수 있는지에 관한 것이다. 또는 이를 극복하는 것이 **자본주의**로부터 벗어나는 전환인지에 관한 여부이다. 조셉 슘페터가 지적했듯이, 불평등은 자본주의 역학 구도의 중심에 놓여 있다. 위치재에 대한 불평등한 접근은 만약 물질적 필요가 충족된 뒤에도 자본주의가 모든 이로부터 사회적 에너지를 뽑아갈 때, 필수적인 탐욕을 유지시킨다. 위치재와 돈을 위한 경쟁은 모든 인간 사회에 존재해 왔지만, 자본주의는 '과거에는 관습과 종교라는 테두리 안에 한정되었던 것들을 풀려나게 했다'(스키델스키와 스키델스키, 2012: 40). 탐욕은 심리적인 뿌리를 가지고 있지만 자본주의는 이를 문명의 심리적 토대로 만들어버렸다. '충분히' 가지는 것에 만족하는 사회는 축적할 이유도, 자본주의화될 필요도 없다

(스키델스키와 스키델스키, 2012).

사회주의 국가는 위치재를 법령, 재분배, 강요된 집단화로 억압했다. 그러나 지위 경쟁은 관료 체계의 지위와 서구로부터 온 희귀재를 위한 경쟁으로 다시 불거졌다. 일부 고대 사회에서는 경쟁을 상징적인 스포츠 경기, 포틀래치, 선물 증정 등으로 돌렸다. 인류학자들은 초기 평등 사회에서 어떻게 지위가 존재했는가를 기록했다. 지위는 순환되거나 사회적으로 통제되고, 견책 대상이었기 때문에 그리 중요하지 않았다. 이에 따라 어떤 개인이나 집단도 너무 많은 권력을 축적할 수 없었다. 세계화된 통신과 비교 대상이 있는 오늘날 사회에서 어떤 집단(국가, 공동체 등)이 이러한 평등주의적인 방향으로 움직인다면, 그 집단에 소속된 이들이 덜 평등한 집단의 더 부유한 개인들과 스스로를 비교하고, 같은 것을 원하지 않겠느냐는 의문이 제기된다. 만약 위치재를 위한 경쟁이 구조 문제라면, 해법은 단순하게 상의하달식일 수는 없을 것이다. 우리가 찾는 해법은 한 집단의 구성원들이 자발적으로 동의할 수 있는 **단순성**과 평등, 자기 제한을 위한 윤리 정치적인 프로젝트의 본질이 되어야 한다.

직접 민주주의

크리스토스 조그라포스

직접 민주주의는 시민들이 정부의 일에 중재 없이 직접 그리고 꾸준히 참여하는 대중적인 자치 형태이다. 직접 민주주의는 분권화와 권력의 최대 확산을 옹호하고, 통치자와 피통치자 간 구분을 없애는 급진적인 형태의 민주주의이다. 정치적 평등을 전제로 하며 사회의 모든 목소리를 동등하게 고려하기를 조건으로 한다. 숙의를 하는 회의들은 직접 민주

크리스토스 조그라포스(Christos Zografos)
바르셀로나자치대학교 환경과학기술연구소 선임 연구원. 정치생태학 관점으로 기후 변화 정책을 둘러싼 지역 갈등을 연구한다. 다양한 가치와 숙의 민주주의가 지속 가능성에 관한 의사 결정 속에서 가지는 중요성 및 탈성장 전환에 있어 직접 민주주의가 갖는 중요성을 연구한다.
christos.zografos@uab.cat

주의 이행의 필수 제도이다. 시민들은 이 회의에서 서로 다른 견해를 들으며 토론하고, 각각의 견해를 숙고하며, 강압 없이 공동의 결정을 내리려 노력한다. 직접 민주주의는 시민들이 스스로의 삶을 결정할 수 있게 하며, 자기 잇속만 차리는 정치인들에게 기대지 않고 참여형 의사 결정 속에서 배우며, 매우 타당한 결정을 내릴 수 있도록 한다(헤이우드, 2002). 직접 민주주의는 선발된 대표들이 공공 정책을 결정하는 대의 민주주의와 구분된다. 그러나 기존 대의 민주주의에서도 국민 투표처럼 직접 민주주의 요소를 제한적으로 볼 수 있다.

직접 민주주의는 고대부터 이행되었다. 기원전 5세기 아테네에서는 성인 남성 시민들이 공공 의사 결정에 직접 참여하는 직접 민주주의가 있었고, 이는 가장 자주 인용되는 예시이다. 노예, 여성, 외국인을 의사 결정 과정에서 배제한 아테네 민주주의의 배타적 특징은 매우 제한된 형태의 민주주의였음을 알 수 있다. 그러나 당시 직접 민주주의 제도와 '시민'이라는 범주에 속했던 이들의 참여 형태는 중요하다. 직접적인 자치는 일반적으로 짐작하는 것보다 훨씬 흔한 경험이었다. 중세 앵글로색슨족의 민회와 게르만족의 '싱(thing, 자유인들의 회의)', 중앙 정부가 없는 상황에서 2세기 넘게 이어졌던 아이슬란드의 알딩(Althing), 스페인 내전 당시 자율적인 노동자 협력 집단, 19세기 말 크로포트킨이 묘사한 쥐라연맹은 모두 유럽의 중요한 역사적 경험이다. 오늘날 직접 민주주의는 스위스 글라루스주와 아펜첼이너로덴주를 비롯해 인도 라자스탄주 아르바리-산사드 농부 의회의 급진적 생태민주주의, 머레이 북친의 자유주의적 자치주의에 영감을 받은 쿠르드족 로자바 자치 지역의 통치에서 찾을 수 있다. 지적인 기원은 장 자크 루소와 대의 및 정부에 관한 그의 근대 철학이 핵심이다. 루소는 스스로에 대한 결정권을 남에게 양도하는 것을 노예제의 일종으로 보았으며, 시민들이 숙의하지 않거나 동의하지 않은 문제를 법으로 제정하기를 거부했다.

탈성장 학자들은 민주주의의 중요성을 강조해왔다. 라투슈는 경제의 규모를 줄이자는 목표는 단지 더 적게 생산하고 소비할 뿐만 아니라, 이를 사회적으로 자유롭고 민주적인 방법으로 이루는 데에 둬야 한다고 지적했다(카타네오 외, 2012). 또한 무라카(2012)는 민주주의가 모든 성장 이후 사회를 안정시키는 데 필수적이라고 보았다. '좋은 삶'이 이뤄지면서 성장과 소비가 사라질 때, 시민들은 민주적으로 '좋은 삶'의 다양한 형태를 협상해야 하기 때문이다. 그러나 직접 민주주의와 탈성장의 연결 고리는 탈성장 학계에 큰 영향을 준 코르넬리우스 카스토리아디스가 **자율성**을 설명한 데에서 더 분명하게 찾아볼 수 있다. 자율성이란 사회가 자체 규범과 제도에 공동으로 끊임없이 의문을 제기하고 바꾸며, 사회 자체가 이러한 규범과 제도에 정당성을 부여하는 유일한 근원이라는 사실을 인식하는 능력을 의미한다. 카스토리아디스는 성장을 두고 자율성을 제한하는 외부의 규율을 강제하는 신조라며 비판했다. 또 그는 여러 집단이 미래를 스스로 결정하는 즉흥적인 대중적 과정이라는 형태를 띤 직접 민주주의를 옹호했다.

직접 민주주의는 탈성장과 두 가지 수준에서 연결된다. 즉, 성장 없는 미래 사회의 민주적 거버넌스라는 형태, 그리고 탈성장 전환을 이루는 다양한 민주적 정치에 기여하는 형태이다. 이 두 가지 연결에 대한 네 가지 중요한 논의가 있다.

첫째, 탈성장을 이끌 핵심 주체가 국가인가 하는 질문이다. 국가는 중앙 정부 기구와 합법적 강제 독점이 가능한 영내 주권이 있는 정치 기관을 뜻한다. 국가는 정책과 집단행동을 조직하고 조정하는 데 유리하며, 이러한 특징은 지역 차원을 넘어 자원과 행위자를 조직할 필요가 있는 에너지 생산, 부의 재분배 같은 문제를 해결하는 데 중요하다. 또한 국가 규범의 폭넓은 적용은 보다 작은 공동체나 의사 결정 단위가 만들 수 있는 차별적인 지역주의로부터 사회를 보호하는 데 효과적인 수단이 될 수 있다. 한 예로, 직접 민주주의 사례로 칭송받았던 스위스 아펜첼이너로덴주는 1991년이 되어서야 스위스 연방 대법원의 강제를 통해 여성의 투표권을 인정했으며, 이슬람 사원의 뾰족탑을 금지하는 방안에 대해 스위스에서 가장 높은 찬성 비율을 보였다. 이 사례는 끝없는 도전이라는 민주주의 속성을 보여준다. 즉, 민주주의를 옹호하는 한 우리는 사회가 탈성장의 길을 가지 않겠다고 결정할 가능성을 열어둬야 한다. 직접 민주주의 옹호자들은 오늘날 보편적 인권과 유사한 기본 규칙을 최소한으로 설정하는 데 반대한다. 지역 단위보다 큰 규모에 관한 결정은 지역 회의에서 내린 결정이 대표자들을 통해 대리되는 회의에서 내려질 수 있다. 이때 대표자들의 권한은 당면 사안에 한정되며, 박탈될 수 있고, 순환되어야 한다. 이 제안은 직접 민주주의를 대리 민주주의와 연결하며, 연방제 지지자들의 대안을 19세기 말 자유사회주의자들의 주장과 유사한 국가 정치 기관과 연결한다.

국가와 민주주의에 관한 핵심 논의는 직접 민주주의의 한계와 대의 민주주의의 중요성, 그리고 이 둘을 결합할 수 있는 방안에 대한 논의로 볼 수 있다. 바르셀로나(2010년)와 라이프치히(2014년)에서 열린 탈성장 회의 내 민주주의 분과에서도 이런 문제가 논의되었다. 라틴아메리카의 좌파 포퓰리즘 국가(볼리비아 등), 그리스의 급진좌파연합(Syriza), 스페인의 포데모스 정당과 유사한 그람시의 '통합 국가' 지지자들이 제안하는 것처럼, 국회와 정부가 체제를 전환하고 소외 집단들이 자신들의 우선순위를 명료하게 할 수 있게 돕는 방향으로 대중의 압력을 유도할 수 있을까? 또는 국가는 항상 집단 권력을 몰수하고 사유화했기 때문에 공공 결정을 대표들과 정부가 독차지하도록 두지 않고 가능한 넓게 분산시켜야 할까?

둘째, 직접 민주주의는 만장일치를 이상화하고 급진적인 사회 변화와 민주적 전환을 생산하는 데 있어 갈등의 역할을 경시한다. 그러나 갈등은 다양성의 표현이기도 하다. 갈등은 공동체 참여에 활기를 불어넣고, 기업의 영향을 상쇄하며, 국가가 시민의 권리를 확장하도록 압력을 행사한다. 사회 갈등은 바람직하지 않은 것이 아니라, 민주 사회에 꼭 필요한 요소이다. 갈등에 최종 해법을 내놓으려는 시도는 우리가 적의감과 갈등이 제거되고 완벽한 민주주의가 실현되는 정치 너머의 단계에 도달할 수 있다는 비민주적인 생각을 전파하기 때문에 민주주의를 위험에 빠트린다. 더구나 권력 관계에서 자유로운 소통이란 아마도 불가능하기 때문에, 완벽한 숙의와 합의에 대한 생각은 불평등과 권력 비대칭을 감출수 있다. 그러나 갈등을 의사 결정 과정의 시민 태도로 칭송하는 것은 약한 집단을 희생하면서 갈등을 유지시키는 결말로 향할 수 있다. 모든 사람은 물질적, 정신적으로 동등하게 갈등을 극복할 수 없기 때문에 갈등은 유리한 위치에 있는 자에게 특혜를 줄 수 있다. 직접 민주주의 관점에서 보면, 불평등과 민주주의 결핍을 나타내는 데에 합의나 갈등을 전략적으로 이용할 수 있다.

셋째, 숙의를 하는 회의와 직접 민주주의는 수평적 의사 결정을 강조한다. 그러나 좋은 리더십은 긴급한 행동을 취하고 사회생태 전환을 추구하는 데 있어 급진적인 분권화와 민주적인 대화보다 더 중요할 수 있다. 비록 숙의가 집단행동에 대한 지지를 형성한다고 해도 강력한 거버넌스와 리더십은 중대한 도전에 응하는 데 있어 여전히 필수적이다. 탈성장 전환을 돕는 좋은 리더십은 이를 이끄는 사람들의 지배를 의미하지 않고 권한과 권력 불균형, 특정 가치나 우선순위, 관점을 소외하지 않을 경우 일리가 있다. 프로젝트를 이끄는 리더십의 순환이나 짧은 리더십 기간 등은 이러한 불균형을 해소하는 데 도움이 될 수 있다. 실제로 전통적인 아테네 민주주의는 지역이나 순번을 기반으로 공직을 정하고, 고위직은 하루 동안, 혹은 일생에 한 번만 맡게 하는 등의 요소를 가지고 있었다. 이를 통해 폭넓은 참여를 보장하고 정치 활동과 시민 참여를 높일 뿐 아니라 권력의 불균형을 방지하고자 했다.

넷째, 페미니스트들은 급진적인 사회 전환을 이루는 방법으로 숙의와 논리를 강조하는 직접 민주주의 회의에 의문을 던진다. 이들은 열정, 감정, 집단 정체성 행동이 가지는 역할을 강조한다. 신경정신학은 인간 행동이 원칙과 숙의가 중요한 추론보다 감정, 상상, 서사, 사회화, 신체적 활동이 중요한 동기에 더 기반을 둔다고 설명한다. 미래의 진보적인 방안을 고려하기 위해 차분하고 고고한 조사와 숙의 이후 내리는 의사 결정은 단순하고 안전하며 느린 환경의 현실과 연결된다(넬슨, 2013). 그러나 이는 탈성장이 필요한 근거가 되고 있는 시급한 사회생태 현실과 거리가 멀다. 한편 감정은 조종될 수 있고 당면한 현실 전환을 피하고자 하는 반동적인 목표를 가진, 지나치게 단순하고 감각적이며 인기에 영합하는 서사에 쓰일 수 있다. 이는 논리를 완전히 포기하는 것 또한 해결책이 아님을 시사한다. 표현의 통로를 만들고, 감정의 전환 가능성을 최대로 활용하면서도 숙의하는 회의를 하는 일은 탈성장에서도 중대한 도전이다.

직접 민주주의는 그 자체로 만병통치약은 아니지만, 미래 탈성장을 향한 사회 전환에 직접 민주주의가 중요하다는 데에는 대개 이의가 없다. 또한 시민들이 정치와 미래 탈성장 사회를 위한 의사 결정에 정기적으로 참여하는 데에 일정한 시간을 쓰는 형태의 적극적인 시민권은 직접 민주주의를 탈성장으로 이끄는 이상적인 방안이다. **인디그나도스(점령)** 처럼 최근 자본주의 바깥에서 더 의미 있고 민주적인 삶을 모색하고 정치에 참여하고자 자체적으로 조직되는 인기 있는 운동들은 직접 민주주의가 지금의 정치와 생태 전환을 위한 탐색에서 매우 중요함을 보여준다. 탈성장주의자들이 위에서 언급한 토론에 지적 활동 또는 정치 행동의 형태로 참여한다면, 직접 민주주의가 가진 가능성을 실현하는 데 도움이 될 것이다.

3장

탈성장의 행동

'다시   땅으로'

기본소득과   최고   소득

공동체   통화

협   동   조   합

부채   감사

디지털   공유물

불   복   종

생태   공동체

인 디 그 나 도 스 (점 령)

일자리   보장

공공   자금

신   경   제

나   우   토   피   아

탈정상   과학

노   동   조   합

도시   텃밭

일자리   나누기

'다시 땅으로'

리타 칼바리오, 야고 오테로

'다시 땅으로' 운동가들(또는 신농촌주의자들)은 농업적 배경은 없지만 농업에 바탕을 둔 새로운 삶을 살기 위해 도시에서 농촌으로 이주해 온 사람들이다. 이들의 동기는 보다 단순하고 자급자족하는 삶, 임금 노동

리타 칼바리오(Rita Calvário)

바르셀로나자치대학교 환경과학기술연구소 박사 과정. 농업공학과 환경과 토지 계획을 공부했으며 기후 변화와 지속 가능한 개발 정책으로 석사 학위를 받았다. ritamcalvario@gmail.com

야고 오테로(Iago Otero)

독일 베를린 훔볼트대학 인간환경체계전환통합연구소 박사후 연구원. '농촌-도시 관계 변화'와 '토지-물 체계의 전환과 불확실성'에 대한 프로젝트에서 일하고 있다. 박사 학위 논문으로 '지중해 산간 지대의 농촌-도시 사회생태적 전환'에 대해 썼다. iago.otero.armengol@hu-berlin.de

과 시장에서 자유로워 자율적이며, 자연에 가깝고 생태적인 삶을 찾고
자 하는 것이다. 이들은 물질주의적 주류 문화, 근대식 농업 관행, 농식
량 체계의 세계화를 비판한다. '다시 땅으로' 운동가들은 자신들의 선택
을 삶의 방식에 대한 프로젝트로 보며, 생태적으로 지속 가능한 사회로
의 전환을 위한 방안으로 여긴다. 이는 왜 이들이 탈성장 미래를 향한 사
회 생태적 변화 전략의 행위자인지를 설명한다.

소규모 유기농업, 생산과 소비의 재지역화, 대안 경제와 네트워크는
'다시 땅으로' 운동가들이 '시골'과 연관 짓는 특징들이다. 이들 특징은
다른 농촌성(기업식 농업 관점 등)과 갈등을 빚는다. 비록 '급진적인 농촌
성'이 담론으로서 농촌과 도시의 분리를 말해도, 대안 경제와 네트워크
를 통해 '도시'와 쉽게 연결할 수 있다.

'다시 땅으로' 운동은 서구 역사에서 새로운 게 아니다. **자본주의** 탄생
때부터 '농촌'은 이성주의자의 관념, 토지와 노동의 **상품화**, 근대 국가와
정치, 개인 소외, 사회적 유대의 와해 등에 대한 비판에서 일정한 역할을
해 왔다. 이 주제들은 탈성장 담론에서 뚜렷하게 나타나며, 다양한 시기
에 다양한 행위자들이 다양한 방식으로 표현해 왔다. 예를 들어 농촌은
지식인들이 잃어버린 과거를 슬퍼하는 장소이자 유토피아 사회주의자
들과 자유의지론자들이 새로운 사회 질서를 탐색하는 장소로 여겨져 왔
다. 농촌은 산업 노동과 도시 생활의 모멸적인 조건으로부터 벗어날 수
있는 피난처이기도 했다. 또한 국가는 위기 시에 자가 공급을 통해 사회

의 재생산 비용을 이전하거나 구제 비용을 절감하고 도시의 저항을 줄이려는 방안으로서 도시에서 농촌으로의 이주, 소규모 농업 자본주의 또는 '소작농'을 격려했다.

1960~1970년대는 '다시 땅으로' 운동가들의 이상과 **자본주의** 재편, 농촌 변화에 중요한 시기였다. 히피[1]와 68혁명[2]으로 인해 '다시 땅으로' 운동이 인기를 얻었고, 이는 더 폭넓은 반도시화 과정과 맥락을 같이 했다. 사람들은 도시에서 농촌으로 이주하면 보다 나은 삶의 질을 누릴 수 있다고 생각했지만 반문화적 동기는 없었다. '다시 땅으로' 운동은 환경에 대한 우려, 소비주의에 대한 반발, 1970년대 에너지 파동 이후 논의된 성장의 제한 담론 등을 반영했다. '자연'과 이상적인 농촌 사회로의 회귀는 상품 숭배, 임금 노동 소외, 진보와 기술 향상이라는 근대적 가치를 거부하는 방안으로 여겨졌다. 여러 '다시 땅으로' 운동 경험과 공동체가 내부 갈등, 환멸, 빚, 빈곤 등의 이유로 계속되지 못했지만, 오늘날까지 성공적으로 운영되는 곳들도 많다.

'다시 땅으로' 운동이 계속되는 이유는 부분적으로는 도시인이 점차 농촌을 여가 장소로 여기는 것에서 찾을 수 있다. 농촌 지역은 서비스 경

---

1 기성 사회의 가치관을 부정하고 인간성 회복과 자연으로의 귀의를 주장하며, 미국에서 시작되어 탈사회적 행동을 하는 사람들.

2 프랑스 정부 실정과 사회 모순에 반대하는 학생과 노동자들이 1968년 5월에 일으킨 저항 운동. 이후 운동은 독일, 미국 등 세계 각지로 번졌다.

제와 소비주의적 삶의 방식과 정체성, 문화에 의해 바뀌고 있다. 역설적으로 '다시 땅으로' 운동은 새로운 소비 수요에서 가치 있게 여겨지는 '자연'과 '농촌성'의 (재)생산을 부추기며 농촌 젠트리피케이션과 상품화의 선구자가 되어 버렸는지도 모른다. 향수를 자극하는 농촌 환경을 재현하기 위해 초기 급진적인 '다시 땅으로' 활동을 새로운 시장과 국가 지원금에 통합한 것은 협업 방식 가운데 일부였다. 이러한 협업은 1960년대에 일상의 소외에 대한 비판이 1970년대 중반부터 자란 '자본주의의 새로운 정신'으로 회복되었다는 것을 보다 폭넓게 보여 준다. 자율성, 네트워크, 창의성, 유연성, 개인의 주도성, 자유와 같은 아이디어들은 신자유주의 담론에 통합되었다. 초기 반자본주의 정신이 사라지면서 '다시 땅으로' 운동의 사회 비판 목소리는 약해졌다.

'다시 땅으로' 운동은 다른 방식으로 이어졌다. 대안 경제와 네트워크의 부상은 세계화된 농산업 체계에 대한 투쟁 방식이 되었다. 일부에서는 대안 경제와 네트워크가 자본주의 바깥 공간을 만들고 자본주의 이데올로기 패권에 저항하며, 이를 전복하는 지역적 반권력 네트워크를 만들었다고 주장한다. 이 견해는 '다시 땅으로' 운동과 프로젝트들을 탈성장 (자본주의 이후) 사회의 상상계를 자극하는 방법의 일환으로 보게 한다. 그러나 다른 이들은 소비 자율성과 국가 권력 약화를 지지하고, 자립적이고 정돈된 공동체를 강화하려는 대안들이 신자유주의적 주관과 관행들을 재생산한다고 주장한다. 또는 자본주의의 치열한 경쟁 시장에서 대안 프로젝트들이 의도하는 '다름'을 유지하기 매우 어렵다는 주장도 있다. 또 다른 이들은 작고, 지역적이며, 주변부에 남으려는 프로젝트들은 관행 농업과 관행적인 분배, 고급 식품에 대한 불공평한 사회적 접근의 근본 원인에 도전할 수 없다고 주장한다. 미시적 수준에서의 자급자족은 거시적 수준에서 계속되는 자본의 축적을 부추길 수도 있다는 것이다.

'다시 땅으로' 운동가들은 지배적인 농식품 모델과 점차 상품화되는 농촌을 전환할 잠재력을 가지고 있으며, 탈성장 전환의 주체가 될 수 있다. 다만 이들이 농식품 체계와 농촌 공간의 비주류로 남는 것이 관건이다. 이에 따라, 그리고 다른 위험에 대비해 '다시 땅으로' 운동은 자본주의적 사회관계에서 벗어나려는 다른 주체들과 함께하는 정치적 행동이 필요하다. 지역적 경험에서 한발 더 나아가, '다시 땅으로' 운동의 방향이 중요하다. 해방의 작은 기회를 여는 것은 탈성장 상상계에 중요하고, 개인에게 힘을 불어넣을 수 있다. 그러나 자본주의 세계 시장에서 해방을 구체적인 가능성으로 만들어 나가려면 더 정교한 투쟁이 필요하다. 이때, 지역의 경험들은 중요한 역할을 할 수 있다. 네트워크 행동은 토지 투기, 자원 사유화, 농촌 젠트리피케이션과 상품화, 기업농 확장에 맞선 싸움에 중요한 역할을 했다. 이 네트워크는 지역의 힘을 키우고, 주민들의 저항력을 길렀다. **공유물**에 대한 주장은 토지 기반 사회 운동의 핵심이다. 그들 스스로의 이익 보호를 넘어 '다시 땅으로' 운동은 사적 재산의 자본주의적 관계를 초월하고, 주민들을 다시 땅과 연결하는 이상으로서 자리 잡아야 한다.

기본소득과 최대 소득

사뮤엘 알렉산더

자본주의 사회에서는 빈곤을 해결하기 위한 방법으로 분배를 재편하지 않고, 경제 규모 확장에 의존한다. 만약 **성장**을 포기하고 일정한 계획 아래 경제를 축소하는 탈성장을 실행한다면, 빈곤 문제는 더욱 직접적으로 다가올 것이다. 탈성장은 모든 이들이 '충분히' 가질 수 있도록 하는 재산 제도와 세제 개편을 필요로 한다(알렉산더, 2011). 기본소득과 최대 소득은 이러한 평등주의 목표를 성장에 기대지 않고 이룰 수 있도록 돕는 정책이다.

기본소득의 형태는 다양하지만, 요점은 간단하다. 가장 이상적인 형태는 한 국가에 사는 모든 이가 국가로부터 정기적으로 소득을 얻고, 이 소득은 개인이 합당한 수준의 경제적 안정을 유지하며 살기에 **충분한** 만큼이 되는 것이다. 기본소득 지지자들은 국가가 기본소득 지불을 보장해야 하고, 노동 성과에 상관없이 지불하며, 보편적이어야 한다고 주장한다.

일부 찬성론자들은 기본소득 체계가 온전히 이행된다면 실업 수당, 가족 수당, 연금 등 다른 정부 보조금은 폐기될 수 있다고 주장한다. 왜냐하면 기본소득은 최소한이지만 모든 이의 품위 있는 생활을 보장할 것이기 때문이다. 가장 부유한 국가라도 지금의 '사회 복지'로는 빈곤을 해결할 수 없다는 것이 입증됐다. 따라서 기본소득은 직접적으로 빈곤에 맞서는 데 있어 설득력이 강하다. 기본소득은 무상 의료나 식량, 의복, 숙소가 필요한 이들에게 물자를 직접 제공하는 등 비금전적 이익을 포함할 수 있다.

기본소득 체계의 실현 가능성에는 대개 두 가지 의문이 제기된다(피츠패트릭, 1999). 첫 번째는 기본소득을 노동 성과와 상관없이 무조건 주면 '무임승차' 사회가 될 것이며 궁극적으로 경제 파탄을 불러온다는 주장이다. 그러나 이러한 주장은 논란의 여지가 있는 인간 존재의 이해에 바탕을 둔다. 어느 정도 '무임승차' 문제가 있을 수 있다고 해도, 인간은 사회적 존재이며 공동체에 참여하는 것이 고립되고 게으른 존재가 되는 것보다 더 보람차고 의미 있다고 느낀다. 더군다나 생산에 참여하지 않기로 결정한 소수가 있다고 해도, 이는 감당할 수 있는 사회적 부담일 것이다. 어쩌면 오늘날 존재하는 빈곤보다 더 감당할 수 있는 수준일지 모른다. 설사 사회에 대한 기부가 '공식 경제' 바깥에 있다 하더라도 기본소득은 일부 사회 기부를 요구할 수 있다.

두 번째는 기본소득을 재정적으로 실현하기 어렵다는 주장이다. 이는 중요한 현실적인 문제다. 그러나 이는 재정적 어려움이 아닌 정치적 실현 의지라고 볼 수 있다. 국가는 가치 있거나 또는 필요한 용도를 위해 화폐를 발행할 수 있기 때문이다. 공적 자금에 대한 부담을 덜고 완만하게 전환하기 위한 정책 대안 중 하나는 기본소득을 매우 낮은 수준에서 시작해 점차 품위 있는 최저 생활 보장 수준까지 인상하는 것이다. 또 다른 대안으로는 역소득세 체계를 만드는 것이다. 이는 기본소득과 달리 보편적이 아니라 최저 수준 밑의 소득을 가진 이들에게 세금을 공제하는 것이다. 이는 저소득층에 최소 소득을 제공하는 대안이다. 시간이 지나면 역소득세 체계는 기본소득 체계로 발전할 수 있다.

성공적인 기본소득 체계가 사회에 가져오는 이익은 그 의미가 크다. 빈곤과 경제 불안정을 넘어 기본소득 제도는 고용자에 대한 노동자들의 협상력을 강화할 것이다. 사람들이 유급 고용과 상관없는 재산권을 가지기 때문이다. 따라서 더욱 제대로 된 노동 조건을 요구할 힘이 생긴다. 또한 사람들은 단지 살기 위해 소외되고, 착취받고, 저질인 일자리를 구하지 않아도 된다. 경제 안정을 이루기 위해 사회적·정치적 자율성을 희생하라는 압력도 사라질 것이다. 나아가 기본소득은 무급 노동과 다른 형태의 사회적 기여의 가치를 인식하게 해 주며, 전통적인 노동 시장이나 '공식 경제' 참여자가 아니더라도 경제 시민권을 가지도록 돕는다

(**돌봄, 신경제** 참고). 무엇보다 기본소득은 어떤 자본주의 사회보다 훨씬 더 민주적이고 평등한 사회를 만들 수 있다. 이는 많은 탈성장 지지자들이 기본소득을 지지하는 이유이다.

일부 탈성장 지지자들은 기본소득 혹은 소득 '바닥'과 마찬가지로 소득 '천장'이 있어야 한다고 강조한다. 즉 개인의 소득 규모에 상한점이 있어야 한다는 뜻이다. 이를 '최대 소득'이라 부르며, 기본소득과 마찬가지로 다양하게 실현할 수 있다. 예를 들어 과세 가능한 소득에 누진 세율을 적용해 특정 수준 이상에는 세금 100퍼센트를 부과한다. 이를 통해 기본소득 수령자와 갑부가 있는 계층 사회 형성을 막을 수 있다. 이러한 정책의 근거에는 부의 불평등이 사회를 부식시키고, 평등한 사회는 모든 사회 · 경제 지표에서 나은 성과를 보여 준다는 수많은 증거가 있다(피켓과 윌킨슨, 2010). 기본 물질적 필요가 충족되면, 소득 증가는 주관적인 삶의 질이나 **행복**에 매우 적은 영향을 미친다는 사회학 연구는 '최대 소득'을 정당화한다(알렉산더, 2012). 이러한 연구는 높은 소득이 좋은 삶의 필수 조건이 아니며, 최대 소득 제도는 낭비를 피하고 더 평등한 사회를 만드는 데 매우 중요한 수단이라는 함의를 준다. 최대 소득 제도를 통해 얻는 세금은 기본소득을 위해 쓰일 수 있다.

공동체 통화

크리스토퍼 디트메르

돈은 보통 회계 단위, 교환 수단, 가치 저장이라는 세 가지 주요 기능을
한다. 통화는 교환 수단으로 기능한다. 공동체 통화(CCs)는 국가 정부가
법정 통화로 정하지 않았다는 점에서 관습 화폐가 아니다. 공동체 통화
는 다양한 목적을 위해 만들어진다. 공동체 통화는 대안적이고 상호 보
완적인 통화, 지역에서 쓰는 통화를 뜻하기도 한다. 엄격한 정의를 내리
려는 시도는 큰 의미가 없으며, 대개 공동체 통화는 시민 사회나 공공 기
관이 만들고, 지역 단위에서 유통되는 통화를 의미한다.

1980년대 초반 세계 대공황 이래 공동체 통화 실험이 이뤄졌다. 가장

크리스토퍼 디트메르(Kristofer Dittmer)
바르셀로나자치대학교 환경과학기술연구소에서 생태경제학 박사 과정을 밟고 있다.
kristofer.dittmer@gmail.com

주목 받는 유형 다섯 가지는 렛츠[1], 시간은행, 아워스[2], 물물 교환 시장 통화, 전환 가능한 지역 통화이다. 이들 중 다수는 국제 녹색 운동을 통해 전파됐다. 이들은 '작은 것이 아름답다' 같은 녹색 원칙과 풀뿌리 경제학 실천을 통한 녹색 운동을 시도했다. 그러나 공동체 통화 이념의 뿌리는 19세기 유토피아 사회주의자인 오웬과 프루동이 통화 혁신을 통해 보다 진보적인 시장을 만들려는 시도로 거슬러 올라간다. 공동체 통화에 대한 현재의 실험은 사회주의 국가들의 중앙집권적 계획 실패를 고려한 시장 기반 접근의 일부로 이해할 수 있다. E.C. 리겔의 전통을 따르는 우파 자유주의자들도 공동체 통화에 긍정적이다. 그러나 이들은 공동체 통화를 '상호 신용 체계' 같은 이름으로 부른다.

공동체 통화와 탈성장의 연관성은 탈성장이 어떤 의미인가에 따라 달라진다. 탈성장은 더 심각한 환경 파괴와 인간의 고난을 막기 위해 **성장** 기반 사회에서 벗어나려는 출발점으로 여겨질 수 있다. 또는 만성적인 성장 결핍으로 나타나는 세계 **자본주의**의 장기적 위기의 흐름(많은 탈성장 지지자들이 머지않은 미래라고 여기는 시나리오)에서 보자면, 탈성장은 성장 없는 사회에 공평하게 적응하는 것으로 상상할 수도 있다. 최근 공

---

1 LETS(Local Exchange Trading System/Scheme) 지역 경제의 자립성을 높이기 위한 목적으로 특정 지역 안에서 통용되는 화폐로 상품과 서비스를 교환하는 체계.

2 아워스(HOURS) 미국 뉴욕주 이타카에서 쓰이는 지역 통화로, 1991년에 시작되었다. 1 아워(HOUR)는 10달러의 가치를 지니며, 이타카 내의 서비스와 상품을 구매할 수 있다.

동체 통화 실험은 자본주의의 기복 안에서 이뤄져 왔기 때문에, 이들의 현재 활동은 전자와 더 관련이 있다. 현재까지 공동체 통화는 성장에서의 자발적인 이탈을 유의미하게 촉진하지 않았다. 탈성장을 위한 공동체 통화의 잠재력은 공동체 통화 체계의 가장 흔한 네 가지 동기로 평가할 수 있다. 즉 지역 사회 네트워크의 부활과 향상, 경제 교환을 통한 대안적 가치 발전(인종, 계급, 성, 자연에 관한 주류 가치에 도전), 대안적 일자리 활성화(일자리에 대한 자기 결정권이 커져 환경 영향에 상관없이 일자리를 찾는 강박이 약화되는 것), 마지막으로 생태 지역화(생태적, 정치적 동기를 가진 생산과 소비 네트워크의 지역화)가 그것이다. 그러나 렛츠, 시간은행, 아워스, 전환 가능한 지역 통화에 관한 최근 학술 문헌에서는 이 네 가지 동기에 따른 성과를 볼 때, 탈성장 도구로서 이들 공동체 통화를 지지하기에는 근거가 매우 약하다고 결론지었다(디트메르, 2013).

탈성장과 공동체 통화의 두 번째 연관성은 추측에 근거한다. 이는 자본주의의 장기적인 위기가 과거에는 없었기 때문이다. 대중이 관습 화폐에 접근하기 어렵고, 생산력이 가동되지 않는 상황과 만나면 사람들의 필요가 충족되지 못해 공동체 통화가 일정한 역할을 할 수 있다. 물물교환 통화 네트워크가 2001년~2002년 위기 당시 수백 만 아르헨티나인들에게 유용하게 작용한 사례가 그 예시이다(고메즈, 2009; 노스, 2007). 그러나 이러한 네트워크들은 대개 과거에 상대적인 부를 축적한 중산층의 중고품을 교환하는 것에 바탕을 두었다. 이 네트워크는 이내 무너졌

는데, 부분적으로 유휴 능력이 바닥났기 때문이었다. 다행히 그 시기에 맞춰 아르헨티나 정부는 중요한 복지 정책을 도입했다. 복지 정책이 장기적인 위기를 완화하려면, 아르헨티나에서 실시했던 물물 교환 통화보다 더 광범위한 생산 분야에 훨씬 긍정적인 영향을 미치는 프로젝트가 필요하다.

공적인 생산 부문이 공동체 통화를 받아들일 때 어려움은 화폐의 유통이 커지고 자원에 대한 접근이 증가하는 것과 통화 관리의 어려움 사이의 모순을 극복하는 것이다. 세계적으로 공동체 통화는 기존 화폐로 화폐 공급을 받쳐줄 때에만 이 모순을 일정 정도 극복했다. 이는 통화 가뭄 상황에서는 통하지 않는 해법이다. 아르헨티나에서 대규모 통화는 위조 문제와 함께 잘못된 통화 관리로 인한 극심한 인플레이션 때문에 붕괴했다. 대규모 통화 체계는 막대한 규모의 금융과 조직 자원이 필요하며, 역사적으로 국가가 안정적으로 운영해 왔다고 생각하게끔 만든다(**공공자금** 참고). 이는 통화 체계를 국가에 대항하는 위치에 놓을 여지를 거의 남기지 않는다. 그러나 아르헨티나에서 보다 작은 규모의 네트워크 일부는 큰 네트워크들의 붕괴와 상관없이 계속 운영됐다. 그러나 그때 가장 최악의 위기가 끝났고, 이 네트워크들은 사회적 이유로 인해 일부에만 유용하게 쓰였다. 아마 장기적인 위기에서는 이 소규모 네트워크들이 보다 지속적인 역할을 할 수 있을 것이다. 소규모 네트워크들이 가지는 민주적인 관리의 잠재력은 무책임한 대규모 네트워크와 달리 많은 탈성장 지지자들의 관심을 받을 것이다. 정부와 자본가들의 이익과는 상관없는 많은 사람들이 **자본주의**의 장기적 위기 속에 방치될 때, 공동체 통화는 특히 유용할 수 있다.

협동조합

나디아 요하니소바, 루벤 수리냐크 파디야, 필리파 패리

나디아 요하니소바(Nadia Johanisova)

체코 마사릭대학교 사회과학부 조교수. 생태경제학과 탈성장 분야에서 활동하고 있다. 체코와 영국 사회적 기업 비교 연구에 대한 책 『틈 안에서 살기』(2005)를 펴냈다. '대안 경제 활동' 및 탈성장 경제 속 대안 경제 역할에 관심이 많다. nadia.johaniso@fss.muni.cz

루벤 수리냐크 파디야(Ruben Suriñach Padilla)

소비연구정보센터에서 지속 가능한 소비와 신경제 프로젝트 매니저 및 컨설턴트로 일하고 있다. 잡지 《옵시온스》를 통해 협동조합주의, 사회적 공동체 혁신, 지속 가능한 생활방식 등에 관한 탐사 연구 프로젝트를 개발했다. 경제학자이며 환경학 석사 학위를 받았다. rubens@pangea.org

필리파 패리(Philippa Parry)

영국 버밍엄대학교를 졸업하고, 지속 가능한 개발 리더십에서 미래학자포럼을 수료했다. '생태주택금융조합'에서의 경험으로 협동조합 구조에 관심을 가졌고, 바르셀로나에서 협동조합 형식으로 운영하는 유기농 카페를 열었다. philippa01@gmail.com

협동조합은 많은 영역에서 다양한 유형의 사업체에 적용할 수 있는 조직 구조이다. 오늘날 많은 협동조합은 19세기 중반 유럽에서 시작해 전 세계로 퍼진 협동조합 운동 속에서 탄생했다. 국제협동조합연맹(ICA, 10억 명의 조합원을 대표하는 협동조합 네트워크 연맹)은 협동조합을 '공동으로 소유하고 민주적으로 관리되는 기업으로 공동의 경제, 사회, 문화적 필요와 열망을 실현하기 위해 자발적으로 모인 개인들의 자주적 연합'이라고 정의한다. 1995년에 국제협동조합연맹은 자발적이고 열린 조합원 자격, 조합원에 의한 민주적 관리(1인 1표 원칙, 조합원의 협동조합 총회 참여, 선출된 대표가 책임), 조합원의 재정 참여, 자율성과 독립성, 협동조합 정신과 실천에 관한 교육, 협동조합 간 협력, 공동체의 지속 가능한 개발 고려라는 협동조합 원칙 일곱 가지를 세웠다(버첼, 1997: 64-71).

협동조합은 다양한 분야에서 세 가지 주요 유형으로 구성된다. 생산자 또는 노동자협동조합(프랑스와 이탈리아에서 처음 조직), 소비자협동조합(영국에서 로치데일 선구자들이 처음 조직), 신용협동조합 또는 신용조합(독일에서 처음 조직)이다. 또 다른 중요한 유형으로 농부들의 구매 · 판매 협동조합이 있는데, 특히 스칸디나비아 지역에서 성공적으로 운영된다.

협동조합은 어려운 시기를 거쳤다. 독재 정권에 이용당하거나(프랑코 정권 하의 스페인, 공산주의 하의 체코슬로바키아), 1950~1960년대 많은 국가에서 정부 지원을 받다가 이후 중유럽과 동유럽, 신자유주의를 따르는 많은 남반구 국가에서 매도되었다(버첼, 1997: 143, 169). 강한 신념을 가지고 시작했던 협동조합 일부는 설립 정신을 잃고 이익에 따라 움직이기도 한다. 성공적인 협동조합 중 많은 수가 설립 정신을 잃고 주류에 가까워진 이유는 다양하다.

한 가지 원인은 경쟁 환경에서의 경제 압박이다. 경제적으로 살아남기 위해 협동조합은 감원, 외부 위탁 생산, 혹은 지역 생산품이나 공정 무역 원료 줄이기를 선택할 수 있다. 또 다른 원인은 규모 문제이다. 성장하는 협동조합은 엄격한 협동조합 규칙을 따르다 보면, 조합원들로부터 충분한 자본을 모을 수 없다는 것을 발견할 수 있다. 그런 상황에서 협동조합 구조를 포기하기 쉽다. 또한 매출이나 조합원 수가 증가하면서 관리가 더욱 복잡해짐에 따라 조합원들은 협동조합 정신을 따르기보다는 수동적으로 바뀌고, 관리자들은 더 큰 권력을 가진다. 영국의 일부 대규모 주택금융조합은 이러한 현상들로 인해 조합원들의 투표를 통해 주식회사로 전환하기도 했다. 오스트리아 신용조합 운동에서는 연맹(상부 집단)이 회원 협동조합의 결정권을 뺏는다는 혐의를 받기도 했다.

협동조합이 그들의 설립 정신을 유지하는 방법은 다양하다. 중요한 점은 협동조합 원칙과 분명한 정책에 대한 교육을 강조해 조합원들의 관리 참여를 독려하는 것이다. 또 다른 방안은 협동조합 간 연계를 강화해 주류 경제를 비껴가는 것이다. 윤리적이고, 공동체적 투자 기관이 이에 참여할 수 있다. 리처드 도스웨잇은 다양한 연계를 가지는 협동조합을 '공동체 시장'이라 칭했다. 이러한 협동조합은 고객을 끌어들이기 위해 가격에만 기대지 않아도 된다. 공동체 시장은 협동조합이 소유한 신문의 독자 회원이나 공동체 지원 농업체의 소비자 회원 등을 포함한다. 마지막으로 복제 전략(더 많은 소규모 협동조합)은 성장(하나의 큰 협동조합)보다 조합원의 역량 강화와 충성도를 유지하는 데 더 효율적이다.

외부 주주 소유의 이익 추구형 주류 기업 모델과 비교할 때, 협동조합 기업 모델은 탈성장 경제에 더 적합하다. 그 이유는 아래와 같다(요하니소바와 울프, 2012: 565).

소유권 공유 원칙: 협동조합에 투자한 조합원들의 지분은 다른 이에게 양도할 수 없으며, 보통 본래 값('액면가')으로만 돌려받을 수 있다. 이는 조합이 성장해도 조합원의 지분 가치는 증가하지 않는 것을 의미하기 때문에 성장을 위한 성장을 막는다. 만약 투기할 수 없다면 지역을 기반으로 하는 조합원들을 모으고, 공동체와 환경 가치를 더욱 장기적으로 고려할 수 있을 것이다.

총회 구조: 민주적인 총회 구조는 의사 결정 과정에 보다 많은 이해 당사자가 참여할 수 있도록 한다. 최선의 협동조합 구조는 소유주, 주주, 직원, 소비자 간 거리를 좁히고, 상호 보완하는 필요 충족 논리로 작동하는 것이다.

'주인이 아닌 종'으로서의 돈: 협동조합은 신탁 의무(주주의 이익을 극대화하는 법적 의무)로부터 자유롭다. 이는 장기적인 조직 유지, 일자리 보장, 환경 문제 등을 우선시하도록 해 준다. 또한 조합원들을 위한 서비스를 우선시하는 협동조합은 겉보기가 아닌 진짜 필요를 충족시켜 준다. 협동조합 직원 조합원이나 다른 방식으로 참여하는 조합원들은 이윤 분배에 관해 금전적으로 투자한 이들과 동일한 권리를 가진다. 금융 자산은 조합에서 더 공평하게 분배된다.

대규모 주류 협동조합과 이들의 연맹 가운데 탈성장 또는 환경 운동 관련 논의에 참여하는 이들은 거의 없다. 그러나 동시에 탈성장 실천을 함께하는 새로운 협동조합 구조가 두 가지 분야에서 생겨나고 있다.

첫 번째는 연대 경제 운동이다. 아직 수십 년밖에 되지 않은 새로운 운동이며, 반세계화 운동으로서 관심을 끌고 있다. 연대 경제 운동은 사회 변화에 대한 다양한 접근들을 통합하며, 사회 정의를 환경 문제와 연관시킨다. 사회 연대 경제 촉진을 위한 국제 네트워크(The International Network for the Promotion of the Social and Solidarity Economy, RIPESS)는 2012년 6월에 열린 리우+20 회의[1]에서 다음과 같이 천명했다.

많은 경제 · 사회 활동이 모든 대륙에 존재하며, 많은 분야를 다룬다. 이 활

---

1 1992년 리우환경회의 이후 20년간의 지속 가능 발전 성과를 평가하고 당면한 환경, 자원, 경제 위기의 국제 사회 대응을 논의한 회의.

동들은 생명, 다원성, 자기 관리, 환경과 사회 정의가 연대 경제를 정의하는 개발 모델, 조직 형태, 사회가 가능하다는 구체적이고 살아 있는 증거다. 연대 경제는 자본 경제와 다르다. (RIPESS, 2012)

RIPESS로 대표되는 조직들의 구조는 대개 협동조합이다. 솜 에네기아는 좋은 사례이다. 솜 에네기아는 카탈로니아 지역 재생 에너지 협동조합으로, 조합원들은 조합을 통해 재생 에너지를 얻고, 새로운 재생 에너지 사업에 투자할 수 있다(http://www.somenergia.coop).

두 번째, '지속 가능성의 풀뿌리 혁신'이라 불리는 많은 사업들이 있다. 이 개념은 공동체들이 자가 조직을 통해 벌이는 다양한 사업을 설명하며, 현재까지 주로 북반구 국가에서 사용됐다. 풀뿌리 혁신은 생산과 소비 구조를 공동체 역량 강화와 지속 가능성의 가치에 기반을 두고 개발한다(자이팡, 2009). 여기에는 지역 유기농 식품 네트워크와 소비자 집단, 물물 교환 시장, 시간은행, 지역 화폐, 공동체 텃밭, 공동체 주택 등이 포함된다. 풀뿌리 혁신은 비공식적인 **환경주의**와 사회 정의의 가치를 더한 협동조합으로 나타난다(수리냐크 파디야, 2012). 유럽 탈성장 관련 운동 관계자들은 풀뿌리 혁신을 탈성장 달성의 주요 정치 수단 중 하나로 본다(스페인의 데크레세 마드리드(Decrece Madrid) 운동과 세계적인 전환 마을 운동 등).

부채 감사

세르지 쿠티야스, 다비드 이스타, 젬마 타라파

세르지 쿠티야스(Sergi Cutillas)

영국 소아즈대학 박사 과정. 신용 화폐의 성질과 역동성에 대해 관심을 갖고 돈의 정치경제학을 연구하고 있다. '세계화 속 부채 감시 본부' 연구원이며 시민 부채 감사 운동에 참여하고 있다. sergi.cutilla@odg.cat

다비드 이스타(David Llistar)

물리학자로 정치생태학에 관한 강의를 여러 대학에서 진행했다. 남반구 국가에서 스페인 경제가 미치는 영향이 주요 연구 관심사이다. david.llistar@odg.cat

젬마 타라파(Gemma Tarafa)

바르셀로나대학교에서 분자생물학으로 박사 학위를 받은 뒤 미국 예일대학교에서 박사후 과정을 밟았다. 현재 스페인 폼페우파브라대학교 보건불평등연구그룹(GREDS)에서 공중 보건 연구원으로 일하고 있다. 2000년 '세계화 속 부채 감시 본부' 창설 당시부터 연구원으로 활동해왔으며 부채 감사 시민 플랫폼 회원이다. gemma.tarafa@odg.cat

부채는 사람 사이의 윤리적 의무이다. 빚을 진 사람은 상대방에게 의무를 다해야 한다. 이 의무는 금전과 관련된다. 때로는 폭력과 권력이 남용되는 부당한 상황 때문에 의무가 발생하기도 한다. 이러한 부채는 부적절하며 갚아서도 안 된다. 반부채 운동은 시민 감사의 중요성을 일깨웠다. 이 감사를 통해 시민들은 어떤 채무가 타당하며, 누구에게 부채의 책임이 있고, 어떠한 부채를 탕감해야 하는지 결정한다.

강력한 사회 계급은 부채를 계층 유지에 이용한다. 이는 부채 상환을 우선시하는 사회 관습과 법으로 이루어진다. 청동기 시대부터 부채 악용에 저항하는 운동이 있었다는 기록이 있다. 메소포타미아에서 소작농들은 빚을 갚지 못하면 가족까지 노예가 되는 체계에 저항했다(투생, 2012). 사회 질서를 유지하기 위해 지배 계급은 주기적으로 빚을 탕감하고, 소작농의 권리를 복원했다. 고대 그리스와 로마 그리고 중세 시대에 채무 탕감이 이뤄진 사례를 많이 찾아볼 수 있다. 대부분 위기와 치솟는 불평등 때문에 심각해진 사회 갈등의 결과였다. 미 대륙의 발견과 **자본주의**의 출현 이후 대규모 노동력이 필요해지자 개인들을 임금 노동에 종사하도록 강제하기 위해 채무, 세금, 물가 인상을 이용했다. 부채는 대중이 권력에 복종하고, 채무와 세금을 갚기 위해 일하도록 만들었다. 이러한 환경에서 부채 탕감은 금기시되었으며, 채무 불이행은 수치스럽고 사회 권리를 잃는 것으로 인식됐다.

1944년, 세계를 **개발**하기 위해 설립된 국제통화기금(IMF)과 세계은행 같은 국제기구들은 우리 시대의 권력을 지켜 준다. 금융 흐름과 상품의 탈규제화를 비롯한 신자유주의는 1970년대에 시작되었다. 신자유주의는 금융 부문이 생산 부문보다 힘이 커지고 생산이 금융에 통제되는 새로운 자본주의 시기, 즉 금융화로 이어졌다. 금융화는 확연한 부채 증가, 복잡한 금융 관계 형성과 연관된다. 금융화된 세계에서는 지배 세력이 강제한 조건들을 채무국이 따르지 않을 경우 압박하거나 폭력 수단을 살 수 있는 핑계를 만듦으로써 제국주의를 재생산한다.

부채는 물질과 에너지 성장을 부추기며 부채 상환은 이러한 성장을 정당화했다. 그러나 이러한 성장은 부채가 물질적 부보다 훨씬 더 빠르게 증가하면서 한계를 맞을 수 있다. 칼리스 외(2009)는 이러한 한계를 두고 에너지와 물질, 재생산의 '실제 실물 경제' 한계가 생산 '실물' 경제의 성장을 제한하는 것이라고 가정했다. 성장은 자본이 순환하는 금융권에서 형식적으로 부를 생산함으로써 유지되어 왔지만, 앞으로 지속되지는 않을 것이다. 이 생각은 부채와 탈성장을 연결한다. 첫째, 성장이 부채를 상환하는 데 필요하다는 가정이 있지만, 현실에서 부채는 지속 불가능한 성장을 유지시킨다. 둘째, 부채를 공평하게 분배하고, 불합리한 부채를 탕감하는 것은 지속 가능한 '내리막길'에 필요하다. 즉 내핍에 기반을 둔 강제된 탈성장이 아닌, 번창하는 탈성장에 필요하다는 것이다. 이것이 시민 감사의 목적이다.

현대 부채 감사 운동은 주빌리 2000[1], 제3세계부채탕감위원회 (CADTM) 등 1990년대 초반 남반구 빈곤 국가의 부채를 탕감하기 위해 만들어진 세계적인 시민 캠페인으로부터 시작됐다. 시간이 흘러 2007년 이후 '북반구'에 위기가 닥치면서 이 운동은 지구의 생태적 한계를 인식하고, 세계적이고 다층적인 관점을 택했다. 이러한 맥락에서 시민 부채 감사는 부당한 질서가 계속 작동하는 데 기여하거나 권력 남용으로 인해 발생한 부당한 부채를 선정해 왔다(라모스, 2006). 노르웨이와 에콰도르는 주목할 만한 선례이다. 2006년 노르웨이 정부는 공동 채권자로서의 책임을 인식하고 7개 국가가 노르웨이에 진 채무를 탕감했다. 2007년 에콰도르의 공공신용감사위원회(CAIC)는 에콰도르 부채에 대한 감사를 실시한 뒤, 이들 부채가 불합리하다고 천명했다.

이들 사례는 시민 사회와 정부가 실시한 합동 감사의 예이다. 브라질과 필리핀에서는 시민운동 진영이 독자적인 부채 감사를 실시했다. 이집트, 튀니지, 그리스, 포르투갈, 아일랜드에서는 사회 운동이 시민 감사를 실시하거나, 정부가 공적 부채를 감사하도록 압력을 넣고 있다. 이들 사례는 공통 특징이 있다. 얼마나 많은 부채가 있는지, 어떠한 이들이 부채에 책임이 있는지, 그리고 이들 부채가 어떤 영향을 미치는지를 결정하겠다는 열망이다. 이 운동들은 부채를 초래한 당사자의 책임을 요구

---

1 가난한 나라를 빚으로부터 해방시키자는 취지로 진행된 국제 운동.

하며, 터보 자본주의[2]를 대체하는 대안 경제 모델을 제안한다. 시민 감사는 대개 정보 평가, 데이터 분석, 변호, 관계 형성, 전파, 대중 교육 및 책임자 기소의 절차를 거친다.

스페인에서 시민 감사 절차는 부채감사시민플랫폼(PACD)의 지지를 통해 진행된다. 부채감사시민플랫폼은 스페인 국채에 대해 행정 수준별, 분야별로 분석한다(보건, 교육, 환경, 전력 등). 이는 감사를 부채 위기의 원인과 결과를 이해하는 수단으로 쓰는 데 목적을 둔다. 이러한 절차의 필수적인 부분은 부채와 연관된 정보에 대한 영구적인 접근을 요구하고, 정치, 사회, 경제 문제에 관한 시민 역량을 강화하는 것이다. 부채감사시민플랫폼은 영구적이고 합동적인 열린 감사, 분권화된 절차를 포함한 시민 감사를 지지한다. 여기에는 합의에 바탕을 둔 결정이 포함된다. 이러한 감사는 전문가의 분석으로 한정되지 않고, 모든 참가자들이 정부의 설명과 정보를 요구하며, 관련 정보를 나눈다. 또한 각자의 관점에서 자료를 분석하고 부당한 점을 고발하며, 대안을 제시한다.

---

2 자본주의가 가속화되어 소득 격차, 사회 불안정 등이 심화되는 현상.

디지털 공유물

마요 푸스테 모레이

정보 통신 기술이 확산되면서 공동의 목표를 좇고, 기술의 도움을 통해 소통하면서 함께 자원을 쌓는 공동체들이 늘고 있다(벤클러, 2006). 우리는 디지털 공유물을 공동으로 만들고, 누구에게나 열려 있는 디지털 정보와 지식 자원을 공유하는 '온라인 창작 공동체'라고 정의한다. 이 자원은 공동체들이 자유롭게 쓰고 소유하며, 제3자도 이용할 수 있다. 그러나 상품으로 거래되지 않는다. 디지털 공유물을 만들고 공유하는 온라인 공동체에서 활동하는 사람들은 상호 작용 과정과 공유 자원 거버

마요 푸스테 모레이(Mayo Fuster Morell)
바르셀로나자치대학교 정부와 공공 정책원 박사후 연구원이자 하버드대학교 인터넷과 사회를 위한 버크만 센터 연구원이다. 2010년 유럽대학교 연구원에서 디지털 공유물 거버넌스에 대한 연구로 박사 학위를 받았다. mayo.fuster@eui.eu

넌스에 개입할 수 있다(푸스테 모레이, 2010).

디지털 공유물 공동체의 첫 번째 뿌리는 해킹 문화이다. 해커 윤리는 지식을 창조하고 공유하려는 열정으로 표현된다. 1950년대 대부분의 소프트웨어는 개발자들 사이에서 자유롭게 유통됐으나, 1970년대에는 소프트웨어에 대한 등록 상표가 증가했다. 리처드 스톨먼(자유 소프트웨어 운동 창시자)은 소프트웨어를 무료로 유지하기 위해 자유 소프트웨어의 법적 형태인 '일반 공중 사용 허가서'를 고안했다. 디지털 공유물과 대중 사이버 문화의 또 다른 뿌리는 1960년대 반문화 운동이다(터너, 2006). **'다시 땅으로'** 운동 공동체는 인터넷의 사회적 이용을 인식한 최초의 집단 중 하나이며, 이들은 더 웰[1]과 같은 '가상' 공동체를 만들어 디지털 문화에 영향을 주었다. **환경주의**와 생태주의는 인터넷 공동체의 언어, 용어, 생태계적 사고의 중요한 영감이었다.

인터넷과 개인 컴퓨터의 확산은 장벽을 낮추었고, 새로운 '무료 문화'가 나타났다. 이는 문화 콘텐츠와 지식에 대한 접근을 보편적으로 만들었다. 가장 잘 알려진 사례는 위키피디아[2]이다.

파일 공유와 사용자 간 직접 접속[3] 구조가 두드러진 사례는 스웨덴의

---

1 1985년에 만들어졌으며 가장 오래된 가상 공동체 중 하나로 인터넷 토론 포럼으로 잘 알려졌다.

2 누구나 자유롭게 글을 쓰고, 사용과 참여가 가능한 온라인 백과사전.

3 인터넷으로 다른 사용자의 컴퓨터에 접속해 각종 정보나 파일을 교환, 공유할 수 있게 해 주는 서비스.

파이러트베이로 문화 제품에 대한 접근성과 교환을 활성화했다.

디지털 공유물의 이상은 과학 분야에서도 목소리를 냈다. 이는 1990 년대 남아프리카에서 후천성면역결핍증후군(AIDS)을 치료하기 위한 항레트로바이러스 약품 접근 문제에서 불거졌다. 디지털 공유물 운동 진영은 과학 학술지에 대한 접근을 허용한 공공 과학 도서관처럼, 연구 결과는 공적 성격을 지니기에, 누구나 접근할 수 있어야 한다고 주장했다.

마지막으로 '소프트웨어 특허'에 반대한 사회 운동은 유럽에서 소프트웨어 특허 부여를 막는 데 성공했다. 인터넷이 사기업 이익에 좌우되는 것을 허락하는 법안은 유럽과 다른 지역에서 저항에 부딪쳤다.

2001년 닷컴 버블의 붕괴 이후, 훗날 정보 경제, 웹2.0[4] 혹은 위키노믹스[5]라 불린 새로운 상업 모델이 등장했다. 이는 온라인 공동 작업을 위한 서비스와 기반 시설 제공에 바탕을 둔 모델이다(탭스콧과 윌리엄스, 2007). 구글의 유튜브, 야후의 플리커(사진 공유 플랫폼)가 여기에 포함된다. 이 사이트들은 온라인 협업 기반 시설을 대중화했지만, 기업이 주요 공급자가 되면서 기업 논리가 공유물 논리를 대신했다. 공유물 논리로 운영되는 위키피디아 같은 디지털 공유물에서 사용자 커뮤니티는 기반 시설 제공에 참여하고, 과정의 디자인에 더 많은 통제권을 가진다. 그러나 기

---

4 개방, 참여, 공유의 정신을 바탕으로 사용자가 직접 정보를 생산해 쌍방향으로 소통하는 웹 기술.

5 기업이 독점했던 정보를 공개하고, 온라인으로 외부의 아이디어를 활용하는 협업 경제.

업 논리를 따르면 기업이 더 많은 통제권을 갖고, 이로 인해 사용자 커뮤니티는 무력화된다. 예를 들어 플리커에서 사용자 커뮤니티는 플랫폼 디자인에 대한 통제권이 없고, 해당 사이트의 의사 결정에 참여하지 않으며, 상호 작용에 대한 규칙을 세우지도 못한다.

탈성장과 디지털 공유물 운동 사이에는 여러 공통점이 있다. 이 둘은 모두 소비의 주류 패러다임에 의문을 제기한다. 디지털 공유물은 '프로슈머[6]'를 지지한다. 프로슈머는 온라인 공동체에 참여하고 가치를 '소비'하면서 동시에 생산하는 개인을 일컫는다. 생산물과 가치는 상품이 아니라 공공 서비스로서 접근할 수 있다. 실제로 디지털 공유물은 탈성장 운동의 탈상품화 주장을 구현한다. 나아가 디지털 공유물은 창출된 가치에 대해 보편적이고 개방적인 접근이 가능하다. 즉, 인터넷 접근성과 '가시성' 이외 차별을 두지 않는다. 마지막으로 공공 자원 창출은 상업적 동기와 노동 계약이 아닌, 자발적 동참을 통해 이뤄진다. 생산된 가치에 대한 접근은 생산과 분리되어 있다. 디지털 공유물 운동의 일부 분야는 **기본소득**을 지지하며, 금전 교환에 대한 의존도를 줄이기 위한 사회적 온라인 통화(**공동체 통화** 참고)를 지지한다. 디지털 공유물 지지자들은 탈성장주의자들처럼 광고를 비판하고, 이에 저항한다. 가장 강력한 원칙 중 하나로 광고를 게재하지 않는 위키피디아의 예를 보라.

이에 더해 디지털 공유물에서는 생산 수단을 공동체의 통제 아래에 두

6 생산자와 소비자를 합성한 말.

어 사회적 필요와 공적 임무를 충족하려 한다. 이는 생산 수단을 사적으로 소유하고 이익을 위해 이용하는 **자본주의**와 대비된다. 디지털 공유물에서 정보와 지식은 인류 유산의 일부로 간주되고, 지식에 대한 접근은 인권으로 여겨진다. 따라서 디지털 공유물은 사유화나 **상품화**를 통해 지식에 대한 접근을 제한하는 신자유주의적 이상과 대립한다.

전통 **공유물**과 달리, 새로운 정보 기술은 경쟁적이거나 소모되지 않는 정보와 지식에 대한 접근성을 확보한다. 그러나 다른 한편 디지털 공유물은 환경 자원을 소모한다(핸드폰을 위한 희소 물질, 컴퓨터를 위한 기타 전자 제품, 해양 케이블, 전자기 지역 등). 비록 일부 디지털 공유물 운동은 환경 영향에 민감하게 반응하지만, 전반적으로 환경은 이 운동에서 그리 중요한 의제는 아니다. 이는 디지털 공유물 운동이 탈성장주의자들에게 많이 배워야 할 부분이다. 에너지학과 에너지 한계 역시 디지털 공유물 공동체에서 논의되지 않는다. 이들은 대개 협력과 공동체에 기반한 생산성 향상이 경제 개발을 유지할 수 있다는 낙관적인 견해를 가지고 있다. 그러나 환경 문제에 대한 견해나 탈성장주의자들이 상상하는 '더 적게' 생산하고 소비하는 사회에 동조하지 않는다는 차이를 넘어서 두 운동은 가치 생산과 소비의 패러다임 전환에 동조하며, 공유물 회수와 재정치화를 요구한다는 점에서 공통점이 있다.

불복종

자비에르 르누

　시민 불복종은 부당하다고 여기는 법에 대한 집단적인 불복종 행동으로, 정치적 저항 방법이다. 19세기 미국 사상가 헨리 데이비드 소로(2008)가 멕시코 전쟁에 저항한 그의 행동을 일컫은 것처럼, '시민'이 되기 위해서는 양심이라는 이름으로 법을 지키지 않을 의지가 있어야 한다. 소로는 이 행동은 개인의 이익을 위해 은밀하게 이뤄지는 범죄가 되어서는 안 되며, 공개적으로 이루어져야 한다고 말했다. 20세기 인도의 시민

자비에르 르누(Xavier Renou)
그린피스 프랑스 사무소에서 핵무기 군축 운동을 맡은 바 있다. '불복종하는 사람들'이라 불리는 활동가들의 네트워크를 주도해 다양한 국가에서 시민 불복종 전술을 가르치고 환경, 사회, 국제적 불평등에 저항하는 이들을 도왔다. 활동가이자 강사로서 여러 권의 책을 썼으며 '불복종(Desobeir)'이라는 핸드북 시리즈를 편집했다. xrenou2@gmail.com

운동가이자 시민 불복종의 대표 인물인 간디(2012)는 핵심을 더했다. 상대방과 그 가족에게 인간적으로, 정신적으로, 또한 물질적으로 가능한 해를 적게 입힌다는 의지(결과는 항상 의지를 넘어선다)를 포함한 비폭력 입장을 고수하는 것이다. 그는 결과가 수단을 정당화한다는 관점을 거부했다. 간디에게 결과는 과정 속에 있었다. 부당한 수단으로 정당한 목표를 달성할 수 없다고 생각했다. 그는 비폭력 수단이야말로 대중을 설득시킬 유일한 방도라고 여겼다.

시민 불복종과 매우 가까운 개념은 직접 행동 또는 양심적 거부이다. 이는 비협력이라고도 불린다. 이는 시민 불복종과 거부에 대한 집단적 조직을 위한 첫 번째 단계이다. 16세기 프랑스인 라 보에티는 사람들을 억누르려는 독재자는 협력이 필요하다는 견해를 표명했다. 독재자는 사람 하나하나가 명령에 복종하도록 강제할 만큼 충분한 경찰력을 결코 가질 수 없다. 다른 말로 독재자가 권력을 유지하기 위해서는 우리가 겁먹고 수용하거나 복종해야 한다. 우리의 양심에 반하는 일에 협력하지 않는 것은 도덕적 의무이자 일관성의 법칙이다. 우리는 다른 이들(당선된 이들)이 우리를 대신해 행동할 때까지 기다리지 말고, 부당하다고 생각될 때 직접 행동해야 한다. 즉, 문제와 그 근원에 직접적으로 행동해야 한다. 비폭력 직접 행동은 정치적 전략으로, 폭력 사용을 엄격히 금지한다. 비폭력 직접 행동은 시민 불복종 개념과 매우 유사하지만, 꼭 법을 위반해야 하는 것은 아니다. 우리는 대개 부당한 법에 불복종하는 것을 비폭력 직접 행동이라 부른다. 그러나 수질 오염에 맞서 건식 변기를 집에 설치한다면, 이 역시 비폭력 직접 행동이지만 적법하다.

시민 불복종은 평등한 권리(여성, 동성애, 흑인 해방), 노동권, 독립(인도와 잠비아), 평화(핵폭탄 실험 반대, 베트남 전쟁), 정치적 해방(서구, 동구, 최근 아랍 지역 독재 정권)을 위해 싸우는 데 강력한 도구라는 것이 이미 증명됐다.

시민 불복종은 탈성장 운동과 많은 부분을 공유한다. 시민 불복종과 비폭력 직접 행동을 수반한 투쟁 가운데 탈성장 가치와 이상, 주장에 영향을 받은 운동이 많아지고 있다. 채굴 중단 프로젝트, 에너지와 물 정책(이탈리아, 프랑스, 그리스에서 물 사유화 반대 운동) 같은 급진적인 변화를 요구하는 운동이나 공항, 고속 도로, 고속 철도(스페인, 이탈리아, 프랑스) 등 대형 기반 시설 공사에 반대하는 프로젝트에서 탈성장 가치를 발견할 수 있다. 탈성장 원칙에 따라 사는 데 때때로 불복종이 필요한데, 시민 불복종을 동반한 일부 투쟁은 탈성장 활동가들이 직접 조직하기도 했다. 예를 들어 2011년 프랑스에서는 여러 도시에 점유 운동 기지가 설치됐고, 무상 주거(텐트, 카라반, 점거)나 직접 지은 집을 문제 삼는 법에 성공적으로 대응했다. 1990년 연말에 프랑스에서 유전자 조작 곡물 도입에 반대한 대규모 운동은 탈성장에 자극 받았다고 볼 수 있다. 스페인과 벨기에의 경우도 마찬가지다. 이 싸움은 토종 씨앗을 기르고 거래할 수 있는 권리에 대한 싸움이었다. 이는 인도 운동가 반다나 시바가 주도한

'씨앗을 위한 행동'이라고 불린 국제 시민 불복종 캠페인을 따른 것이었다. 시민 불복종은 광고에 맞서는 데 이용되거나(광고판에 페인트를 칠해 소송을 유발하는 활동가들), 새로운 기술에 맞서는 데 이용됐다(영국과 프랑스에서 나노 기술에 반대한 신러다이트[1] 운동). 카탈로니아 탈성장 운동가인 엔릭 두란의 사례에서 볼 수 있는 '금융 시민 불복종'의 행동은 직접 탈성장을 후원하는 것이었다. 두란은 2008년 금융 위기 때, 서른아홉 군데 은행에서 사십구만 이천 유로를 공개적으로 '도용'해 지속 불가능한 스페인의 신용과 은행 체계를 경고했다. 그는 이 돈을 많은 탈성장 운동과 대안 운동을 후원하는 데 썼다. 그는 부채를 갚을 생각이 없으며, 결과를 받아들이고 투옥할 준비가 됐다고 발표했다.

이러한 정치적 투쟁은 탈성장 운동가들에게 시민 불복종을 통해 법에 맞서 싸우는 것이 필요하다는 점을 상기한다. 세계가 무너지는 가운데 생활 방식을 바꾸는 것으로는 충분하지 않다. 또한 19세기 '유토피아 사회주의자'나 1970년대 히피들이 그랬던 것처럼 모범을 보이는 것만으로는 **자본주의**와 생산주의를 극복할 수 없을 것이다.

시민 불복종과 비폭력 직접 행동은 방법이자 전술이며, 때때로 반낙태 운동가들처럼 환경이나 진보적 가치와 전혀 상관없는 활동가들이 이용하기도 한다. 그러나 전술은 중립적이지 않으며, 성공하려면 강력한 가치로 뒷받침되어야 한다. 이 가치들은 대개 탈성장주의자들의 가치와 매

---

1 컴퓨터, 인터넷 등 20세기의 신기술에 대해 비판적인 시각과 이념.

우 가깝다. 첫째, 직접 민주주의 원칙을 비롯한 직접 행동은 대개 만장일 치에 기반한 의사 결정 과정이 있고, 지도자를 두지 않는 운동을 의미한 다. 둘째, 독단적인 자세나 지나치게 추상적이고 비현실적인 목표가 아 닌, 다름에 대해 열린 태도로 현실적이고 실현 가능한 목표를 추구하는 실용적 접근과 연관된다. 셋째, 활동가들은 다른 이들과 마찬가지로 자 신들이 틀릴 수 있다는 것을 알고, 비폭력을 실천함으로써 폭력을 쓸 때 처럼 돌이킬 수 없는 해를 유발하지 않도록 한다. 이 비폭력에는 생명과 재화를 해치지 않는 것을 포함한다.

시민 불복종 역사의 주요 인물들이 탈성장과 유사한 원칙에 따라 살 수 있었던 이유는 언행일치를 추구하고자 하는 노력 때문이었다. 소로 는 자급을 실천하고 옹호했으며, 톨스토이와 간디는 그들의 물건을 나 누고, 진지함을 유지했다. 이들은 모두 환경과 생명에 관심을 가졌다. 또 한 간디는 실용적인 동시에 대안적이거나 건설적인 프로그램이 이끄는 시민 불복종 운동을 강조했다. 억압에 대한 승리가 어떤 결과를 가져오 는지를 보여 주는 긍정적인 대안이 있다면, 시민 불복종 프로그램에는 가속도와 힘이 붙을 것이다.

많은 시민 불복종 운동가들은 탈성장이 건설적인 프로그램이며, 자본 주의에 대한 대안이라고 여긴다. 탈성장은 최근 다양한 캠페인에서 시 민 불복종과 함께 구체적으로 실현됐다. 채식, 유기농, 재활용 무료 식품 을 이용하는 협동 부엌, 대안 화폐나 물물 교환, 건식 변기, 태양 에너지를 이용한 샤워 시설 등이 포함된다. 이러한 불복종 행동들은 강력한 저항을 보여 주는 동시에 탈성장과 공존하는 대안을 세울 수 있다는 것을 보여 준다.

생태 공동체

클라우디오 카타네오

생태 공동체는 생태적 원칙에 따라 살고 일한다는 목표로 모여 같이 살려는 사람들이 특별히 계획하고 설립한 공동체이다. 이들은 일정 수준의 공유를 지지하며(**일자리 나누기** 참고), 지속 가능한 생활 방식, 직접 민주주의, **자율성**을 통한 좋은 삶을 추구한다.

생태 공동체는 생태 마을을 뜻하기도 하는데, 길먼(Gilman, 1991:10)에 따르면 "생태 공동체는 사람들이 살기 적절한 규모의 완전한 기능을 하

클라우디오 카타네오(Claudio Cattaneo)
바르셀로나자치대학교 환경과학기술연구소에서 박사 학위 취득 후 연구원으로 재직 중. 바르셀로나 빈집 점거 운동의 생태경제학을 주제로 박사 논문을 썼다. 대안적 생활 방식, 도시민 점거 운동, DIY, 인간생태학, 정치생태경제학에 관심이 있다. 스스로 점거 운동가 및 자전거 수리공, 올리브 농부로서 사는 삶을 연구와 연결 짓고자 한다. claudio.cattaneo@ liuc.it

는 정착지이며, 사람들의 활동이 자연에 무리가 되지 않고 건강한 인간 개발에 도움을 주며, 이것이 미래까지 이어질 수 있는 정착지"이다. 비록 생태 마을이 가장 흔한 형태이긴 하지만, 생태 공동체는 건물이나 도시에서의 공동 주거 형태일 수도 있다.

생태 공동체는 대개 백 명 또는 그 이하로 상대적으로 규모가 작은 것이 특징이다. 도시 또는 '교외' 프로젝트도 있지만, 대다수 생태 공동체는 자연 친화적 생산 수단에 대한 접근이 쉽고 임대료와 부동산이 저렴한 농촌에 자리 잡는다. 구성원들은 소규모 유기 농업이나 영속 농업을 하거나 공예, 자가 건축, DIY 등을 실천하며, 자전거 같은 에너지를 절약하는 생산 · 운송 수단을 선호한다(**나우토피아** 참고). 물질 생산 과정은 영향을 적게 미치는 방식을 선호하며, 물품들을 재활용하거나 수리해서 쓴다. 이러한 농업적, 물질적, 서비스 공급 유형은 생산 수단을 공동으로 소유하는 공생공락의 장소에 대한 생각을 나타낸다(일리치, 1973 **공생공락** 참고).

생태 공동체는 유형 또는 무형의 공유물로 간주된다. 이는 생태 공동체들이 토지와 물리적 자원을 공동으로 관리하는 동시에 공동의 정체성을 강화하고, 공동체의 보전과 재생산에 기여하는 규범, 믿음, 기관, 과정을 만들기 때문이다.

유토피아적 이상에 따라 살고, 이를 추구할 장소를 찾을 의지가 있는 사람들은《인 컨텍스트(In Context)》또는《인티그럴(Integral)》등의 잡지

에 영감을 받은 '**다시 땅으로**' 운동에 참여하기도 한다. 이 운동은 1960
년대에 시작됐으며, 1994년에는 세계생태마을네트워크를 설립했다.

다양한 유형의 생태 마을 가운데 주목할 만한 사례는 다음과 같다: 채
식하는 캘리포니아 히피들이 공동으로 구매한 토지에 세운 테네시주의
더 팜(The Farm), 구조적인 노동 · 신용 체계에 바탕을 둔 버지니아주의
평등 농촌 공동체 트윈 오크스(Twin Oaks)(킨케이드, 1994), 공동으로 관
리하는 상업 제과점이 있는 바스크 지방의 점유 마을 라카베(Lakabe),
1968년 5월 운동의 파생으로 프랑스 남부에 주요 터전을 잡고 프랑스,
스위스, 독일 지역에 위성 공동체를 설립한 롱고마이(Longomai) 등이다.

유토피아적 가치는 집단 정체성 형성, 특정 문화와 정치적 이상(때때
로 영적 이상) 형성, 조직 문화 설립 등에서 드러난다. 여기에는 단순한 주
거 방식부터 공동 인생 프로젝트 개발 등 모든 것이 포함될 수 있다.

생태 공동체는 개인과 보다 넓은 사회 사이에 있는 특별한 존재로 여
겨진다. 이들은 환경(생태)과 사회적 측면(공동체)의 성격을 모두 가지며,
생태주의자들은 이 둘의 조합이 산업 사회 이후 주거 형태에서 결핍된
부분이라고 여긴다.

공동체별로 개인 공간의 타당성이나 다른 사회로부터의 자율성 정도
는 다양하며, 이 문제는 모든 생태 공동체 사업 개발 과정에서 부딪치는
어려움이다.

생태 공동체는 개인과 가족, 사회를 연결하며 스스로 조직한 의사 결

정 과정을 통해 움직인다. 이 과정에서 생태 공동체의 성격과 개인과 공동 경제 간 통합 방식이 결정된다. 수평적 의사 결정과 대표를 두지 않는 것은 생태 공동체들의 특징이다. 일부는 다수결 원칙보다 만장일치를 택하기도 한다.

생태 공동체는 어떤 면에서 아리스토텔레스의 오이코노믹스(oiko-nomics)이다. 이는 좋은 삶의 기술을 의미하며, 문자 그대로는 '집 관리'를 의미한다. 돈은 우선적 역할을 하지 않으며, 단순히 필요를 충족하는 수단이다. 생태 공동체는 모든 구성원에게 일정 수준의 복지를 보장하기 때문에 개인의 축적을 방지한다. 경제 모델 유형은 공동체 간 차이가 있다. 어떤 공동체는 구성원 간에 모든 돈을 나누며, 어떤 공동체는 개인의 경제 영역을 유지한다. 생태 공동체의 한 형태라고 할 수 있는 시골 점유 운동가들에 대한 연구에 따르면, 공동체의 격리 정도와 공동체주의 정도 간에는 상관관계가 존재한다. 대도시에 가까운 생태 공동체들은 더 철저하게 개인 경제 영역을 유지하는 경향이 있다(카타네오, 2013).

금전적 수입의 원천은 매우 다양하다. 협동적 자기 관리 원칙이 지배적이며, 생태 공동체는 공동체가 있는 지역이나 재래시장 등 외부에 판매할 상품을 공동 생산한다. 프랑스 롱고마이 같은 큰 공동체는 모금과 시민 기금에 기댄다. 구성원들의 금전 관리를 통합한 생태 공동체는 '통합적인 **협동조합**'으로서 기능한다. 즉 노동자, 생산자, 소비자가 같은 조직 안에 있는 것이다.

생태 공동체는 탈성장 사회가 어떤 모습일지에 대한 영감을 제공한다. 유토피아적 의도의 실현은 강한 의지와 더불어 애초 이상과 충돌할 수도 있는 실용적 자세에 달려 있다. 사회 변환을 위한 시작 단계에서는 일을 해내는 것이 우선순위이다. 이때 구성원들 스스로가 내핍을 강제하거나 스스로를 착취하는 일이 종종 발생한다. 생태 공동체는 자가 조직 과정을 통해 사회에서 독립하기를 택한다. 마르쿠제가 『1차원적 인간』에서 지적했듯, 외부 통제와 조작으로부터 자유로운 사회는 필요를 충족하는 게 무엇인지 스스로 결정할 수 있을 것이다. 구성원들은 스스로 삶의 주인공이 되고, 탈성장 상상계를 실현하기를 택한다. 이는 공동체가 자본주의 시장과 정부 조직에서 찾을 수 있는 경제·사회 정치적 자율성의 원천을 부여함으로써 가능하다.

공동체가 초기 어려움을 극복하고 살아남는다면, 건전한 생태 활동과 사회적 **공생공락**에 바탕을 둔 탈성장을 실천할 것이다. 생태 공동체가 물질과 에너지를 어떻게 소비하는지에 대한 자료는 없다. 그러나 대부분 생태 공동체는 개인의 물질과 에너지 소비의 급격한 감소로 시작하지만, 성숙기로 진입하면서 지속 가능성은 덜하지만 좀 더 편안한 생활 조건이 형성된다는 것을 짐작할 수 있다. 비록 일반 사회보다 많은 자원을 보전하지만 말이다.

생태 공동체는 자발적인 **단순함**의 실천 방안을 개발한다. 비록 이것이 탈성장 상상계의 일부를 구성하긴 하지만, 일부 단순성 옹호자들은 사회 문제와 정치 행동 참여를 피한다는 점에서 비판 받을 수 있다. 생태 공동체들은 정치적 혹은 비정치적이라고 규정될 수 없다. 어떤 공동체들은 뚜렷한 제한과 '닫힌 경계'가 있는 '구조선'으로 여겨지기도 하지만, 급진적인 좌파 정치 이상을 가진 공동체 구성원들은 보다 경계를 넘은 협력과 사회 변화의 필요성을 인식한다. 대부분 생태 공동체들은 자신들의 힘의 한계를 알고 있으며 홀로웨이의 '권력 쟁취 없이 세상을 바꾼다'는 생각과 유사한 철학을 지지한다. 이는 상향식 과정이 아닌 풀뿌리에서 서로 통하는 네트워크 구성을 통해 가능하다. 이 네트워크는 점차 많은 사람들이 일반 사회 체계를 떠나도록 하며(칼손과 매닝, 2010), 기존 세력의 역할과 규모, 권력이 축소되는 데 기여한다. 이 실천은 아직 생태에 관심 없는 사람들에게까지 퍼지지 않았지만, 지속되는 경제·생태 위기는 더 많은 생태 공동체를 만들어 내고 반문화 운동을 넘어서는 사회 현상을 창조할 수도 있다.

인디그나도스(점령)

비비이니 아사라, 바바라 무라카

인디그나도스와 점령 운동은 2011년에 여러 국가에서 시작돼 지금까지 지속되는 운동이다. 내핍 정책, 높은 실업률, 사회 불평등 심화, 기업과 금융 **자본주의** 이익과 결합한 정부 정책에 저항하며 '진짜' 민주주의와 사회 정의를 위해 시작됐다. 비록 두 운동은 각각 스페인과 미국에서

비비아나 아사라(Viviana Asara)

바르셀로나자치대학 환경과학기술연구소 박사 과정. 탈성장과 민주주의, 인디그나도스 운동의 정치생태학을 연구 중이다. viviana.asara@gmail.com

바바라 무라카(Barbara Muraca)

독일 예나 프리드리히쉴러대학교 사회학연구원 내 박사후 연구원. 독일 연구 재단인 '성장 이후 사회' 연구 그룹에서도 일하고 있다. 윤리, 환경 철학, 사회 철학이 주요 연구 주제이다. barbara.muraca@uni-jena.de

시작해 다른 국가들로 퍼져 나간 서로 다른 운동이지만, 주장과 도시 지역 점령 방법이 유사하고, 총회를 통한 직접 민주주의를 이용한다는 공통점이 있다.

2011년 초, 스페인에서는 다양한 협력체와 네트워크를 위한 새로운 플랫폼이 '진정한 민주주의를 지금 원한다'라는 이름으로 페이스북에 선언문을 발표했다. 이들은 5월 15일에 "우리는 정치가와 은행가들의 손에 있는 상품이 아니다"라는 구호로 집회를 열자고 제안했다. 이 선언문에서 활동가들은 '거대 경제 세력의 독재', 정당 독재, 경제주의의 지배, 사회 불평등, 정치가, 은행가, 사업가들의 부패에 분노한다(스페인어로 인디그나도스)라고 표명했다. 이들의 요청에 스페인 전역 50개 도시에서 수많은 시민들이 거리로 나와 화답했다. 며칠 사이에 거리 점거는 전세계 800개 이상 도시로 확산됐다. 스페인에서 캠프 형식의 이러한 점거는 7월까지 지속되며 많은 협의체와 위원회가 생겼고, 풍부한 토론이 진행됐다. 많은 도시에서 운동이 요구하는 사항을 두고 만장일치하기까지 길고 어려운 과정이 있었다. 바르셀로나 선언문은 정치가, 은행가, 돈 잘 버는 이들의 특권 폐지, 모든 이들에게 제공되는 적절한 임금과 삶의 질, 주거권, 자유(온라인 상 정보와 표현의 자유와 연결), 직접 민주주의, 환경과 관련된 요구 사항을 포함했다. 자발적인 캠프 철거 이후 때때로 일부 주제별 협의체, 위원회, 모임은 활동을 지속했고 이웃 간 모임의 중요성을 인식하고 주기적으로 모였다. 운동은 좀 더 장기적인 시기로 접어들었고, 2012년 9월 정부 긴축 재정에 반대하며 국회를 상징적으로 '둘러싸며' 벌어진 집회 등 일반적인 파업과 집회에서 주목 받았다. 운동 1주년 선언에는 은행에 대한 긴급 구제 거부, **부채에 대한 시민 감사**, 대중 교육, 경제 재분배와 **기본소득**, 일자리 재분배, 불안정한 일자리 거부, **돌봄** 같은 재생산적인 가사 노동의 가치 인정 등에 대한 주장이 포함됐다.

월가 점령 운동은 2011년 9월 17일에 미국 맨해튼 금융 지역의 주코티 공원에서 백여 명의 사람들이 시작했다. 잡지《애드버스터》가 7월에 월가를 점령하라고 주문한 뒤 대규모 점령 운동이 일어났고, 다른 미국 도시로 확산돼 11월까지 계속됐다. 월가 점령 운동의 주요 쟁점에는 부의 공평한 분배, 은행 체계 개혁, 기업의 정치적 영향력 감소, 불공정과 불평등 문제를 다루는 체계 개편의 필요성 등이 있었다.

두 운동은 내부 결정의 구조와 조직이 유사하다. 총회는 의사 결정권을 가진 열린 기구이다. 특정 쟁점은 위원회와 주제별 협의체가 다루며, 주기적으로 총회에 보고한다. 결정은 대개 만장일치로 이뤄지며, 수신호 체계로도 직접 확인할 수 있다. 점령 운동의 '총회를 통한 결정 수단'은 '진짜' 민주주의에 대한 핵심 주장을 보여 주며, 만장일치에 기반을 둔 의사 결정과 자기 관리를 미래 지향적으로 구현한 것이다. 현재 대의 민주주의 체제는 금융 자본주의의 이익을 대변하는 부패한 '금권 정치' 또는 '기업형 정당 체계'로서 일반 대중의 의사를 대표하지 않는다고 비난 받는다.

이전 사회 운동과 마찬가지로 점령 운동과 인디그나도스 운동은 서로 다른 민주주의 개념들이 만나 새로운 실험을 할 수 있는 장으로 여겨진다. 또한 최소주의, 개인, 자유를 내세우는 자유민주주의 유형에 대한 분명한 도전이다(델라 포타, 2013). 일부 활동가들은 국회 체계를 대체할 직접 민주주의·총회 체계와 자율 조직을 만들어야 한다고 주장한다. 한편 다른 이들은 제도화된 정치 안에서 활발한 참여를 독려하고, 지역 단위의 직접 민주주의, 선거법 개혁을 통해 대의제를 개선할 방안을 모색한다.

그러나 '진짜' 민주주의의 이행은 대리 형태나 정치적 의사 결정을 전환하는 것보다 더 많은 것을 의미한다. 사회 권리와 부의 재분배는 사람들이 민주적 과정에 진정으로, 그리고 효과적으로 참여하는 데 필요한 조건이다. 현재 민주주의는 경제 권력에 납치된 반면, 진짜 민주주의는 경제 민주주의, 즉 이웃과 일, 생산의 민주적 자가 관리를 필요로 한다. 진짜 민주주의는 '삶의 모든 영역에서 민주주의를 상상하는 것'이다(아사라, 2014 참고).

인디그나도스 운동은 내핍 정책과 대의 민주주의의 비민주적 특성에 대한 단순한 반응이 아니라 현대 사회의 생산주의, 경제주의, 개인주의, 소비주의에 대한 급진적이고 문화적인 비판을 상징한다. 인디그나도스 운동과 점령 운동, 그리고 탈성장 운동 사이에는 매우 명백한 공통점이 있다. 대부분 탈성장 관점처럼 체계 변화에 대한 요구는 현재 진행 중인다면적 위기에 대한 우려에서 나왔다. 이는 단지 정치나 경제뿐 아니라 생태, 문화적 가치를 포함한 위기이다. 이들은 성장을 주장하는 대신 탈성장과 재분배, 사회 정의를 묶은 전혀 다른 사회 경제적 모델을 제안한다(아사라, 2014). 공공지 점령, 캠프, 권리 요구, 도시 농업, 공동 부엌, 점령 지역 청소, 무료 또는 물물 교환 시장 등 미래 지향적 정치와 이것이 가진 상상계는 탈성장의 주요 의미이기도 하다.

현재의 위기는 우리가 알듯 민주주의와 자본주의의 연약한 동맹을 바꿀 전환점이다. 이 동맹은 경제 **성장**과 복지 국가 간 고결한 관계와 대중 정당의 중재, 정당 간 경쟁이라는 특징을 지녀왔다(오프, 1984; 맥퍼슨, 1977). 경제 성장에 따른 번영과 자유에 대한 과거의 약속은 더 이상 유효하지 않다. 성장 수단으로서 내핍을 지향하는 정책은 위기에 대한 유일한 처방으로 여겨지지만 민주주의를 위험에 빠뜨린다.

신자유주의 체계는 합의를 이뤄낼 능력이 없어 보인다. 인디그나도스 운동이나 점령 운동 같은 사회 운동이 패권에 맞서 얼마나 동맹을 구축할 수 있을지 판단하기는 아직 이르다. 그러나 이들의 특성은 장기적인 전환의 발판이 될 수 있다. 저항은 창의적인 실천과 결합해 실현 가능한 대안을 실험하고, 개방적인 의사 결정 과정을 통해 큰 합의 플랫폼을 만들 수 있다. 또한 대안 체계 공유와 구체화, 세계 네트워크와의 소통 능력이 이들 운동의 특징이다. '지금 여기에' 사회적 대안을 세우려는 '미래 지향적 정치'는 매력적인 가능성을 지니고 있다.

일자리 보장

브란돈 J. 운티

일자리 보장은 구직을 원하고, 자격을 갖춘 이에게 일자리 보장을 요청하는 정책 제안이다. 이 제안은 자본주의 경제가 만성적인 비자발적 실업 문제를 안고 있다는 인식에 기인한다. 여러 제안이 있었지만, 가장 일반적인 접근은 일할 의지가 있고 그럴 능력이 되는 모든 이에게 정부가 일정한 임금이나 지원금을 지급하는 '보편적' 보장을 요구하는 것이다(미첼, 1998; 레이, 1998, 2012). 또한 대부분 제안은 일자리 보장 정책을 요구하고 감독할 때, 지방 정부, 비영리 단체, 공동체 조직이 함께하는 분권 행정을 주장한다. 임금과 수당(보조금, 복지)은 정부가 정하고, 이는 최

브란돈 J. 운티 (B. J. Unti)
미국 미주리대학교 경제학과 박사 과정을 밟고 있으며 워싱턴주 벨뷰칼리지에서 강의를 하고 있다. bjufz5@mail.umkc.edu

소 임금으로 작용한다. 최소 임금이 정해지면, 정부가 구매를 약속한 노동 양이 경기 순환에 포함된다. 따라서 정부의 적자는 완전 고용을 유지하기 위한 양만큼 반대 방향으로 순환된다.

일자리 보장 제안은 일찍이 1930년대에 나타났다. 중앙은행이 마지막 채권자로서 움직이는 것처럼, 재무부는 마지막 고용자가 되어야 한다는 주장이었다(레이, 2012: 222). 미주리대학교 캔자스시티 캠퍼스의 완전 고용과 물가안정센터(Center for full Employment and Price Stability, CFEPS), 뉴캐슬대학교 완전고용과 평등센터(Center of Full Employment and Equality, CofFEE), 뉴욕 레비경제학연구소 경제학자들은 지난 20년간 케인즈, 러너, 민스키 이론에 기반을 두고 일자리 보장 제안을 다듬어 왔다.

일자리 보장 지지자들은 이 정책의 이점이 단순한 일자리 창출 이상이라고 주장한다. 실업을 해결하면 빈곤, 불평등, 범죄, 이혼, 가정 폭력, 차별, 정신 질환, 마약 남용 등의 사회 경제적 문제를 해결하는 데 도움이 된다고 주장한다(레이와 포스테이터, 2004). 현존하는 복지 정책과 **기본소득** 제안은 유사한 문제를 다루지만, 일자리 보장 지지자들은 이 정책이 일하기 원하는 이들에게 일자리를 보장하지 않은 채 의존이라는 낙인을 찍을 수 있다고 지적한다. 일자리 보장은 실업자들에게 일자리만 제공하는 것이 아니라 훈련, 기술, 직업 경험을 제공한다. 가장 중요한 점은 고용을 창출하고 수입을 권리로 치부하지 않음으로써 일하고 싶어 하는 이들에게 공동체에 생산적으로 참여할 수 있는 기회를 제공한다는 점이다. 이 정책의 장점은 참가자들에게만 한정되지 않는다. 일자리 보장은 사적 부문에서의 작업 조건을 향상시킨다. 정책은 사적 영역 노동자들도 대상으로 두기 때문에 사기업 고용주들은 임금, 혜택, 작업 조건을 정책이 제시하는 조건에 맞춰야 할 것이다(레이, 2012: 223-4). 이러한 측면에서 일자리 보장은 다양한 정책 목표를 달성하는 도구가 될 수 있다. 예를 들어 탈성장 측면에서 일자리 보장 정책은 사기업 고용주를 압박해 주4일 근무를 장려할 수 있다. 또한 사기업은 사회가 필요로 하는 공적 재화와 서비스를 제공하는 역할을 할 수도 있다.

일자리 보장에 대한 가장 흔한 반대 주장은 인플레이션과 비용 문제이다. 완전 고용과 물가 안정은 양립할 수 없는 목표라고 여겨진다. 왜냐하면 경직된 노동 시장은 임금과 물가에 인상 압력을 가하기 때문이다. 따라서 실업은 물가 인상에 대항하기 위한 불가피한 방법으로 여겨진다. 그러나 일자리 보장 지지자들은 정책으로 인해 고용된 노동자들은 노동력 부족을 보완하는 역할을 해 느슨한 완전 고용 시장을 가능하게 만들어 물가 안정에 기여할 것이라고 주장한다(미첼, 1998; 레이, 1998). 정부는 일자리 보장 정책을 통해 모든 노동력을 최저 가격으로 사고 이 노동력을 민간에 최저 가격 이상으로 '팔 것'을 약속한다. 일자리 보장 정책에서 완충 재고 상태에 있는 노동자는 고용된 노동자들의 예비군과 같으며, 역동적인 경제에서 요구하는 유연성을 보장한다(포스테이터, 1998). 경제 발전 시기에는 정부가 노동력을 '매매'하기 때문에 임금 인상이 억

제된다. 만약 일자리 보장으로 제공되는 노동력이 부족해 임금 인상 요구를 억제할 수 없다면, 정부는 재량 지출을 삭감하거나 세금을 올려 완충 재고 상태의 노동자를 보충할 수 있다. 경기 침체 시기에 노동력 보완은 수입과 수요의 최저가를 형성해 물가 하락 압력에 반작용 역할을 할것이다. 마지막으로 노동력은 모든 재화 생산에서 핵심 요소이기 때문에 임금을 안정시키는 것은 경제 전체의 물가를 안정화하는 데 도움을 줄 것이다(레이, 2012: 224).

일자리 보장 정책에 필요한 예산에 대한 여러 의견에 따르면(금융 위기 전에 계산한 것이다), 미국에서는 이 정책으로 인한 총 지출이 국내총생산의 1퍼센트 이하일 것으로 추정된다. 대부분 비용은 실업 보험 같은 다른 정책에 들어가는 지출을 줄임으로써 상쇄될 것이다(레이, 1998). 가장 중요한 것은 일자리 보장 지지자들은 정부가 언제나 일자리 보장 자금을 조달할 수 있다는 현대통화이론[1]을 따른다는 점이다. 예측되는 재정 문제는 정부와 가계 재정에 대한 신고전주의 이론의 잘못된 비유에서 유래한다. 이 비유는 가계가 통화의 '사용자'인 반면 정부는 '발행자'라는 사실을 간과한다(**공공 자금** 참고). 정부는 독점적인 화폐 발행자이기 때문에, 논리적으로 세금이나 채권 판매를 통해 화폐를 회수하기에 앞서 화폐를 발행해야 한다. 이는 일반적인 상식을 완전히 뒤집는 것이다. 즉,

---

1 현금의 발행자인 정부는 현금 부족으로 파산하지 않으며, 정부 지출을 통해 경제가 성장하기 때문에 재정 적자를 적극 추진해야 한다는 주장.

정부는 지출을 위해 대중의 돈이 필요하지 않으며, 오히려 대중이 세금을 내거나 채권을 구매하려면 정부의 화폐가 필요하다. 정부는 화폐를 발행함으로써 지출하기 때문에 무엇이든 구매할 수 있으며, 여기에는 실업 노동력도 포함된다(레이, 1998; 2012).

일자리 보장은 여러 면에서 탈성장과 일치한다. 가장 명백한 것은 사회·경제 정의 문제와 관련된 잠재력이다. 일자리 보장 정책은 실업 문제에만 초점을 맞췄다고 여겨졌다. 그러나 환경 문제가 심각해지면서 일자리 보장은 사회 경제와 환경 문제를 동시에 해결할 수 있는 유일한 가능성으로 소개된다.

일자리 보장은 자본주의 사회가 직면한 고용과 환경 간 분명한 모순을 중재하는 수단을 제공한다. 전통적인 경제 정책은 총 수요 증가와 성장으로 고용을 활성화하는 데 기대는 반면, 일자리 보장은 총 수요와 관계없이 완전 고용을 보장한다. 고용을 총 수요에서 분리하기 때문에 성장이 멈추거나 역성장할 때에도 완전 고용이 가능하다.

장기적으로 일자리 보장은 현재 화폐 이윤에 기반하고 환경과 사회를 파괴하는 생산이 아닌 다른 길을 제시할 수 있다. 이는 사회와 생태의 근본적인 필요를 충족하는 길이다. 일자리 보장의 가장 매력적인 특징은 이윤에 얽매이지 않는다는 것이다. 따라서 사람들이 자본 축적에 목적을 두지 않고 생계를 꾸릴 수 있는 가능성을 창출한다. 또한 일자리 보장 정책으로 창출된 일자리는 사기업에서는 하지 않고, 할 수도 없는 환경적으로 지속 가능한 사업과 생산 수단에 이용될 수 있다(포스테이터, 1998; 미쳌, 1998). 일자리 보장 정책으로 노동자들은 민주적으로 사회 가치가 있다고 여겨지는 데 고용될 수 있고, 양육, 노인 · 환자 간호(**돌봄** 참고), 교육, 서식지 복원, 공동체 농업, 예술 등 일에 대한 생각의 지평을 넓힐 수 있다. 일자리 보장은 탈성장에 관한 다른 제안들을 보충하고, 지원할 수 있는 열린 정책 수단이다.

공공 자금

메리 멜로

공공 자금에 관한 행동 근거는 돈을 공적 자원으로 보는 데 있다(멜로 2010). 부채에서 자유롭고 민주 정치 통제 하에 있는 화폐를 공적으로 창출하고 순환하면, 사회 정의와 생태적 지속 가능성을 기반으로 하는 대규모 사회를 만들 수 있다(로버트슨, 2012). 이러한 공급 개념을 지지하기 위해 현대 국가에서 새로운 화폐가 어떻게 생성되는지를 이해하는 것이 중요하다(리안-콜린스, 2011).

현대 국가의 새로운 화폐에는 중앙은행 같은 통화 기관에서 만드는 화

메리 멜로(Mary Mellor)

영국 노덤브리아대학교 사회과학부 명예교수. 『돈의 미래: 재정 위기에서 공적 자원까지』 (2010) 저자. 에코페미니스트 정치경제학 관련한 저술 활동을 활발하게 했다. 현재 공공 자금에 대한 연구를 하고 있다. m.mellor@northumbria.ac.uk

폐(대개 기본 화폐라고 일컬어진다)와 대출 같은 은행 체계를 통해 만들어지는 화폐(대개 신용 통화라고 일컬어진다)가 있다. 국가 통화(지폐와 동전) 생산은 공금 기관이 독점하지만, 공공 자금은 전자 형태로 발행할 수도 있다. 2007년~2008년 금융 위기 당시 중앙은행이 대규모로 새로운 화폐를 발행한 경우가 한 사례이다(양적 완화).

두 가지 새로운 화폐 간 주요 차이점은 공적으로 승인된 기본 화폐와 달리, 신용 통화는 부채로만 발행된다는 점이다(잉햄, 2004). 은행은 화폐를 주조하거나 지폐를 인쇄할 수 없으며, 중앙은행에서 구매해야 한다. 그러나 이들은 대출 계좌를 만들 수 있고, 대출자(개인, 사업체, 정부)의 은행 계좌 잔고를 불림으로써 (담보 대출 같은) 새로운 돈을 발행할 수 있다. 기존 은행 이론은 은행이 대출을 통해 창출하는 새로운 화폐를 통화 기관이 통제할 수 있다고 주장한다. 그러나 금융 위기는 은행 대출이 통제를 벗어날 수 있다는 점을 시사했다. 대부분 현대 국가의 돈은 은행에서 부채로 창출되고 순환된다. 영국의 경우 97퍼센트의 돈이 이렇게 운용된다(잭슨과 다이슨, 2013). 현대 경제에서 돈은 사유화됐으며, 상업적 이유로 발행된다. 또한 여러 요인으로 인해 돈을 부채 형태로 공급하는 '사유화'가 진행됐다. 신자유주의 사상과 탈규제화, 개인·공공 부채 증가, 지폐와 동전의 사용 감소, 은행 계좌 간 이체에 대한 의존 심화, 예금 보험 같은 은행 계좌에 대한 공적 지원, 한도 없는 대출을 해 주는 중앙은행 등이 그것이다.

탈성장은 새로운 화폐 발행에서 부채의 역할과 관련된다. 새로운 공공 자금이 순환에 쓰임으로써 부채 없이 발행될 수 있음에도(은행 체계가 아닌, 사람들을 위한 양적 완화가 그 예이다), 은행 체계를 통해 발행된 돈은 언제나 부채 형태로 발행된다. 즉, 화폐는 발행된 은행으로 이자와 함께 다시 돌아가야 한다. 이는 거대한 성장 동력을 창출한다. 대부분 돈이 부채 형태로 발행되고 이자와 함께 상환해야 한다면, 화폐 공급은 새로운 부채 발행을 통해 확장되어야 한다. 만약 은행이 대출하거나 사람들이 대출 받을 의지가 없다면 화폐 공급은 멈출 것이다. 은행 부채가 체납되거나 상환된다면, 화폐 공급은 더 줄어들 것이다. 이러한 위기에서 새로운 돈의 유일한 공급지는 국가 중앙은행이다. 긴급 발행된 공공 자금이 경제 활동에 직접 쓰일 수 있음에도, 현재 통화 정책은 은행 체계나 정부에 부채 형식으로 발행한다. 이는 공공 자금을 은행 체계에 부채 형식으로 공급하고 (이로 인해 은행은 이자와 함께 공공 자금을 대출한다), 돈을 소유해야 할 대중에게 공급하지 않는 정책이다. 대신 대중은 은행을 구제한 돈을 빌리며, 이에 따라 국가 예산을 적자로 몰아넣고 심각한 내핍 상황을 유발한다고 여겨진다.

은행이 발행하는 부채와 **성장**의 연결 고리를 없애는 가장 간단한 방법은, 은행이 새로운 화폐를 창출할 권리를 없애거나 제한하는 것이다. 은행은 대부분의 사람들이 생각하는 은행 고유의 역할, 즉 저축된 돈을 대출하는 역할만 할 수 있도록 권리를 제한해야 한다. 은행이 부채를 통해 돈을 창출하지 않고, 그 대신 새로운 공공 자금은 대중의 필요를 충족하도록 부채 없이 직접 발행되어야 한다. 현재 공적 지출은 과세할 이윤이 생산될 때까지 상업적인 금전 순환을 기다려야 한다. 이는 공적 지출이 상업의 성장에 의존한다는 뜻이다. 이와 마찬가지로 대부분 사람들은 그들이 필요한 재화와 서비스를 직접 생산할 수 없으며, 돈에 접근하기 위해서는 이윤을 추구하는 사적 활동이나 이윤에 의존하는 공적 활동을 해야 한다.

새로운 공공 자금을 공적 자원으로 창출하자는 제안은 국가 통화 예산이나 독립적인 통화 기관을 통해 민주적인 통제 아래 새로운 돈을 창출하는 것을 목표로 해야 한다(잭슨과 다이슨, 2013). 공공 자금은 부채 없이 발행되며, 경제에 직접적으로 쓰일 수 있다. '충분한' 공급과 필요에 기반을 둔 경제 활동을 위해 돈은 순환할 것이다(멜로, 2010). 공공 자금은 국가, 지역, 국제 차원에서 다양한 방법으로 발행될 수 있다. 새로운 돈은 의료·**돌봄** 서비스, 저탄소 에너지 체계 등 핵심 공공 서비스를 지원하는 데 쓰일 수 있다. 화폐를 **기본소득**이나 사회 투자 자금, 공동체 기반 경제 개발 자금 형태로 발행함으로써 경제는 유연해진다. 상업 은행의 대출금은 폭넓은 공공 이익을 위해 쓰여질 경우에 새롭게 발행한 공공 자금으로 충당될 수 있다. 여전히 과세는 필요하다. 세금은 효율적인 천연 자원 사용과 부의 재분배를 위해 쓰일 수 있다.

공공 자금을 지지하는 이들은 이윤과 성장 위주 통제가 아닌 돈이 속한 곳, 즉 대중에게 돈을 돌려주자고 말한다. 또한 돈을 민주적 통제 아래 생태적 지속 가능성과 사회 정의 원칙에 따라 운용하자고 주장한다.

신경제

팀 잭슨

사회는 심각한 딜레마에 빠졌다. 성장에 저항하면 경제와 사회가 붕괴 위험에 빠지며, 반면 성장을 추구하면 우리가 생존을 의지하는 생태계가 위험해진다. 경기가 침체하면 소비 지출을 활성화하고 **성장**에 시동을 걸자는 주문이 으레 나왔다. 이 주문에 의문을 가지면 곧바로 냉소적인 혁명가 또는 현대 러다이트주의자(신기술 반대자)로 치부됐다.

혼란스러운 유령이 우리에게 다가올 때 성장에 시동을 거는 것은 쉬운 결정처럼 보인다. 이 위기에서 우리가 할 수 있었던 것은 유엔환경계획

팀 잭슨(Tim Jackson)

영국 서레이대학교 지속 가능한 발전 분야 교수이자 RESOLVE 대표. 지속 가능한 생활방식 연구 그룹 대표도 맡고 있다. 「성장 없는 번영」이라는 논쟁적인 보고서를 썼다. t.jackson@ surrey.ac.uk

(UNEP)의 아킴 슈타이너가 말한 '성장의 다른 엔진'을 만들어 내는 것이었다. 녹색 성장은 경제 회복의 신성한 성배가 됐다.

이 아이디어의 중점은 여전히 디커플링[1]에 있다(**비물질화** 참고). 자원의 집중도와 처리량의 집중도가 낮아져도 성장은 계속된다. 그러나 적어도 녹색 경제 아이디어에는 기술로 디커플링을 이루자는 꿈이 아닌, 대안 경제에 대한 밑그림이라고 할 만한 것이 있다. 여기에서 디커플링에 대한 꿈이란, 서구 생활 방식을 열망하는 90억 인구가 사는 세상에서 2050년에 기적처럼 1달러당 탄소 강도를 지금보다 130배 감축하는 것을 의미한다. 녹색 경제 아이디어는 사람들이 신경제에서 어떤 것을 살지, 그리고 어떤 사업이 팔릴지 가늠케 한다. 녹색 경제의 기초 개념은 물질적 '생산품'이 아니라, 비물질화된 '서비스'의 생산과 판매이다.

이는 물론 지난 수십 년간 일부 서구적 개발을 특징지어 온 '서비스 기반 경제'가 아니다. 중공업을 감축하고 서비스 기반 경제를 구축했던 대부분 국가는 소비재를 해외에서 계속 수입하며, 이를 지불하기 위해 금융 서비스를 확대한다.

그렇다면 이와 반대로 신경제에서는 정확히 어떤 생산적인 경제 활동이 이뤄지는가? 당연히 에너지 공급이 아닌 '에너지 서비스'가 팔린다. 자동차가 아닌 이동성이 팔린다. 재활용, 재사용, 공유지, 또는 요가 강

---

[1] 국가와 국가 또는 한 국가와 세계의 경기 등이 같은 흐름으로 보이지 않고 탈동조화 되는 현상.

습, 미용, **도시 텃밭** 등의 활동은 세를 내는 건물을 사용하지 않고, 최신 유행을 포함하지 않으며, 장거리 이동을 위한 자동차도 대개 필요 없다. 강력한 '진공 청소기'보다 변변찮은 빗자루를 선호할 필요가 있다.

근본적인 질문은 이것이다. 정말 이러한 활동들이 충분한 돈을 만들어서 경제는 계속 성장할 수 있는가? 우리는 모른다. 우리는 역사적으로 한 번도 이러한 경제에서 살아본 적이 없다. 자연 친화적이고 대안적인 생활 방식을 이루겠다며 고급 텐트부터 구입하는 사람들이 늘어나는 걸 상상할 수도 있겠다.

그러나 근본 이상을 완전히 버려야 한다는 이야기가 아니다. 신경제가 어떤 모습이건 인간의 번영에 기여하는 기초 방법은 저탄소 경제 활동이 돼야 한다는 점은 분명하다.

따라서 성장을 가정하며 출발하기보다 우리가 바라는 지속 가능한 경제가 무엇인지 규명하는 것부터 시작해야 한다. 안정성이나 회복력은 중요하다. 경제가 몰락한다면 인간 번영이 위협받을 것이다. 우리는 평등이 중요하다는 것을 알고 있다. 불평등한 사회에서는 비생산적인 지위 경쟁이 가열되고 시민 의식이 침식당해 삶의 질이 떨어진다(**성장의 사회적 한계** 참고).

유급 노동뿐만 아니라 대부분 노동은 신경제에서 여전히 중요하다. 노동은 필수적이다. 유급 노동이 생계에 기여한다는 명백한 사실 외에도 노동은 우리가 사회생활에 참여하는 방식 중 하나이다. 우리는 노동을 통해 사회 세계를 창조, 재창조하며 사회 속에 믿을 만한 공간을 가질 수 있다.

가장 중요한 것은 경제 활동이 생태적 범위 안에 있어야 한다는 것이다. 지구의 한계는 경제 활동 원칙에 직접 반영돼야 한다. 생태계 서비스 가치 평가, 국민 회계의 친환경화, 생태적으로 한정된 생산 기능 발견 등은 지속 가능한 경제 개발에 필수적이다.

또한 신경제 활동이 충족해야 할 몇몇 단순한 원칙을 규명하는 것은 지역 차원에서도 가능하다. 신경제 활동이 세 가지 기준을 충족할 때, 친생태 사업이라고 부를 수 있다.

인간 번영에 긍정적으로 기여한다.

공동체를 지원하고 품위 있는 생계 수단을 제공한다.

물질과 에너지를 최소한으로 쓴다.

이는 경제 활동이 단순히 인간 번영에 긍정적인 기여를 해야 한다는 뜻이 아니다. 이는 우리의 생산 체계를 만들고 조직하는 것과도 관련된다. 친생태 사업은 공동체의 결을 따라 장기적인 사회 이익에 반하지 않는 방향으로 이뤄져야 한다.

친생태 사업의 선구자들이 있다. 이미 신경제의 씨앗은 지역, 공동체 기반 사회 사업에 존재한다. 공동체 에너지 프로젝트, 지역 농부 시장, 슬로푸드 **협동조합**, 스포츠클럽, 도서관, 공동체 건강·운동 센터, 지역 수리·유지 서비스, 공예 워크숍, 글쓰기 센터, 수상 스포츠, 공동체 음악과 드라마, 지역 훈련·기술 센터 등이다. 요가(또는 격투기나 명상), 미용, 텃밭 가꾸기도 포함될 수 있다.

사람들은 인생의 대부분을 시간에 쫓겨 일하고, 물질주의를 추구하며, 슈퍼마켓에서 장을 볼 때보다 위에서 언급한 활동의 생산자 또는 소비자로 활동할 때 더 큰 성취감을 느낀다. 이러한 공동체 기반 사회 사업이 오늘날 경제에서 거의 인정되지 않는 것은 모순이다. 이들은 소비 사회의 주변부에서 무시되는 신데렐라 경제와 같은 존재이다.

이들 중 일부는 공식 경제 활동으로 등록되지 않았다. 이러한 사업들은 사람들을 시간제 근무나 자원 봉사자로 고용하며, 노동 집약적이다. 따라서 이들의 노동 생산성 증가가 **국내총생산**에 기여하는 정도는 당연히 '형편없을 것'이다. 만약 우리가 비물질적 서비스 유형으로 전환한다면, 경제를 안정시킬 수는 없겠지만 성장을 늦출 수 있다.

성장에 집착하고 자원 집약적인 소비 경제 중심에서 우리는 위태롭게 미쳐가고 있다. 의미 있는 일자리를 제공하고, 사람들이 성장할 수 있는 능력을 기르며, 공동체에 긍정적으로 기여하고, 물질적으로 가벼워질 수 있는 기회가 있는데도 이들 활동은 실제로 사람들을 고용하는 노동 집약적 분야라는 이유로 가치가 없다고 폄하된다.

이러한 반응은 노동 생산성에 대한 집착을 보여 주며, 이는 노동, 공동체, 환경을 약화시키는 길이다. 노동 생산성 향상이 항상 나쁜 것만은 아니다. 그러나 인간 노동을 대체하는 것이 더 나은 분야는 따로 있다. 바로 노동 환경이 열악한 경우이다. 노동력 투입은 언제나 최소로 해야 한다는 아이디어는 일반 상식에 어긋난다.

비물질화된 서비스가 생산의 성장을 이끌지 않는 이유는 명쾌하다. 서비스 가치를 창출하는 것은 바로 사람이기 때문이다. 사람들의 상호 작용에 기대는 활동에서 노동 생산성을 추구한다면, 서비스 질은 나빠질 것이다. 노동은 사람들이 사회에 의미 있게 참여하는 방법 중 하나이다. 일할 능력을 줄이거나 노동 경험의 질이 낮아지면 번영은 어렵다. 이 점을 감안할 때 끈질기게 노동 생산성만 추구하는 것은 정말 의미 없는 일이다.

요약하자면, 비물질적 서비스로 성장의 새로운 엔진을 마련하자는 요구는 의미 있지만 핵심을 놓쳤다. 계속 늘어나는 경제 산출량에 대해 서비스 기반 경제가 제안하는 아이디어는 실현 가능성이 없다.

우리는 분명 진보했다. 새로운 '신데렐라' 경제는 지금과 다른 사회에 대한 청사진을 제시한다. 새로운 생태친화적 사업들은 우리의 번영 능력을 키우고, 생계 수단과 사회적 삶의 참여 수단을 제공한다. 또한 안전과 공동의 노력을 공유하는 능력과 소속감을 주는 한편, 인간 존재로서 잠재력을 추구하도록 자극한다. 동시에 생태적 범위 안에 머물 수 있는 기회를 제공한다. 신경제는 신데렐라를 무도회에 초대하는 것이다.

나우토피아

크리스 칼손

시장 사회에서 무시되거나 평가 절하되는 중요한 일들에 예술적으로 접근하는 즉흥적인 영혼을 가진 이들, 땜장이, 발명가들을 나는 나우토피아인이라고 부른다. 실천에 뿌리를 둔 나우토피아인들이 일을 대하는 태도는 임금 노동을 넘어선 자기 해방적 계급 정치의 중요한 일면을 보여 준다. 이러한 실천은 **도시 농업**, '자전거 주방'이라 불리는 DIY 자전거

크리스 칼손(Chris Carlsson)

샌프란시스코의 숨은 이야기와 역사를 발굴하고 보관하고자 설립된 시민.단체이고 멀티미디어 역사 프로젝트인 샌프란시스코만들기(www.shapingsf.org) 공동 감독이자 작가, 출판가, 편집자, 공동체 조직가. 『폭주 이후』, 『나우토피아』를 비롯해 여러 책을 편집했다. 샌프란시스코만들기, 임계량, 나우토피아를 비롯해 1990년대 후반 이후 역사 선집인 '샌프란시스코 되찾기' 등에 관한 수많은 발표를 했다. www.chriscarlsson.com

수리 협동조합, 무료 소프트웨어 도구를 개발하고 사회 소통을 확장·향상하는 해커 집단, 재활용 의류 제작자, 바이오 연료 협동조합 등의 활동을 포함한다. 이들의 특징은 대가를 받지 않고 자신의 시간과 기술을 활용하고, 새로운 방법으로 현대 자본주의의 낭비적 흐름을 되돌린다는 점이다. 더 넓은 관점에서 보면 이들은 자본주의 이후의 삶을 위한 사회·기술적 기초를 고안한다. 점점 더 많은 사람들이 상업 관계는 어쩔 수 없이 인간관계를 악화시킨다는 사실을 인식하고, 돈으로 측정하기를 거부하는 활동의 네트워크를 형성하고 있다. 나우토피아 활동들은 비록 명확하게 선언되지는 않았지만, 탈성장 운동과 만나는 지점이 있다. 사람들이 시장에서 벗어나 스스로 시간과 기술을 어떻게 사용할지 결정할 때, 끝없는 성장에 기대는 시장 사회 논리를 끊어낼 수 있다. 이들은 탈성장 구호인 '경제 탈출'을 시도한다. **자본주의**의 흐름에서 버려지고 재활용되는 물질을 이용하는 것 또한 **'성장'**이 아닌 생산적 활동으로의 전환을 증명한다.

임금 노동에서 벗어나 스스로 방향을 설정하는 일은 계급, 궁극적으로는 무계급 사회라는 용어로 가장 쉽게 이해할 수 있다. 두 가지 핵심 요소는 시간과 과학 기술적 행동이다. 사람들은 '자유' 시간 동안 자신의 직업 외 활동에 참여한다. 이 참여는 많은 시간과 공유, 상호 도움을 필요로 하고, 어렵지만 새로운 종류의 공동체가 나타나도록 한다. 비록 대부분 참가자들이 받아들이지는 않더라도, 이는 노동 계급을 '재구성'한다. 참가자들은 스스로 만들고 선택한 목적을 위해 창의적인 기술 도용에 참여한다. 따라서 이와 같은 활동은 자신의 직업보다 더 나은 것을 할 수 있는 '노동자'들이 임금 노동 감옥을 (일정 정도) 초월하는 것을 의미한다. 임금 노동과 임의적 계층의 강압적인 제약에서 자유로워진 사람들은 '열심히' 일한다. 이들은 낭비의 흐름에서 땜장이이자 대장장이이며, 자본주의 이후 사회의 장을 열고 삶의 목적을 재정의하며, 새로운 실천을 보여 준다.

스스로를 끊임없이 민주적이라 칭하는 사회에서 우리의 공공연한 비밀인 노동에 대한 공적 토론은 거의 없다. 우리의 삶을 재단하는 근본적인 결정들, 즉 어떤 일을 어떻게 누구와 함께 할지, 또는 과학적 연구의 속성, 우리가 선택하거나 거절할 수 있는 기술 종류 등에 대한 공적 통제가 전혀 없다. 이렇듯 계급 형성은 우리가 노동으로 (재)생산하는 세상으로부터 우리 스스로 깊이 분리된 데에 연유한다.

창의적이고 실험적인 방법으로 기술을 사용하면서 나우토피아인들은 사회 방향을 두고 싸우는 게릴라전에 참여한다. 무수히 많은 행동과 '보이지 않는' 작은 방법들을 통해 나우토피아인들은 지금 바로 더 나은 삶을 만들고 있다. 또한 이들은 시장에서 자유로운 진짜 운동의 기초를 기술적, 사회적으로 세우고 있다.

자본주의가 세계 구석구석을 돈과 시장의 논리로 물들이면서 우리의 생각을 식민화하고 우리의 욕망과 행동을 통제하고 있지만, 정치를 재정의하고 예측 불가능성의 공간을 여는 새로운 실천들이 솟아나고 있다. 사람들은 **노조**나 정당 같은 전통적인 정치 형태가 아닌 실용적인 프로젝트를 위해 모인다.

자본과 상업의 결과로 치부되는 독창성과 창의적 천재성은 지구 생태학에도 적용된다. 우리가 진정으로 노력하면 상당 부분 피할 수 있는 지구적 재앙에 직면한 많은 친구들과 이웃들이 지역적으로 행동하면서 현대 삶의 핵심인 기술을 다시 디자인하고 있다. 이 재디자인은 차고나 뒤뜰에서 '연구 개발 프로그램'을 통해 이뤄진다. 우리 시대의 **공유물**은 버려진 자전거나 남은 식용유, 공터와 열린 광장이다. '말 그대로 정말 자유로운 시장', 반상품, 축제, 무료 서비스는 상상 가능한 반경제 상품이며, 자유롭게 협력하는 독창적인 사람들이 만들고 있다. 이들은 제도 변화를 기다리지 않고, 낡은 세상의 껍질 안에서 새로운 세상을 구축한다.

나우토피아 운동은 자본주의적 노동 분업에서 노동자를 해방하기 위한 싸움이 아니다. 노조 전략에 우리가 바라는 최선은 자본주의적 노동 분업이겠지만, 우리는 위태로운 성장 위주 시장이 강요하는 과로와 삶의 공허함을 느끼는 사람들을 본다. 이들은 단순히 노동자가 되는 것에서 벗어나려 한다. 사회적 소수자가 늘어나고 있으며, 이들은 소비주의와 과로의 끝없는 쳇바퀴를 탈출하기 위해 일한다. 많은 이들에게 시간은 돈보다 더 중요하다. 재화에 대한 접근은 경제 독재에 복종함으로써 얻는 주요 보상이다. 그러나 이곳저곳에서 공허한 물질적 부의 매력, 경제적 삶이 강요하는 규율이 깨지고 있다.

이것은 탈성장 정치의 본질이기도 하다. 정체불명의 경제가 강요하는 논리는 화폐 경제 바깥에 자리 잡은 일상적인 주관성과 창의적 생산성 속에서 힐책 받는다. 탈성장은 물질적인 삶의 질의 붕괴가 아니라 더 적게 일하고, 적게 낭비하고, 우리가 원하는 모든 것을 가지고 삶을 최대한 즐길 수 있는, 스스로 개발한 인간 활동의 재조직을 의미한다. 삶을 이런 방향으로 재조직할 수 있는 유일한 사람들은 날마다 아침에 일어나 세계 자본주의 사회를 만드는 사람들, 즉 우리 자신이다. 우리 모두가 함께 해야만 가능하다. 우리가 무엇을 어떻게 하는가에 대한 통제권을 찾는 것은 끝없는 성장의 쳇바퀴에서 내려가는 첫걸음이자 탈성장 사회를 향한 첫걸음이다.

탈정상 과학

자코모 달리사, 요르고스 칼리스

탈정상 과학은 '사실이 불확실하고 가치가 논쟁 중에 있으며, 이해관계가 복잡하고, 시급한 결정을 내려야 할 때' 쓰이는 문제 해결 전략이다 (푼토비츠와 라베츠, 1994: 1,882). 이러한 맥락은 기후 변화, 유해 폐기물 투기, 오염 등의 환경 문제나 핵발전소 위치 선정 문제들이 가진 특징이다. 생물 의학에서와 같은 윤리적 복잡성과 마찬가지로 환경, 개발, 평등 정책에 관한 논의에는 과학자뿐 아니라 적절한 참가자로 구성된 '확장된 동료 공동체'가 있어야 한다. 이들은 해당 사안과 관련이 있고, 과학적 조언의 질을 보장하는 방향으로 참여할 사람들이어야 한다(푼토비츠와 라베츠, 1994).

탈정상 과학 개념은 '순수'(기본, 핵심, 정상) 과학, 그리고 현재 지배적인 문제 해결 방식인 '응용' 임무형 과학 및 '전문 자문'과 비교하면 더 잘 이해할 수 있다. 실험실 연구의 순수 과학 측면에서 결정의 이해관계는 무시해도 될 정도다. 외부 참가자가 없고 연구는 (대부분) 탐구 위주이기 때문이다. 불확실성 역시 매우 낮다. 연구는 연구 문제가 (합리적으로) 해결될 것으로 기대될 때 수행된다. 응용 과학은 순수 과학을 바탕으로 특정한 제품이나 과정을 향상시키거나 이행할 필요가 있을 때 이용된다. 그러나 이해관계와 불확실성이 낮은 경향이 있으며, 일반적인 표준 통계를 통해 관리할 수 있다. 전문 자문은 응용 과학보다 폭이 넓으며, '전문가'의 판단과 창의성 적용을 요구한다. 일례로 부러진 다리에 대한 외과 수술의 응용 과학과 병리학자나 정신과 의사의 전문 자문을 비교해 보라. 자문은 의뢰인을 위해 수행되기 때문에 응용 과학보다 불확실성이 크고, 결정의 이해관계가 더 복잡하다.

구체적인 예로 댐을 생각해 보자(푼토비츠와 라베츠, 1994). 오랫동안 댐의 디자인과 장소에 대한 결정은 응용 과학 영역에 있었다. 홍수 조절, 물 저장, 관개 등의 목적이 있을 때 불확실성은 과학적인 통계 기술에 의해 관리됐다. 댐에 관한 논란이 불거지면서 비용과 이익, 적합한 장소, 환경 영향 등을 판단하는 전문 자문이 중요해졌다. 결정이 정치 과정의 하나가 되면서 각개 이해 집단은 자신들의 전문가를 활용했다. 이제 댐과 물을 통해 성장한다는 논리에는 의문의 여지가 생겼으며, 서로 다른 가치가 대립하고 수문학부터 사회, 종교적인 모든 면에 불확실성과 비판이 존재한다. 이것이 탈정상 과학의 영역이다.

탈정상 과학의 인식론적 상정은 제롬 라베츠(Jerome Ravetz, 1971)의 책『과학 지식과 그것의 사회 문제들』에서 처음으로 등장했다. 많은 탈성장주의자들에게 영향력 있는 사상가인 자크 엘륄처럼 라베츠(2011)는 '기업가적'이고 '통제되지 않는 기술'을 생산하는 '산업화된 과학'을 비판했다. 라베츠는 공예에서 산업 과학으로의 전환은 산업 노동자들이 맞닥뜨린 결과와 마찬가지로 과학자들에게도 비슷한 상황을 불러왔다고 주장했다. 즉 그들의 창작품에 대한 통제와 방향 상실이다. 과학자들의 경우 이는 자신들의 연구에 대한 **자율성** 상실을 의미한다. 라베츠는 산업 과학의 이윤과 자금 조달 기준이 다른 기준보다 우세하고, 이것이 과학을 생산 요인으로 전락시킨 것을 비판했다. 또한 그는 도덕적 특성과 과학자의 기술에 기반을 둔 품질 보장에서 벗어나 결과의 수익성과 기술적 적용 가능성에 집중하는 움직임을 지적했다.

1980년대에 라베츠와 푼토비츠는 협력하여『정책을 위한 과학의 불확실성과 질』을 출간했다. 이 책의 주제는 정책을 설정할 때, 불확실성을 다루는 수준을 평가하고 보장할 것을 목적으로 한 수사 단위 확산 평가 내력(NUSAP)이라 불리는 표기법의 디자인이다. 저자들은 당시 증가하는 환경 문제에 자극 받았다. 이러한 환경 문제는 라베츠가 과거 자신의 연구에서 비판했던 '통제되지 않는 기술'과 핵, 유전자 조작 농산물(GMO) 같은 신기술의 급증이 야기하는 새로운 문제들이었다. 현상들의 원인과 영향은 상당히 불확실하며, 인류의 생존 문제를 포함한 이익 관계와 세대 문제 같이 단순화할 수 없는 가치 갈등이 있었다. 이러한 조건에서 푼토비츠와 라베츠는 더 이상 정상 과학의 단순한 '퍼즐'을 이야기할 수 없다고 주장했다. 단순화할 수 없는 가치들이 개입됐을 때, 하나의 '진실'에 대한 모색은 과학 활동의 구성 원칙이 될 수 없다. 예를 들어 해수면 상승의 불확실성은 더 이상 방법론적 혹은 기술적인 불확실성으로 해결될 수 없다. 해수면 상승 영향에 대한 평가는 인식론적 불확실성을 포함한다. 탈정상 과학은 더 이상 실험실에서 개발되고 응용 과학으로 확장된 정상 과학이 세계 환경 문제를 해결하는 데 적절치 않다는 점을 암시한다.

'품질 보증'은 탈정상 과학의 핵심 개념이다. 품질은 단순히 불확실성 관리가 아니라, 문제의 다양한 측면에 대한 서로 다른 우려에 응할 수 있는 통합 사회 과정을 뜻한다. 탈정상 과학은 최적의 해결 방안을 모색하는 과학에 기반을 둔 실질적 합리성에서, '만족스러운' 해결 방안을 찾는 것을 목표로 과정의 합리성을 추구하는 전환을 의미한다(기암피에트로, 2003). 정상 과학의 상호 검토 과정은 탈정상 과학에서 필요하지만 충분하지는 않다. 확장된 동료 공동체가 품질을 확인해야 한다. 여기에는 특정 분야의 공인된 전문가뿐만 아니라, 문제 해결에 참여할 의지를 가진 일반인 집단도 포함해야 한다. 이 확장된 전문 공동체는 지속 가능성과 연관된 결정을 맡는다. 이들은 관습적인 '과학적 사실' 뿐만 아니라 정보의 다양성(과학적, 토속적, 지역적, 전통적), 다원화된 가치(사회, 경제, 환경,

윤리), 믿음(물질, 정신) 등을 포함한 '확장된 사실'을 정교하게 배치할 수 있을 것이다. 이 모든 것은 관습적인 '과학적 사실'과 함께 해당 문제에 대한 분석에 정보를 제공한다. 응용 과학과 전문 자문은 이 모든 활동의 일부가 될 수 있지만, 더 이상 의사 결정 과정을 지배하지 못한다. 그러나 유의해야 할 점은, 여전히 정상 과학이 문제 해결에 적절한 순간이 있다는 것이다. 그러나 이는 가장 시급한 환경, 사회, 경제 문제에는 적용되지 않는다.

지금까지 탈성장주의자들은 '경제학자'를 앞세운 과학자들이 진실에 대한 전문성과 그들의 주장을 통해 사회 영역을 식민화하고 탈정치화하려는 소유자로서 행세하는 것에 도전해 왔다(**탈정치화** 참고). 여전히 과학의 역할과 가설적인 탈성장 사회에서 어떻게 문제들을 해결할지에 대한 고민은 계속된다. 문제 해결 과학은 탈성장 전환에서 사회 환경적 행동 방침을 선택하는 데 중요한 부분으로 남을 것이다. 또한 탈성장 사회에서도 여전히 핵심으로 남을 것이다. 이는 비록 규모가 작고 질적으로 다른 사회에서도 댐, 핵발전소, 유해 폐기물, 기후 변화 등 우리 세대의 유산을 관리해야 하기 때문이다. 여러 이유로 '탈성장 사회를 위한 과학'에 대한 성찰의 시작은 탈정상 과학이어야 한다.

그 이유는 첫째, 탈성장 공동체와 탈정상 과학이 탄생한 생태경제학자 공동체 사이에 강한 유대가 있기 때문이다. 생태경제학을 공부한 새로운 세대의 탈성장주의자들은 이미 탈정상 과학의 인식론적 근거를 잘 알고 있다. 탈성장 국제회의 개최는 탈정상 과학의 이상에 영감을 받았으며, 탈성장 연구를 위해 권위 있는 전문가뿐만 아니라 '확장된 동료 검토 공동체'를 만들려는 시도를 하고 있다(카타네오 외, 2012).

둘째, 라베츠가 통제되지 않는 기술에 가한 비난은 근본적인 탈성장 이론을 반영한다. 탈정상 과학의 인식론적 뿌리는 기술에 대한 탈성장의 비판과 만난다(**공생공락** 참고). 그 예로 일리치가 대규모 기술의 급진적 독점에 대해 비판한 것과 엘룰이 자율성을 지니게 된 '기술 체계', 발견 자체를 위해 '발견할 수 있는 것들'을 발견하는 자기 지시적 체계로부터 탈출해야 한다고 주장한 것 사이에 연결 고리를 찾아볼 수 있다.

세 번째로 탈정상 과학이 추구하는 과학의 민주화는 전문가들의 지배를 벗어나 과학 제도를 포함해 서구 사회의 민주 제도를 개조할 것을 요구하는 탈성장주의자들의 주장과 같은 선상에 있다(카타네오 외, 2012).

마지막으로 중요한 것은 대화, 가치에 대한 헌신, 정당한 관점의 다원화, 불확실성 인식, 집단 의사 결정에서 전문가의 독점을 없애는 것은 탈정상 과학과 탈성장의 근본 원리이다.

노동조합

데니 바욘

대부분 국가에서 주요 노동조합은 경제 탈성장 아이디어에 역사적, 실용적인 이유를 들며 반대한다. 어떠한 프롤레타리아 혁명도 일어나지 않을 것이 명백해진 뒤, 노동조합들은 경제 성장에서 완전 고용과 노동자의 몫 증가를 주장하는 개량주의적 기관으로서 활동해 왔다. 이 전략은 산업 국가에서 1950년~1980년에 꽤 성공적이었다. 그 결과 사회 불평등과 빈곤은 대폭 감소했다. 비록 일부 '계급 투쟁 노조'가 비자본주의적 제도 개발(사회 안전, 의료, 교육, 문화 등의 공공 서비스)을 위해 계속 싸우지만, 이들은 경제 **성장**이나 산업적, 사회적 분업을 결코 비판하지 않았

데니 바욘(Denis Bayon)
연구와 탈성장 회원이다.

으며, 이 결과로 불거진 심각한 환경 영향에 대해서도 비판하지 않았다.

특히 2008년 이후 **자본주의** 위기는 노동조합을 두 가지 방향으로 이끌었다. 고용 붕괴와 파산 증가에 대면한 대형 노조는 탈성장의 주제나 '공유된 검소' 같은 주제에 눈길을 주지 않았다. 이들은 노동자들의 고용과 임금을 방어하는 데에 집중했고, 성장을 부추기는 경제 정책을 지지해 왔다. 다른 한편 일부 노조와 탈성장 운동가들의 새로운 연맹이 나타나고 있다. 연맹은 대형 노조의 전략에 반대해 온 주변 노조나 주요 노조 내 반체제적 부문을 포함한다. 이들 대부분은 신디칼리즘[1] 운동에 뿌리를 두거나 그로부터 영향 받았다. 그 예로 프랑스의 전국노동자연맹(CNT), 신디칼리즘연대연합(SUD), 스페인의 노동일반조합(CGT)을 들 수 있다. 특히 스페인의 노동일반조합은 6만 5천 명의 회원을 가지고 있는 세계적으로 가장 큰 무정부주의 노조이다.

탈성장 찬성 입장은 프랑스 전국노동자연맹과 닿아 있다. 이들은 최근 "환경 보호는 자본주의에 대항한 싸움을 의미한다. 우리는 생태주의와 탈성장에 찬성한다(CNT, 2011)"고 천명했다. 스페인 노동일반조합은 자연과 노동 착취는 탈성장 아이디어의 투쟁 전략을 사용하게 한다고 본다. 성장은 더 조화로운 사회를 위한 조건을 창출한다고 주장하는 개량주의 노조와 자본주의자들이 옹호하는 이론과 달리, 노동일반조합은 대

---

1 생디칼리즘이라고도 하며, 정당 정치를 불신하고 노동자 계급의 직접 활동을 통해 자본가 사회를 붕괴시키는 것을 목적으로 하는 운동.

량 생산과 소비가 강요하는 '노예적 삶의 방식'(타이보 아리아스, 2008)을 비판한다. 그러나 노동일반조합은 강요된 경제 탈성장이 혹독한 조건에서는 자연 자원을 남용할 수 있기 때문에 위험하다고 지적한다. 2008년 이후 그리스나 스페인의 경제 침체는 이런 사회 경제적 붕괴를 잘 보여준다.

혁명적 노조가 만약 그들의 영향력을 잃지 않길 원한다면 당연히 고용을 위해 싸워야 할 것이다. 이들은 자동차 산업, 핵발전소, 유독 공장 등 생태적, 윤리적으로 의구심이 드는 일자리도 방어해야 할지 모른다. 이것은 탈성장 운동이 산업, 농업, 공공 또는 민간 서비스 분야에서 일하는 수백 만 노동자들의 현실에 개입하려면 맞서야 할 어려움이다.

산업, 서비스, 행정 분야의 임금 노동자들은 자본의 소유자도, 그들 스스로의 노동의 주인도 아니다. 자신의 농장에서 농업 생태적 실천을 개발하고 소비자와 협동조합 연계를 주도할 수 있는 농부와 달리, 임금 노동자는 탈성장 경제에서 생산자로 활동할 수 없다. 그러나 우리는 노동자들에게 요구하는 희생이 한계에 도달했음을 알 수 있다. 또한 현재의 위기가 정리 해고나 '급매'에 반대한 점령과 파업 이후 노동자 운영 협동조합 부활에 적합한 조건을 만들고 있다는 희망을 볼 수 있다. 그 예로 그리스의 비오메 공장, 시카고의 뉴에라 윈도우 공장, 프랑스의 스톱티 차 공장, 라벨르오드 아이스크림 공장, 그리고 아르헨티나의 300여 개 이상의 작업장 등이 있다. 노동자의 손에 생산 도구가 들어가면, 산업 재해에 대한 관심이 높아져 작업 환경에서 생태와 건강 문제가 현저하게 중요해진다.

　우리가 알기로 스페인 노동일반조합은 일자리와 탈성장 간 연계에 대한 성찰을 고무하는 유일한 노조이다. 이는 스페인 시민단체인 '행동하는 생태주의자'와 협력한 결과이다. 이 노조의 문건이 '일'에 대한 넓은 정의를 포함한다는 점은 흥미롭다. 일에는 단순히 사적, 공적 상사가 지불하는 임금을 정당화하는 '신경, 근육, 두뇌 사용'만이 아니라(이는 '노동력'에 대한 정의이다), 가사 노동이나 협력 노동(식량, 보건, 어린이 교육, 노령 부모 돌봄, 이웃 관계 개발, 문화)도 포함된다. 또한 사람들이 자가 재생산을 위해 자발적으로 일하는 것(식량, 건강, 문화)도 포함된다(**돌봄**과 **페미니스트 경제학** 참고) (노동일반조합과 행동하는 생태주의자, 2008: 18-19). 이러한 접근은 전통적으로 '노동'과 '일'(둘 다 필요 때문에 하게 되며 자유와 반대된다), '행동'('인간 자유 영역'에 포함된다) 간 대립에 도전하는 것이다(아렌트, 1958). 따라서 노조가 제안하는 '일'에 대한 정의는 '노동에 대한 비판'이라고 알려진 현대 이론과 명확히 다르다. 일부 노동조합원들은 현실의 노동력 착취를 고려해 노동을 자본주의의 지배에서 해방하기를 원한다. 즉, 이들은 노동 시장 폐기를 원한다.

　유럽 국가에서는 임금을 정당화하는 인간 활동 영역을 확장하려는 계급 갈등이 커지고 있다. 실업자는 이중적 의미에서 노동자로 간주되어야 한다. 재산 수입(이자, 이익)은 없지만, 구직 활동, 건강 관리, 가사 노동은 사실 '일'이기 때문이다. 따라서 지금처럼 실업 및 다른 수당에 적용되는 한계와 규제로 인해 일부 실업자들만 받는 급여는 모든 실업자들로 확대되어야 한다. 현재는 기존의 실업 수당마저도 신자유주의 정책으로부터 위협 받는 상황이다. 바로 이것이 대형 노조 내에서도 '전문적 사회 보장'에 대한 요구와 고용 여부를 떠나 모든 노동자에게 적절한 임금을 보장해야 한다는 요구가 증가하는 이유이다. **'기본소득'**에 대한 요구와 달리 이 제안은 대부분의 선진국에서 이미 효과적으로 작동하는 사회 보장 제도를 강화함으로써 실천될 수 있다. 경제 위기로 인해 빈곤이 늘어나는 것을 고려하면, 이러한 제안은 우선순위가 되어야 한다. 일의 의미와 목적에 대한 회의감과 노동자들이 대규모 실업 위기에 처한다는 '고용 위협'을 줄일 수 있기 때문이다.

일에 대한 새로운 개념은 '노동'의 종말이 탈성장 프로젝트의 전제 조건임을 짐작케 한다. 성장의 경제가 '환경 골칫거리의 축적'으로 비춰지기 때문에, 경제 탈성장은 급진적인 노동조합원들이 보는 것처럼 대규모 생산 축소, 이에 따른 환경 골칫거리 감축을 동반하며, 고용 붕괴를 포함할 수 있다. 다른 말로는 자본이 착취하는 노동의 붕괴이다. 그러나 일은 여전히 존재할 것이다! 더 이상 자본이 지배하지 않는 인간의 일은 새로운 도구 혹은 일부 기계를 대안적으로 이용함으로써 더 협동적이고 지속 가능한 사회를 만들 수 있다. 만약 일이 노동자의 통제 아래 놓인다면, 인간의 일은 훨씬 더 환경 친화적일 것이다. 자본주의의 재산 원칙과 성장의 대명제 아래에서 노동은 환경에 유해한 것이 되기를 강요받기 때문이다. 이에 따라 탈성장은 자본에 의한 자연과 인간 착취를 끝낼 잠재력으로 보인다. 이것이 바로 탈성장 운동가들과 모든 노동조합원들, 적어도 급진적인 노동조합원들의 공통 목표가 아닌가?

도시 텃밭

이사벨 안겔로브스키

　도시 텃밭은 사람들이 도시에서 식물과 농작물을 기르는 실천을 말한다. 이 용어는 종종 도시 농업과 같은 뜻으로 쓰이지만, 도시 농업은 일반적으로 좀 더 큰 규모를 말한다. 이른바 '시민 농장 텃밭'은 19세기 독일에서 식량 부족 불안에 대처하기 위해 탄생했다. 제1차, 2차 세계대전과 대공황을 겪으면서 '자유 텃밭'과 '승리 텃밭'이 미국, 캐나다, 이탈리아, 영국에서 퍼져 나갔다. 사람들은 식량 부족 불안을 해소하고 전쟁을 지지하기 위해 농작물과 허브를 키웠다. 미국에서는 유럽 이민자들, 특히 이탈리아인들이 농작물 재배에 나섰다. 많은 경우, 특히 북반구에서는 텃밭의 규모가 본인과 가족들이 매일 먹을 농작물을 충당하기에 작기는 하지만, 오늘날 전 세계적으로 8억 인구 이상이 도시 농업에 참여한다. 도시 텃밭은 정치적으로 가시화됐는데, 가장 최근의 예로 미셸 오바마가 학생들과 함께 백악관에서 텃밭을 가꾼 데에 대한 언론의 뜨거운 관심을 들 수 있다.

텃밭 농사의 수많은 이점은 널리 알려져 있다. 첫째, 도시 텃밭은 가까운 소비자들에게 지역적이고 환경 영향이 적으며, 신선한 식량 생산을 장려함으로써 온실가스 배출 감축 목표 달성을 돕는다. 텃밭은 빗물 유출을 방지하고 공기와 빗물을 정화하며, 도시 열섬 현상을 완화한다. 또한 효율적인 퇴비 처리를 통해 도시 폐기물 처리장 역할을 하고, 토양 침식 방지를 도움으로써 도시 환경의 질을 높인다. 일부, 심각하게 오염된 토양에 텃밭을 만들어 많은 기술 지원이 필요한 경우도 있다. 도시에 텃밭이 퍼져 나가면, 미국 웨스트필라델피아의 해딩톤처럼 예전에는 황폐하다고 여겨졌던 지역을 푸르게 가꿀 수 있으며, 지역을 아름답게 만드는 데 일조한다. 그러나 도시 텃밭을 통한 지역 녹색화는 젠트리피케이션과 원주민 이주를 유발할 수 있다. 투자자들이 텃밭이 형성된 지역을 매력적인 지역으로 재평가하기 때문이다. 델리, 뉴욕, 보스톤 같은 경우, 실제로 도시 텃밭은 최근에 정착한 고소득 주민들이 관리하고, 저소득 또는 유색인 텃밭 농부의 비율이 줄어들고 있다.

사회적 관점에서 보면 텃밭 농사는 이웃 간 관계를 강화한다. 이는 텃밭 농부들이 활발하게 텃밭 청소, 생산, 유지에 참여하기 때문이다. 도시 농부들은 종종 사적인 이용을 위한 공간 전용 등의 목적 없이 협력 프로젝트를 구상해 책임을 나누고, 땅에 대해 투기가 아닌 다른 목적을 상상한다(**공유물** 참고). 텃밭은 관계를 끈끈하게 만들고, 집단 간 상호 작용을 활성화하며, 지역의 자부심과 시민 참여를 증진시킨다(로손, 2005). 건강 차원에서는 휴식, 치유, 트라우마 극복 등의 이점이 있으며, 고립된 주민들에게 취미와 여가 기회를 제공한다.

가장 중요한 점은 도시 텃밭이 식량 부족으로 힘든 저소득 주민과 유색 인종 주민들이 감당할 수 있는 가격의 식량을 제공함으로써 식량 공급의 불평등을 해소할 수 있다는 점이다. 미국 로스엔젤레스에서는 지역 식량은행이 1993년에 사우스센트럴 농장이라는 14에이커 규모의 농장을 만들어 350가구가 넘는 가난한 라틴계 가정에 신선한 식량을 제공했다. 이는 2006년 시 당국이 농장을 없애기 전까지 계속됐다. 남반구에서 도시 텃밭은 언제나 도시 풍경의 일부였으며 하라레, 나이로비, 로사리오, 델리, 아바나 등지에서는 주민의 수입을 높이기 위해 정부, 시민 단체, 농부 조직 등에서 텃밭에 대한 지원이 늘고 있다(무조, 2005).

마르크스가 말한 것처럼, 메타볼리즘의 균열이라는 개념은 탈성장과 도시 텃밭의 관계를 살펴보는 데 도움을 준다. 도시 텃밭은 메타볼리즘의 균열을 세 가지 차원에서 완화하는 데 기여한다. 첫째는 생태적 균열이다. 이는 사람들이 계속되는 축적, 생산 규모 조정과 기술적 해결책(비료)을 끊임없이 찾음으로써 생기는 생물 물리적 신진대사(영양소 순환)의 균열을 의미한다. 둘째, 사회적 균열은 토지, 노동, 식량의 상품화와 연관된다. 농촌 인구가 토지를 빼앗기는 것이 가장 좋은 예이다. 마지막으로 개인의 균열이다. 이는 자연과 노동 생산품에서 사람들이 소외되는 것을 뜻한다(맥클린톡, 2010).

영양소 순환의 규모를 재조정하고 석유에 기반을 둔 식량 생산에 대한 의존도를 줄이며, 질소를 농작물에 고정함으로써 유기 폐기물을 재활용하는 것은 생태적 균열을 완화하는 도시 텃밭의 잠재력을 보여 준다. 도시 텃밭은 착취되지 않은 토지를 경작함으로써 사회 균열에 대응한다. 이는 기업식 농업과 가공, 포장된 식량이 가난한 주민들에게 확산되는 것을 제한하고, 소규모·자급자족 생산을 강화한다. 이는 비록 보다 거시적 차원에서 계속되는 축적을 막지는 못하지만 시장이 토양과 사람을 완전히 지배할 수 없게 한다. 대안 식량 운동으로서 도시 텃밭은 과거에 공공재로 여겨졌던 자원을 자본주의로부터 되찾아 모든 이가 식량에 접근할 수 있도록 하는 데 기여한다(**상품화** 참고). 도시 농업은 사람들을 메타볼리즘, 식량 생산, 소비 과정에 재결합함으로써 개인의 균열 문제를 다룬다.

도시 텃밭과 탈성장은 밀접한 관계가 있다. 사회 운동가들은 칸 마스튜(바르셀로나)의 주민이나 어반컬춰어(퀘벡)의 지도자들처럼 도시 농업에 참여해 식량 생산이 지역 주민들에게 이익이 되는 소규모, 비상업적, 저영향 농업의 가치를 증명하려 한다. 이들 공동체 사업들은 저탄소 경제로의 전환을 현실화하는 것이며, 수익에 초점을 맞춘 기업적 농화학 집약 농업에 대한 대안을 보여 준다. 도시 텃밭은 비자본주의적 실천이

된다. 도시 텃밭을 통해 식량 생산과 소비의 간격이 줄어든다. 도시 텃밭은 생산자와 소비자가 마주보는 관계를 만들어 주며, '시민 농업'이라 불리기도 하는 농장, 식량, 공동체의 재결합을 이끌 수도 있다(라이손, 2004). 사람들은 자신이 먹는 음식의 원산지와 품질에 더 관심을 가지고, 생산 수단과 과정에 대한 농부들의 통제권에 귀를 기울인다. 이러한 관심은 파머스 마켓과 식량 협동조합에 대한 수요가 증가하는 것을 통해 볼 수 있다.

일자리 나누기

줄리엣 B. 쇼어

축소되는 자본주의 경제에서 생산에 필요한 사람의 숫자도 점점 줄어들고 있다. 노동 시간은 아마도 확실하게 줄어들 것이다. 기존에는 노동 시간 단축이 실업이라는 형태로 이뤄졌다. 탈성장을 실천한다면 모든 노동자의 업무를 줄임으로써 노동을 나누고, 일부 노동자의 실업을 피할수 있다. 이를 일자리 나누기라 부른다.

일자리 나누기는 1980년대 이후 유럽에서 중요한 경제 정책이었지만 북미에서는 흔하지 않은 정책이었다. 2008년 세계 금융 위기 이후 대부

줄리엣 B. 쇼어(Juliet B. Schor)

미국 보스턴칼리지 교수. 『풍부함: 참된 부의 새로운 경제학』, 『과로하는 미국인과 과소비하는 미국인』 등의 저서가 있다. 신경제학 여름 학교 조직을 맡고 있으며, 미국 생태경제학회 허먼 데일리상을 수상했다. juliet.schor@bc.edu

분 부유한 국가에서 노동 시간이 감소했다. 일부 유럽 국가에서는 노동 시간 단축 정책이 경기 침체에 대한 대응으로 시행됐다. 독일, 이탈리아, 프랑스, 오스트리아, 영국은 계속 노동 시간을 단축하는 추세다. 그러나 미국과 네덜란드는 경제가 회복되면서 불황기에 짧아졌던 노동 시간을 다시 되돌렸다. 스웨덴과 스페인에서 노동 시간은 불경기 전보다 증가했다. 평균 노동 시간은 국가에 따라 상당히 다르다. 고용주들의 자료에 따르면 독일 노동자들은 연 평균 1,396시간을 일하고, 영국 노동자들은 1,660시간, 미국 노동자들은 1,708시간을 일한다. 일부 주류 경제학자들은 높은 노동 비용이 일자리 증가의 장애물이라고 주장한다. 그러나 현재의 위기는 높은 임금이 아닌, 장기적인 총 수요 감소와 금융 부문 부패로 인한 것이다. 사실 실질 임금은 많은 국가에서 2008년 이후 감소했다.

북반구에서 탈성장 운동은 일자리 나누기를 일시적인 정책 이상으로 확장하기를 열망한다. 산출이 의도적으로 줄어들면 노동력과 노동 생산성이 줄어들지 않는 이상 노동 시간도 따라서 줄어들어야 한다. 그러나 노동력 감소는 유럽의 저출산 국가에서도 일어나지 않을 것이다. 왜냐하면 이들 부자 국가들은 기후 난민을 받아들여야 하기 때문이다. 현재 기후 변화의 영향을 가장 크게 받을 남반구 국가의 인구 연령 구성을 감안하면 대부분 난민은 노동이 가능한 나이일 것이다. 따라서 노동 생산성은 계속 증가할 것이다. 디지털 기술의 혁신은 특히 노동 집약적 서비스 부문에서 인간 노동의 많은 부분을 대체할 것이다. 또한 친환경적이고 효율적인 생산 방식으로 생산성이 증가할 수 있다. 반대로 저렴한 에너지가 없어지면서 노동 투입량이 높아질 것이라는 주장도 있다(**메타볼리즘** 참고). 생산성 증가와 에너지 비용의 순수 효과를 알기란 불가능하다. 그 이유는 특히 에너지 사용과 생산성이 독립적이지 않으며, 이들 변수가 노동 시장의 균형을 유지하기 위해 일자리 나누기가 얼마나 필요할지 결정하기 때문이다.

노동 시간은 탈성장 운동 목표와 어떻게 조화를 이루며 줄어들 수 있는가? 현재 일자리 나누기는 적어도 노동자의 임금 손실을 일부 대체하기 위해 실업 보험을 이용하는 방안을 수반한다. 수입을 대체하는 것은 연간 노동 시간 감소에 대한 대중적 지지, 특히 저임금 노동자의 지지를 유지하기 위해 중요하다. 탈성장 시나리오에서 일반적으로 임금은 일정하게 유지되며, 노동 시간 감소에 대처하는 재정 조달은 생산성 증가로 충당할 수 있다고 가정한다. 임금은 일정한 한편 노동 시간이 줄어든다면 시간당 임금이 증가하고, 이는 고용주가 더 적은 노동력을 요구하는 것으로 이어질 수 있다.

또 다른 접근은 주 4일 근무, (복지 혜택과 승진을 동반한) 장기적인 시간제 근무, 일자리 나누기 등을 통해 시간과 수입을 자발적으로 교환하는 것이다. 이러한 접근들은 1970년대에 처음 소개됐으나 일부 유럽 국가를 제외하면 상대적으로 찾아보기 어려운 정책으로 남아 있다. 수입을 시간과 교환하는 것은 육체 노동자들보다 고등 교육을 받은 전문가들 사이에서 더 인기 있다. 자발적인 노동 시간 단축에 대한 가장 큰 장애물은 고임금 노동자들에게 짧은 시간을 허락하는 데 반대하는 고용주들이다. 2000년 네덜란드에서는 획기적인 법안이 통과됐다. 이에 따르면 피고용인들은 자신들의 노동 시간을 줄일 수 있는 법적 권한을 갖는데, 또 다른 선택으로 조기 또는 단계적 퇴직을 통해 노동 연수를 줄이는 것이다. 이는 유망한 접근법이지만 획기적인 연금 체계 개혁이 필요하다.

일자리 나누기는 그 이상의 혜택이 있기 때문에 탈성장주의자들의 지지를 받는다. 부유한 OECD 국가에 대한 최근 연구에 따르면, 노동 시간이 짧은 국가는 탄소 배출이나 생태 발자국이 두드러지게 낮다. 노동 시간이 짧은 국가들은 총 생산 능력보다 적게 생산함으로써 그만큼 오염 수준이 낮다는 것을 뜻한다. 또한 이들 국가는 더 느리게 성장하며, 노동자들의 통근 시간도 짧다. 더 많은 자유 시간이 주어진다면 더 지속 가능한 삶을 살 수 있다. 저영향 활동들은 더 많은 시간을 필요로 하기 때문이다. 이동성을 예로 들어 보자. 어딘가에 더 빨리 도착하려면 더 많은 탄소를 소비해야 한다.

일자리 나누기의 또 다른 혜택은 자유 시간의 가치 그 자체이다. 북반구의 일 중심 사회에서는 가족, 공동체, 정치적 삶이 어렵다. 사람들이 사회 활동을 할 충분한 여가 시간이 없기 때문이다. 사회관계는 시간 집약적이다. 긴 노동 시간은 사회 연결에 대한 투자를 줄이고, TV 시청 시간을 늘리며, 피로를 낳는다. 이와 대조적으로 짧은 노동 시간은 민주 거버넌스에 역동적으로 참여하는 데 필수적이다.

탈성장의 주요 과제는 불완전 고용과 시간제 근무를 바람직한 삶의 방식으로 전환하는 것이다. 많은 탈성장 지지자들은 완전 고용과 높은 수준의 노동 투입을 달성하는 것은 더 이상 불가능하다고 믿는다. 게다가 이는 생태적으로 지속 가능하지 않다. 대안은 공공재, 기본소득, 저렴하지만 질 좋은 재화와 서비스를 제공해 더 적게 일하는 삶의 방식을 자유롭게 택할 수 있도록 하는 것이다. 사람들의 필요를 충족할 혁신적인 방법에는 주거, 에너지, 교통 같은 기본 서비스를 공동 또는 집단적으로 제공하는 것을 포함한다. 인터넷은 사람들이 숙소, 교통수단, 소비재, 공간 등을 서로 빌리고, 공유하며, 접근할 수 있도록 했다(**디지털 공유물** 참고). **도시 텃밭**, 물물 교환, 시간은행, **공동체 통화** 또한 확장되고 있다. 이렇듯 시간 집약형 삶의 방식은 노동 시간이 부담스럽지 않을 때에야 비로소 가능하다. 탈성장 운동은 더 짧은 노동 시간으로 전환하는 것을 통해 새로운 방식으로 재화와 서비스가 생산·소비되는 사회를 꿈꾼다.

4장

탈성장의 연맹

부 엔 비 비 르
영속의 　　　　경제
페미니스트 　　경제학
우 　분 　투

부엔 비비르

에드아르도 구디나스

'부엔 비비르'라는 용어는 남미에서 탄생했으며, 기존 개발에 관한 아이디어를 비판하는 동시에 이에 대한 대안을 의미한다. 부엔 비비르는 **개발**의 개념과 실제에 관해 피상적 수준부터 깊이 있는 수준까지 다양한 질문과 대안을 모은 것이다.

부엔 비비르의 기원은 안데스 일부 토속 집단의 다양한 개념에서 찾을 수 있다. 오늘날과 유사한 의미로 처음 쓰이기 시작한 때는 1990년대이며 특히 페루에서 관련된 언급을 찾을 수 있다. 그리고 훗날 볼리비아와 에콰도르에서 부엔 비비르는 더 중요한 의미를 가지게 됐다.

에드아르도 구디나스(Eduardo Gudynas)
부엔 비비르의 선두적인 연구자. 우루과이 중남미사회생태학센터 사무국장이다. 지속 가능한 개발과 개발의 대안 전문가이다. www.gudynas.com

부엔 비비르 개념은 다음 세 가지 방법으로 사용된다.

일반적 사용: 개발에 대한 다양한 형태의 비판에 쓰인다. 기업의 행태에 이의를 제기하거나(예를 들어 환경을 오염시키는 회사에 대한 폭로), 진보적인 남미 정부들의 대안 프로젝트들을 대표하는 구호로 쓰였다. 일례로 에콰도르 키토 시내의 보행자 구역 설치나 베네수엘라의 빈곤층에 대한 현금 지원 등 사회 지원 정책이 부엔 비비르로 분류됐다.

제한적 사용: 자본주의 이후 다른 형태의 개발을 주장하는 현대 **자본주의**에 대한 복잡한 비판과 연관된다. 이러한 대부분의 비판은 사회주의 전통과 연계되고, 근본적인 질문을 제기하며, 개발에 대한 토론을 동반한다. 제한적 사용은 경제 **성장**이나 공리주의적인 자연의 사용을 반드시 의심하지는 않지만, 자원의 소유권이나 자원 분배에서 국가의 역할에 대한 고유의 견해를 담고 있다. 부엔 비비르를 포함한 이러한 흐름에서 가장 잘 알려진 표현은 에콰도르의 '공화주의적 생물사회주의' 또는 볼리비아의 '통합 개발'이다.

실질적 사용: 모든 종류의 개발에 대한 급진적 비판과 연관되며, 탈자본주의 또는 탈사회주의 대안에 대한 지지로 이어진다. 이들 대안은 토속 지식과 감성, 서구의 비판적 사고에서 유래한다. 실질적 사용은 다원적이고 다

문화적인 아이디어의 모음으로 아직 형성되는 중이다. 일반적 사용과 제한적 사용이 보다 최근에 나온 데 비해 실질적 사용은 부엔 비비르의 본래 형태이다.

부엔 비비르는 실질적 사용 면에서 탈성장 개념과 가장 가깝다. 다른 입장들은 '대안적 개발'이라는 입장을 취하기 때문이다. 즉 산업화의 필요성, 진보의 신화, 자연과 사회를 갈라놓는 이중성 등 근본적 아이디어에 의심을 품지 않는다. 이에 비해 실질적 사용에 따른 부엔 비비르는 '개발 자체에 대한 대안'을 의미한다(에스코바, 1992).

실질적 사용의 부엔 비비르는 아직 완성되지 않은 다원적 용어지만, 핵심적인 기초 요소들이 있다. 부엔 비비르는 관례적인 개발을, 개발의 개념적 · 실질적 근본, 제도와 정당화 담론을 급진적으로 비판한다. 특히 부엔 비비르는 모든 국가가 반드시 따라야 하는 한 가지 방법의 '개발 단계'가 있다는 아이디어(투자, 생산하는 만큼 성장한다는 믿음)를 거부하며, 역사적 과정의 다양성을 옹호한다. 진보 또는 그 파생어들의 개념(특히 성장)이나 복지가 물질 소비를 통해서만 가능하다는 생각 역시 받아들이지 않는다.

실질적 사용의 부엔 비비르는 지식의 다양성을 옹호한다. 지배적인 서구 아이디어를 대체하는 것은 단순히 서구 아이디어를 거부하는 것이 아니라, 이를 다양한 선택지 중 하나로 만드는 '상호문화성'으로 대체할 수 있다. 사회와 자연은 분리되지 않으며, 환경 내 다른 생명체와 요소들을 아우르는 확장된 공동체라는 개념도 내포한다. 부엔 비비르는 확장된, 혹은 상대적인 존재론의 공동체에서만 가능하다. 부엔 비비르는 자연의 고유 가치를 인식하며 인간만이 가치 있는 주체라는 서구의 인간 중심적 관점을 무너뜨린다. 더 나아가 부엔 비비르는 인류가 자연을 도구화하는 것을 거부한다.

이러한 요소들은 부엔 비비르를 모든 역사적, 사회적, 환경적 맥락 속에서 비본질주의적 관점으로 만든다. 용어가 내포하는 다원성 역시 비본질주의적 관점에서 설명할 수 있다.

부엔 비비르의 다원성은 다양한 변주로 인정받을 수 있다. 가장 잘 알려진 형태 중 하나는 수마 카마냐(suma qamaña)이다. 이는 볼리비아의 아이마라(aymara) 공동체의 감성을 표현한다. 수마 카마냐는 공동체 안에서 긴밀한 관계를 통해 이루는 충만한 삶의 개념이다. 긴밀한 관계로 인해 영토(아이유[1](ayllu)) 내 다른 생명체와 환경 요소를 아우르는 '공동체' 의식이 확장된다. 충만감은 이러한 증폭된 합리성과 감수성의 틀 내에서만 가능하다.

에콰도르의 수막 카세이(sumac kawsay) 역시 잘 알려져 있다. 이 개념은 수마 카마냐와 비슷하며, 사회뿐 아니라 생태계를 포함한 폭넓은 공동체에서 이뤄지는 복지 체계를 강조한다. 이는 단순히 물질적 복지를

---

1 잉카 문명에서 제국의 가장 기본적인 행정 단위이자 경제 활동의 최소 공동체 단위.

뜻하는 것이 아니다. 참고로 수마 카마냐와 달리 수막 카세이는 볼리비아의 아이유와 같은 개념을 포함하지 않는다.

여러 토속민들은 유사한 개념을 가지고 있다. 그 예로는 과라니족의 냔데 레코(ñande reko), 에콰도르 아슈아족의 시르 와라스(shiir waras), 칠레 남부 마푸체족의 퀴메 몬젠(küme mongen) 등이 있다.

부엔 비비르는 서구 전통의 비판적 사고에 기초한다. 가장 중요한 두 가지 원천은 자연의 권리를 옹호하는 **환경주의**와 가부장적 중심성에 의문을 제기하고 **돌봄**의 윤리를 주장하는 신페미니즘이다.

따라서 부엔 비비르는 서로 다른 유래를 가진 지식의 융합을 대표하며, 단지 '토속적' 아이디어로 한정될 수 없다. 식민주의 분류법에서와 같이 하나의 토속 지식이라는 것은 없기 때문이다. 부엔 비비르는 각자 독특한 문화적 배경을 지닌 일부 토속 집단의 개념과 감수성을 포함한다. 아이마라 공동체들의 수마 카마냐는 에콰도르 키츠바스의 수막 카세이와 다르다. 이들은 각각의 사회·환경적 맥락과 연관되기 때문이다. 또한 이 개념들은 아리스토텔레스가 말하는 '좋은 삶'이나 다른 서구 아이디어와 아무 관련이 없지만, 근현대적 사고에 다양한 방식으로 영향을 받았으며 새로운 지식과 만나고 교류했다.

부엔 비비르는 과거로 돌아가는 것이 아니라, 현재를 미래의 눈으로 직면하는 것이다. 상호문화적 맥락에서 바라보고, 심지어 도전을 부추긴다. 예를 들어 서구 지식의 맥락에서는 인간 외의 생태계를 포함한 확장된 공동체의 이상을 이해하는 어려움이 있을 수 있고, 일부 토속적 관점은 스스로의 남성 우월주의를 극복하는 어려움이 있을 수 있다. 일례로 제3세대 인권(삶의 질이나 건강)에 기반을 둔 **환경 정의**는 특히 인간의 평가에 기대지 않는 자연의 권리에 대해 생태적으로 정의하는 것을 검토하고 있다.

부엔 비비르는 서로 다른 입장이 개발과 일반적인 근대성에 대한 비판에서 만나는 공통의 플랫폼 또는 분야로 해석되어야 한다. 부엔 비비르는 상호 보완적인 대안들을 제시한다.

부엔 비비르를 하나의 단위, 학문 분야 또는 행동 계획으로 이해해서는 안 된다. 이는 서로 다른 차원에 있는 아이디어와 감수성의 결합이다. 부엔 비비르는 참여나 평등 같은 생각과 함께 일어나기 때문에 서구 용어로 표현한다면 '정치 철학'에 위치한다고 볼 수 있다.

본래 급진적인 의미로 사용된 부엔 비비르는 볼리비아, 특히 에콰도르의 새로운 헌법을 만드는 데 영향을 미쳤다. 그러나 이 두 국가에서는 개발에 대한 급진적인 비판을 제한하는 새로운 법, 결의안, 정치적 결정이 있었으며, 결국 수용 가능한 개발이라는 새로운 형태로 대체되거나(볼리비아의 '통합 개발' 사례), 에콰도르처럼 제한적 의미에서 독자적인 사회주의적 선택지로 대체됐다(구디나스, 2013).

실질적 의미에서 부엔 비비르는 현대 사회 개발의 여러 가지 유형을 수용하지 않는다는 점에서 탈성장과 연계될 수 있다. 이는 성장이나 소비에 대한 부엔 비비르의 비판을 감안하면 쉽게 이해할 수 있다. 어떠한 경우든 부엔 비비르는 성장에 대한 토론을 사회와 환경적 충만에 대한 토론으로 대체한다. 라틴 아메리카의 경우, 일부 분야는 축소하고 소비주의를 거부해야 한다. 그 대신 교육, 보건 등 다른 분야의 발전이 경제 성장을 가져다 줄 수 있다. 이러한 관점에서 보면, 탈성장은 일정한 맥락에서 가능한 결과 중 하나이지 그 자체가 목적은 아니다. 탈성장과 달리 부엔 비비르는 상호문화 관점으로 인간, 사회, 자연에 대한 현대의 세계관을 바꾼다는 더 야심찬 목적을 따른다.

영속의 경제

키아라 코라차, 솔로몬 빅투스

'영속의 경제'는 인도 마드라스 기독교 원주민인 J. C. 쿠마라파 (1892~1960, 인도 철학자이자 경제학자)가 제안한 경제 모델이다. 이는 간디의 경제학 원칙에 따라 인도 마을을 위해 만들어졌다. 영속의 경제는 사람들이 스스로 관리하고, 우선적 필요를 충족하며, 작은 마을의 산업

키아라 코라차(Chiara Corazza)
이탈리아 베니스 카포스카리대학교를 졸업했다. 베니스 탈성장 회의에서 발표한 쿠마라파의 경제학을 연구했다. chiaracory@hotmail.it

솔로몬 빅투스(Solomon Victus)
사회분석가. 인도 마두라이 카마라즈대학교에서 종교와 철학으로 박사 학위를 취득했으며 세람포레대학교에서 신학으로 석사 학위를 받았다. 마두라이 타밀나두 신학대 소속이다. solomonvictus@gmail.com

과 자급자족 농업을 돕는 민주주의를 세우는 것을 목표로 한다. 영속의 경제학에 따르면 모든 이들은 농업 활동, 인도의 수공업 직물인 카디르 짓기, 목공, 대장공, 도자, 물 관리나 수공업 활동을 통해 자급자족해야 한다(쿠마라파, 1958). 이에 따라 영세농과 장인들은 스스로의 생산물을 물물 교환하고 마을은 자급자족할 수 있다. 마을 위원회나 공공 기관은 마을 행정을 담당한다. 영속의 경제에서 여성은 젊은이와 어린이들을 미래 자급자족 사회 구성원으로 키우기 위한 교육에 매우 중요하다(쿠마라파, 1958).

쿠마라파는 "영속하는 자연의 비밀은 삶의 지속성을 유지하기 위해 다양한 요소들이 긴밀히 협력하는 순환에 있다."라고 말했다(1945: 1). 그는 자연은 삶을 영속할 능력이 있으며 사람들은 자연으로부터 배워야 한다고 판단했다. 쿠마라파는 대량 생산, 수출 위주 시장, 소비주의와 개인주의에 기초한 서구 경제 체계는 일시적이라고 주장했다(쿠마라파, 1958a). 영속의 경제는 경제학을 '동떨어진' 학문이라고 보지 않으며, 자연과 천연 자원, 미래 세대와의 공존 속에 있다고 본다. 또한 경제, 윤리, 정치는 긴밀한 관계에 있다고 여긴다.

우리에게 영속의 경제는 '간디의 경제학'보다 낯설다. 영속의 경제는 특정한 대안 경제 모델을 지칭하는 데 비해, '간디의 경제학'은 간디와 연관된 경제 아이디어의 혼합체이기 때문이다. 간디의 경제 아이디어는 주로 두 가지 원칙, 즉 진실과 비폭력을 전제로 한다. 또한 다른 연관 개넘인 스와라지(자치), 사르보다야(모두의 복지), 스와데시(자립), 집에서 만든 카디르와 같은 개념들을 사용했다. 간디는 차크라(물레)를 그의 경제 프로그램의 상징으로 만들었다(쿠마라파, 1951).

영속의 경제 개념은 1940년대에 만들어졌다. 당시 인도는 오랜 기간 독립 투쟁 중이었고, 쿠마라파는 간디와 가깝게 일했다. 1942년에 간디는 1929년부터 이어진 인도철회운동[1]으로 인해 1년 넘게 투옥 생활을 하고 있었다. 쿠마라파는 인도 마을들의 경제 상황을 가까이 관찰할 기회가 몇 번 있었다. 그는 한때 농촌의 삶을 활발하게 만들었던 수많은 공예품과 농업 관행이 영국 식민 지배로 인해 사라진 것을 발견했다. 또한 인도 마을 경제가 영국 산업의 원료를 생산하는 곳으로 바뀐 것을 보았다. 영속의 경제는 절실함에서 나왔다. 쿠마라파는 모든 이의 삶을 보장하는 소규모 농촌과 자급자족에 기반을 둔 인도의 고대 번영기와 지속 가능성을 복원해야 한다는 열망을 품었다.

1945년 쿠마라파는 『영속의 경제』라는 책을 출간했다. 쿠마라파가 감옥에서 쓴 이 책은 본인이 1930년대 후반부터 인도 농촌에서 실천하고 실험한 모델을 구체적으로 기록한 것으로, 순수 학문적으로 접근한 책은 아니었다. 간디와 쿠마라파는 당시 영국 산업과의 경쟁으로 밀려나던 인도 수공예 활동들을 지원하기 위해 '전인도방적공연합'과 '전인도마을산업연합'이라는 이름의 두 기관을 만들었다.

---

[1] 영국의 식민 지배에 대항한 운동.

이들 연합의 목표는 인도 카디르와 전통 생산품 제작 기술을 육성하고, 오래된 공예품을 알리고 되살려 마을 주민들이 자급자족할 수 있도록 돕는 것이었다. 더 나아가 빈곤에 몰린 사람들을 돕는 것이었다. 쿠마라파는 빈곤 문제가 영국 식민 정부의 과세 체계와 직접 관련이 있다고 보았다.

인도의 독립 이후 영속의 경제는 새로운 국가에 적절한 모델로 보였으나, 쿠마라파의 견해는 인도의 첫 수상이었던 자와할랄 네루와 부딪혔다. 페이비언사회주의[2]자이자 서구화와 근대성에 끌렸던 네루는 간디와 쿠마라파의 아이디어를 적용할 수 없다고 믿었다. 그는 개발 위주의 산업 정책을 따랐으며, 간디처럼 산업주의를 혐오한 쿠마라파와 갈등을 겪었다. 간디와 쿠마라파는 산업주의가 영세 장인들과 혹독하게 경쟁하며 값싼 제품을 대량으로 공급하고, 이에 따라 장인들이 일을 잃는 결과를 가져 온다고 보았다. 네루와 쿠마라파의 공개 토론은 인도 경제 개발 계획의 근간이 도시와 시골 마을 중 무엇이 되어야 하는가에 대한 질문에 관한 것이었다. 비록 간디는 쿠마라파에 동조했지만 정치적으로 네루를 지지했으며, 두 모델 사이에서 창의적인 절충안을 찾으려 노력했다. 간디가 죽은 뒤 네루가 정치적 우위를 가짐으로써 쿠마라파의 모델은 실행이 불가능해졌고, 인도에서는 도시 중심의 산업화가 이행됐다.

---

2 페이비어니즘(Fabianism)이라고도 하며, 사회 개혁 수단으로 혁명이 아닌, 의회주의를 통한 점진적 실현을 통해 자본주의 결함을 극복하자는 점진적 사회주의 사상.

쿠마라파는 정치권에서 물러났지만 풀뿌리 단위에서 영속의 경제 캠페인을 이어 나갔다. 오늘날 영속의 경제 원칙을 적용하는 많은 단체들이 여전히 활동하며, 새로운 단체들도 조직됐다. 1965년 인도 자이푸르에 세워진 쿠마라파마을자치연구소와 1956년 이후 타밀 나두에서 간디 니케탄 아쉬람[3]을 근거지로 활동하는 쿠마라파농촌기술개발연구소 등이다. 영속의 경제 모델은 신마르크스주의자 인도인들 사이에서 점차 많은 인기를 얻고 있다.

탈성장 사상가와 실천가들은 간디의 경제관에서 영감을 얻을 수 있다. 영속의 경제는 탈성장과 많은 특징을 공유한다. 천연 자원의 취약성에 주목하고, 창의성과 풀뿌리 혁명의 잠재력에 초점을 둔다. 또한 경제주의에 대한 대안을 제시하고 물질적 만족에 반대하는 정신적 가치의 중요성에 주목한다. 유기농, 노동의 가치, 돌봄, 상호 원조와 인간관계의 부활을 중요하게 여기며, 과시적 소비에 반대하고 영속성을 바람직한 대안으로 삼는 점도 공통점이다.

쿠마라파의 경제 모델은 많이 알려지거나 연구되지는 않았지만, 간접적으로 탈성장의 중요한 원천이다. 실제로 쿠마라파는 에른스트 슈마허와 이반 일리치 같은 탈성장 선구자들에게 영향을 주었다. 슈마허는 그의 책『작은 것이 아름답다』에서 쿠마라파를 인용하며, 과학과 기술의 근본적인 방향 전환을 시사하는 영속의 경제를 연구해야 한다고 주장했

---

3 마을 자치에 관한 간디의 철학을 따르고자 1940년 설립된 교육 및 지역 개발 기관.

다. 일리치는 쿠마라파의 영향력을 인지했으며, 쿠마라파가 말년을 보낸 인도 마두라이의 T. 칼루파티를 방문했다(빅투스, 2003). 일리치는 쿠마라파의 전체론적 이해에 감명 받았고, 슈마허는 그의 적정 기술 개념에 감명 받았다. 인도인이 보기에 탈성장 개념은 서구에 간디 경제 사상이 소개되는 것과 비슷하다.

영속의 경제는 실천 면에서 탈성장과 매우 가깝다. 영속의 경제 모델은 오늘날에도 여전히 신자유주의와 중공업, 기업의 다면적인 맹습에도 불구하고 자급자족 수입에 기대는 인도의 많은 마을에서 실천된다. 인도 사회 운동과 단체 중 많은 수는 직간접적으로 맹목적인 **성장**과 **개발**에 관한 쿠마라파와 간디의 관점에 영향을 받았다. 락시미 아쉬람[4], 칩코 운동[5], 나르마다 바차오 안돌란[6], 나브다냐[7], 전국인민연맹운동, 쿠마라파농촌기술개발연구소, 쿠마라파마을자치연구소를 예로 들 수 있다. 이들은 유기농, 소형 댐, 분권화된 개발, 지역 산업·생산 지원 등에 참여해 왔다. 이들은 인도 탈성장 운동의 협력자이다.

---

4 여성들만 다니는 학교로 소외된 농촌 여성들을 위해 1940년에 설립됐다.

5 다국적 기업의 삼림 파괴에 반대하는 인도의 사회 환경 운동.

6 나르마다 강 유역에 댐을 건설한다는 소식을 듣고, 강을 살리고 땅을 뺏기지 않기 위해 지역 주민들이 조직한 풀뿌리 단체.

7 종자 다양성 보존, 소농 지원을 위해 반다나 시바가 조직한 단체 운동.

페미니스트 경제학

안토넬라 피키오

페미니스트 경제학은 경제를 보는 다른 관점을 소개한다. 이 새로운 관점은 여성의 생물적 성 차이를 사회적 열등함으로 바라보는 남성의 기준을 벗어난 자주적인 주체로 바라본다. 페미니즘은 환원주의적이고 왜곡된 남성의 편견에서 자유로우며(엘손, 1998), 경제에 대한 보다 깊고 넓은 이해를 허용한다. 페미니즘 관점은 여성의 실험적 지식이 실제 삶의 복잡성에 더 가까이 다가가도록 해 주기 때문에 더 깊이 있고, 경제 분석을 가사 영역과 비시장 활동으로 확장하기 때문에 더 폭넓다.

안토넬라 피키오(Antonella Picchio)
이탈리아 모데나와 레기오 에밀리암 대학교. 페미니스트 경제학자. 사회 재생산과 무급 노동을 연구 주제로 삼고 있다. 저서로『사회 재생산: 노동 시장의 정치경제학』(1992)이 있다. 1970년대부터 페미니스트 운동에 참여해 왔다. picchio@unimo.it

관점을 바꾸는 힘을 가진 페미니스트 경제학은 1960년대 후반과 1970년대 초반 국제 페미니즘 운동에 뿌리를 둔다. 지금도 마찬가지지만 당시 페미니즘의 정치적 흐름은 여성의 몸을 국가와 교회의 일부로 보며 남성의 통제 아래 생산과 재생산 수단으로 쓰는 것에 저항하는 데 집중했다(달라 코스타와 제임스, 1972).

페미니스트 경제 사상은 빠르게 성장하는 학문 분야이며, 다양한 접근과 인식 체계, 경험적 방법에 열려 있다. 주요 연구와 토론 분야는 다음과 같다.

지속되는 성 불평등의 형태와 불평등이 노동 시장, 개발 과정, 무역 및 공공 정책에 미치는 영향이 간과되는 점을 강조하기 위해 경제 데이터의 성별 세분화

미시 · 거시 경제 측면을 비시장 활동으로 확장

경제 분석과 정책의 사회적 측면

현재 경제 이론이 인간 존재의 사회적 재생산에 대해 방법론적으로 무지한 점을 페미니즘 관점에서 비판

페미니스트 경제학파에서 매우 중요한 학문 기관은 국제페미니스트 경제학연합(IAFFE)이며, 이들은 학술지인 《페미니스트 경제학》을 출간한다.

피키오가 시도한 페미니즘 분석에 의하면, 경제 체계는 사람들의 생산 수단과 사회 재생산 간 특정 관계로 볼 수 있다. 생산과 재생산 관계는 노동력 분화, 수입과 자원 분배, 성(性)과 계급 권력 관계에 바탕을 둔다(피키오, 1992).

자본주의 체계는 역사 과정의 특정한 구조, 즉 상품의 생산, 시장 교환, 수입 분배, 그리고 가장 중요한 인구의 사회적 재생산에 기반을 둔다. 이들 과정은 연결되어 순환하며, 자동적으로 지속되는 것이 아니라 되풀이되는 위기를 통해 적응한다.

자본주의 체계는 임금 노동 시장이다. 즉, 상품으로 취급되는 노동력을 사고판다(**상품화** 참고). 전통적인 정치경제학자들(스미스, 리카르도, 마르크스)은 '노동 인구'가 일하고 그들의 '종족'(그들이 사용한 용어이다)을 재생산할 수 있도록 하는 관습적인 필요의 정상 비용으로 임금을 정의했다. 실제 자본주의 맥락에서 노동자의 삶은 이윤을 위해 효율성의 한계와 사회적 통제를 따라야 하는 생산 수단이 됐다. 삶을 자본으로 치환하는 과정은 경제학과 윤리학의 관계를 끈끈하게 만들고, 자본주의의 성(性)과 계급 갈등을 고질적으로 만드는 도덕적, 정치적 논쟁거리이다.

자본주의는 위험하고, 본질적으로 파괴적인 체계이다. 대체로 자본주의는 지속 가능하지 않다. 노동자의 좋은 삶과 이윤 간 갈등과 진짜 생산 비용을 감추고, 사회의 책임들을 무시하기 위해 환경을 착취하기 때문이다.

경제 이론들은 공급 체계 기능과 관련해 중립적이거나 순수하지 않다. 주요 경제 이론은 이윤, 자본, 임금, 수입 분배에 대해 다른 정의를 내린다. 특히 노동 인구의 사회적 재생산이 다른 과정과 연결되는 방식은 이론 간 차이가 있다. 전통 정치 경제에서 이윤은 어떤 방식으로든 생산과 노동 인구를 위해 쓰이는 임금, 공공 서비스, 이동 경비 사이의 잔재로 정의된다. 또한 잉여의 분배 과정은 계급의 권력 관계에 기반하고, 노동력 재생산 과정은 가치와 분배 분석, 구조적 갈등의 핵심에 놓인다.

오늘날 불안정의 증가, 사회 불평등, 전쟁에 대한 공포와 계속되는 환경 파괴 맥락에서 탈성장을 비판하는 감성과 지역에서 공생공락하는 삶의 경험은 매력적이다. 또한 인간적인 삶의 조건을 지역 차원에서 생산할 수 있다는 것은 더욱 매력 있다. 그러나 페미니즘 관점에서 다소 한계가 있다. 거시 페미니스트 경제학과 탈성장 관점은 구조적 과정에 대한 견해, 이윤과 (노동) 인구의 자급자족 사이의 재분배에 대한 관심도에서 차이를 보인다. 탈성장 관점은 주로 생산과 소비에 관한 논의이며, 자급자족 경제를 이상적으로 바라본다. 그러나 우리가 살고 있는 자본주의 맥락에서 사회적 재생산의 성(性)과 계급 정치에는 충분한 관심을 기울이지 않는다.

미시적 관점에서 봤을 때, 직접 사용할 재화와 서비스를 제공한다는 건 건강하고 사회적이며 정의롭게 살아갈 필요를 반영하지만, 거시적 관점에서 봤을 때 탈성장 개념은 자본주의 구조에 도전하지 않는다. 현재의 위기는 소수 집단인 금융 이윤가들이 공공 지출을 지배한다는 것을 보여 준다. 이는 사람들의 육체와 정신적 고통의 정도를 결정하는 힘이다. 분별력 있는 사람이라면 누구라도 이러한 상황에 분개할 것이다. 그러나 우리가 생산하고 소비하는 방법을 단순하게 도덕적으로 비난하는 것만으로는 충분하지 않다. 파괴적이고 소외를 일으키는 역학 관계의 뿌리를 제거하는 것이 진짜 도전이다.

자본주의 체계의 물질적, 도덕적 특성을 이해하기 위해 자본주의의 구조와 역학 관계를 꿰뚫는 이론이 필요하다. 잉여에 대한 전통적인 접근은 우리의 목적에 부합한다. 이 접근은 잉여가 노동 인구의 지속 가능한 좋은 삶과 대립 관계에 있는 생산의 주요 동기가 된다는 것을 보여줄 뿐만 아니라, 임금(사회적 임금 포함)과 이윤, 지대의 분배가 불평등한 계급과 성의 권력 관계를 기반으로 하는 정치적, 제도적 대립의 결과임을 보여 준다(피키오, 1992). 분배의 정치가 명확해지고 실제 삶의 조건이 중요해져 사회 갈등의 중심으로 떠오를 때, 많은 이들을 빈곤과 사회적 소외에 몰아넣고 여성을 더욱 무급 노동으로 몰아넣는 '객관적 제약'은 느슨해질 것이다. 사회적 재생산을 자본으로, 그리고 여성의 신체와 자유 의지를 통제하는 근거로 쓰는 것은 자본주의가 나타난 이후 오랫동안 이뤄진 여성에 대한 폭력을 설명한다(페데리코, 2004).

최신 분석 도구인 역량 접근은 경제학자 아마르티아 센과 철학자 마사 누스바움이 개발했으며, 이는 잉여에 대한 전통적인 접근을 보강한다.

이들은 삶의 표준을 상품의 묶음이 아닌 효과적인 삶의 질을 다양한 역량 안에서 정의하는 다면적인 모습으로 확장했다. 자율적인 개인으로서 우리의 삶을 우리의 가치에 따라 구성할 자유가 사회적 맥락에 스며든다면, 이는 좋은 삶의 근본이 된다.

잉여와 역량 접근의 도구를 통해 볼 때, 여성의 경험에 대한 페미니즘의 접근은 '재생산이 가능하고 확장된 거시적 경제 접근'(피키오, 2003)을 전환적인 **돌봄** 경제의 근간으로 제시한다.

탈성장 관점은 현재 자본주의 체계의 거시적 역학에 대한 비판을 포함할 정도로 폭넓지 않으며, 실제 삶의 복잡성과 이를 지속 가능하게 하는 여성 활동을 드러낼 정도로 깊지도 않다. 탈성장 접근에는 돌봄과 재생산의 책임을 가사 공간에 덮어씌우는 일반적인 무지가 남아 있다. 이는 무엇보다도 성인 남성의 취약성을 포함한 인간의 취약성이 여성의 문제로 남아 있음을 뜻한다.

우분투

모고베 B. 라모세

우분투는 아프리카 반투족의 철학이다. 이 철학의 밑바닥에는 움직임이 존재의 원칙이라는 믿음이 있다. 모든 생명은 움직임을 통해 끊임없이 복잡한 상호 작용과 교환의 흐름 안에 존재한다(라모세, 1999: 50-9). 우분투 철학에 따르면, 인간이 되려면 남에게 생활의 물건들을 주고, 받고, 넘겨주는 실천을 해야 한다(그리올, 1965: 137). 이러한 세계관은 '인간이 된다는 것은 스스로, 그리고 남들을 **돌보아야** 한다'는 윤리적 의미를 포함한다. '사람은 남을 통해 사람이 될 수 있다'라는 것이 우분투의 신조이다. 사람은 남들과의 관계와 상호 의존 속에 놓인 존재이자 이러

모고베 B. 라모세(Mogobe B. Ramose)
남아프리카 프레토리아 남아프리카대학교 철학과 학장. ramosmb@unisa.ac.za

한 관계에서 만들어지는 존재이다.

여기에서 '남들'이라는 개념은 인간이 아닌 다른 모든 존재를 포함하며, 따라서 환경에 대한 돌봄과 배려와 직접적으로 연관된다. 우분투 철학의 윤리적 입장은 '인간은 삶을 고취하고 살상을 피해야 한다'는 원칙을 출발점으로 삼는다(부조, 1998: 77). 세소토족의 속담인 '소는 지나치고 사람을 잡아라'는 위의 원칙을 표현한 것이다. 이 속담은 만약 보전(특히 인간 생명의 보전)과 지나친 부의 소유 사이에서 선택해야 할 때, 반드시 생명의 보전을 선택해야 한다는 것을 뜻한다. 우분투 철학(보토 또는 훈후라고도 불린다)은 사람과 사람, 그리고 자연과의 상호 배려, 돌봄, 나눔을 통한 생명의 진작이라는 윤리적 원칙에 단단한 기반을 두고 있다. 우분투 철학은 생명을 총체적으로 이해한다(봄, 1980).

우분투 철학에 따르면 공동체는 살아 있는 이들, 살았다가 죽은 이들(조상), 아직 태어나지 않은 이들이라는 세 개의 축으로 구성된다. 살아 있는 자들의 공동체는 다양한 의식을 통해 살았다가 죽은 이들을 기억함으로써 이들에게 응답한다. 이러한 의식은 개인과 가족의 각기 다른 단계와 관계된다. 살았다가 죽은 자들과 관계를 유지하는 것은 좋은 삶과 조화를 고취하고 살아 있는 자들이 살았다가 죽은 자들을 화나게 함으로써 겪는 고통을 피하기 위해서이다. 또한 살아 있는 자들과 살았다가 죽은 자들 사이의 조화가 가져오는 이익 중 하나로 살았다가 죽은 자들은 살아 있는 자들이 공동체의 세 번째 존재, 즉 아직 태어나지 않은 이들을 잉태하는 그들의 의무를 다하는 데 필요한 것들을 제공한다. 아이를 잉태하는 것은 보살피고 양육하는 수단 없이 이뤄질 수 없다. 생명의 보전을 위해 필요한 것들이 충족되어야 한다. 이것은 생명의 개념이 전체성의 철학을 재확인하면서 환경과 미래 세대로 확장하는 교차점이자 핵심이다. 환경에 대한 배려와 돌봄의 윤리를 실천함으로써 생명에 대한 책임을 질 수 있다. 생명을 전체적으로 이해하는 우분투의 철학 관점에서 환경은 공동체의 네 번째 축이라고 볼 수 있다.

실제 우분투 철학 실천가들은 다양한 생식력 의례, 금기 준수, 토템에 대한 존중을 통해 환경을 돌본다.

지구 온난화는 생명의 전체성을 위협한다. 이 위협의 예로 침묵을 강요받지만 여전히 현실인 핵 재앙이 있다. 지금까지 알려진 것처럼 생명을 파괴함으로써 집단적 자살로 향하는 완고하고도 거침없는 행진은 돈, 특히 이익에 대한 끝없는 추구와 함께한다. 이는 우분투의 공동체 개념과 '소는 지나치고 사람을 잡아라'의 윤리 원칙에 도전한다. 아직 태어나지 않은 자들의 공동체는 살아 있는 자들과 마찬가지로 생명에 대한 권리가 있다.

우분투는 **성장**과 **개발**에 대한 대안적 **상상계**의 철학적 토대를 제공하는데, 이는 탈성장주의자들의 영감의 원천이 될 수 있다. 만약 탈성장이 북반구의 개발 아이디어에 도전한다면, 우분투와 같은 상상계는 아프리카와 다른 지역의 개발 아이디어에 도전한다. 중요한 것은 북반구는 탈성장을, 남반구는 성장을 해야 하느냐 여부가 아니라, 대안적인 상상계가 미래를 만드는 데 참여하도록 공간을 남겨 놓을 수 있느냐이다. 우분투가 연결성과 다른 이들과의 관계 속 존재를 강조하는 것은 **공유물**, 공유화 개념과 매우 흡사하다. 또한 우분투는 부의 재분배를 통해 실현되는 강한 공동체 연대 원칙을 표현한다. 우분투의 '외향적 공동체' 정신은 탈성장주의자들이 열린 경계와 지역화된 경제를 옹호하는 것과 유사하다. 개인의 차이와 고유성을 인정하면서도 집단 노동과 협력이 자기 홍보보다 중요시되며, 이는 탈성장의 협력 정신과 같은 선상에 있다. 현대 도시 사회의 추상성은 우분투의 중심인 공동체 사회화를 약화시킨다. 그러나 이는 집단 책임 윤리와 집단 번영에 대한 헌신을 통해 다시 회복할 수 있다.

비록 우분투의 목소리가 남아프리카 내에서 억눌려져 왔지만 우분투 철학은 3세기가 넘도록 사라지지 않았다. 우분투 철학의 지속적인 실천은 지구 온난화를 비롯한 환경 문제에 도전장을 던진다. 지금이 바로 변화의 시기이며, 우분투 철학의 실천은 세계 환경 변화를 멈추고 되돌려야 한다는 목소리에 대한 적절한 윤리적 응답 중 하나이다.

내핍에서 데팡스로

자코모 달리사, 요르고스 칼리스, 페데리코 데마리아

"삼촌, 큰 결투예요. 엄청난 것이 곧 닥칠 거예요. 집에 있고 싶지 않아요…."

"저 사람들과 같이 가다니, 너 미쳤구나! 다 마피아야, 말썽 피우는 인간들이란 말이다. 팔코네리 사람들은 왕을 위해 우리와 함께 있어야 해."

"왕을 위해, 네, 그럼요 삼촌. 그런데 무슨 왕이요? (…) 모든 게 그대로이길 바란다면, 바뀌어야 할 것들이 많아요."

– 주세페 토마시 디 람페두사,『레오파드』중

"그 도시. (…) 그냥 그 끝이 보이지 않았어. 맥스, 나를 멈춘 것은 내가 본게 아니야. 내가 보지 않은 것이 나를 멈춘 거야. 그 뻗어나가는 도시에는 '끝'이 아닌 모든 게 있었지. (…) 피아노를 봐. 건반에는 시작과 끝이 있어.

88개뿐이라는 걸 너도 알잖아. (…) 건반은 무한하지 않아. 무한한 건 너야. 네가 이 88개의 건반으로 만들 수 있는 음악이 무한한 거라고. (…) 하지만 너는 나를 그 선착장 계단으로 내려 보내 수백 만 개의 건반을 펼쳐 보이려 해. (…) 그런데 거기엔 끝이 없어. 그 피아노 건반은 무한해. 하지만 건반이 무한하면 연주할 수 있는 음악은 없어."

— 영화 〈피아니스트의 전설〉 중

"인간의 희생, 교회 건립이나 보석 선물은 밀을 파는 것보다 결코 덜 흥미롭지 않다. 모든 생명체와 인류의 근본적인 문제를 드러내는 것은 필수품이 아니라 그 반대인 "사치"이다.

— 조르주 바타유,『저주의 몫』중

유럽과 미국의 경제 위기의 핵심 쟁점은 내핍 대 지출이라는 틀로 이어져 왔다. 다시 성장하려면 정부는 내핍 또는 적자 지출 방안 중 무엇을 택해야 하는가? 유럽연합 국가 대부분이 첫째 방안을 택한 가운데 미국은 두 번째 방안을 택했다. 관습적인 경제 측면에서 봤을 때 내핍은 효과가 없다고 주장할 수 있다. 대부분 유럽 국가들은 여전히 침체 상태에 있는 반면, 미국은 서서히 다시 성장하고 있기 때문이다. 그러나 탈성장 관점에서 보면, 내핍이나 적자 지출 둘 다 해법이 아니다. 이들은 해법이 아닌 문제점이다. 두 방법 모두 성장 재개를 목표로 한다. 탈성장주의자들은 내핍과 지출이 사상적으로 성장의 상상계에 뿌리를 두기 때문에 반대한다. 위기를 벗어나기 위해서는 단기간 지출과 성장이 필요하지만, 이후에는 성장 너머의 사회를 희망한다고 말하는 이들은 이 '이후'라는 것이 절대 오지 않는다는 점을 깨닫지 못한다. 이는 정확히 침체와 위기의 유령을 통해 성장이 영원히 정당화되기 때문이다.

우리가 꿈꾸는 탈성장 사회와 우리가 살고 있는 현대 서구화된 사회 사이의 상당한 차이점을 묘사하기 위해서는 뉴스 속 두 가지 사례를 통해 내핍과 지출 상상계를 해체하는 것이 유용하다.

장면 1. 2013년 11월 11일. 데이비드 캐머런이 런던시장 만찬에서 연설을 했다. 캐머런 총리는 '근본적인 문화 변화'가 필요하다고 말했다. 그는 나태를 비난하고 고된 일을 가치 있게 평가하는 영국 전통을 언급했다. 그는 "간단히 말해, 장기적으로 봤을 때 어느 국가도 능력 있는 국민들이 나태하고 무직 상태로 있으면서 돈을 받는다면 성공할 수 없다."고 말했다. 또한 "여러 세대 동안 일할 수 있는 사람들이 사회 체계로 인해 실패했으며, 높은 보조금으로 인해 실업에 발이 묶여 있다."고 덧붙였다. 그는 보조금은 줄어들 것이고, 어느 누구도 나태하거나 적게 일하는 데에 따른 보상을 받지 못할 것이라고 약속했다. "우리는 더 많이 일할수록 형편이 더 나아질 것임을 보장한다."는 말과 함께. 캐머런의 연설에서 국가는 해법이 아닌 문제점으로 나타난다. 국가의 역할은 축소되고 규제를 정해 집행하는 역할로 한정되어야 하며, 시장과 민간 부문이 부를 창출하도록 해야 한다. 그의 연설은 사기업에 대한 찬양이었다. "영국 경제는 기업에 기반을 두어야 한다. (…) 우리는 기업들을 지원하고 보상하고, 기려야 한다. (…) 기업들이 어디에서나 성장할 수 있도록 해야 하며, 학교에서 이를 북돋고 가르치며, 공동체에서 기려야 한다."

　장면 2. 2013년 11월 16일. 경제학자 폴 크루그먼 교수는 로렌스 서머스 교수가 국제통화기금(IMF)에서 한 연설을 논평했다. 로렌스 서머스는 장기적으로 성장률 제로인 미국 경제의 '장기 침체'라는 유령을 지적했다. 크루그먼은 이는 국가 지출을 필수적으로 만드는 유동성 함정의 결과로 보았다. 크루그먼은 이상적으로는 이러한 지출이 생산적이어야 하나 비생산적인 지출 역시 아무것도 하지 않는 것보다 낫다고 주장했다. 중요한 것은 계속 순환하는 것이다. 크루그먼은 케인즈가 제안했듯 돈이나 금을 동굴 안에 감추고 기업이 이를 파내게 해야 한다고 말했다. 그는 존재하지 않는 외계인의 위협을 만들어 내서 군사 보호에 돈을 지출하라(이는 크루그먼 자신이 가장 좋아하는 것이다), 또는 미국 기업들이 모든 노동자를 구글 글래스[1]와 스마트 워치를 착용한 사이보그로 만들도록 하라고 주장했다. 만약 이것으로 충분치 않다고 해도 "결과적으로 투자는 실제 낭비 없이 훨씬 높은 고용률을 몇 년간 유지시킬 것이다. 가동되지 않던 자원들을 쓰기 때문이다."

　이 두 가지 담론은 표면적으로는 아주 다르다. 캐머런은 전례 없는 문

1　구글이 만든 '스마트 안경'으로 증강 현실 기술을 활용한 컴퓨터.

화 변화를 주장했지만, 실제로는 떠오르는 부르주아에게 로크가 지시한 것을 다시 언급한 것이다. 이는 막스 베버가 훗날 '프로테스탄티즘 윤리[2]'라고 부른 것이다. 열심히 일하고 방종과 즐거움을 부정하라. 캐머런은 열심히 일해야 자본이 쌓이고 기업은 부를 창출한다고 주장했다. 당시 캐머런의 정책은 재분배 이익이 일부 특권 계층에만 쌓이는 계급 차별주의라는 것은 의심할 여지가 없었다. 그는 노동 계급이 허리띠를 조이고, 공공복지로서 이들에게 제공되던 무상·보조 서비스가 없어지는 것을 받아들이길 요청했다. 이는 성장 부재 상황에서 공공의 부를 유지하기 위해 부자들이 더 높은 세금을 부담하지 않도록 하기 위해서다. 반면 케인즈주의 정책은 노동 계급의 고용을 우선순위에 놓는 것처럼 보인다. 공적 지출에 대한 옹호는 적어도 원칙상으로 퇴보는 아니다. 일반적으로 공공 서비스라고 부르는 것에 대한 지출이 아니지만 말이다.

그러나 우리는 여전히 두 담론 간 차이점보다 공통점을 더 쉽게 찾을 수 있다. 캐머런과 크루그먼은 모두 '투자'에 관심이 있다. 전자는 국가가 지출을 통제한다는 것에 대한 시장의 신뢰를 높임으로써 투자가 활성화된다고 생각한다. 후자는 정부가 돈을 경제에 쏟아부음으로써 투자가 활성화되길 원한다. 이 둘은 '방법'은 다르지만 자본이 다시 순환되고 확장되길 원한다. 두 번째 특징은 둘 다 '나태'에 대한 혐오를 공유한다

---

2 신의 은총을 얻기 위해 끊임없이 노동할 것을 주장했고, 게으름과 태만을 모든 악의 원천으로 보았다.

는 것이다. 캐머런에게 문제는 노동자들의 나태이며, 이들을 지원하는
일은 국가의 자원 낭비다. 크루그먼에게 문제는 자본의 나태이며, 투자
될 수 있는 생산적인 자원의 낭비이다. 또한 캐머런에게 문제는 일하지
않는 노동자이며, 크루그먼은 흐르지 않는 자본을 문제로 본다.

　이에 비해 탈성장주의자들은 나태를 두려워하지 않는다. 폴 라파르그
가 말한 도발적인 '게으를 권리'는 우리에게 영감을 준다. 1883년 라파
르그가 주장하고 백년 뒤 앙드레 고르가 정교화한 것처럼, 수없이 많은
자원을 개발한 사회에서 게으를 권리는 소수 부자들부터 모든 이에게로
확장될 수 있다. 또한 탈성장주의자들은 자본의 나태를 두려워하지 않
는다. 이는 우리가 바라는 바이다. 탈성장은 자본 사용을 늦추는 것을 포
함한다. **자본주의**의 핵심은 잉여를 새로운 생산에 끊임없이 재투자하는
것이다. 산업화된 국가에서 부는 다시 투자될 수 있는 무언가이다.

　크루그먼과 서머스가 제안한 지출은 단기적으로는 낭비이며 비생산
적으로 보이지만, 장기적으로는 생산적이다. 이는 자본의 순환과 **성장**을
재개하면서 자본에 가치를 두고 자본이 나태해지지 않는 데 목적이 있
는 공리주의적 지출이다. 더 나쁜 것은 공공 정책이 삶의 의미와 정치적
집단의 창출을 포함하지 않아야 한다는 가정이 이 제안들에 내재되어 있
다는 점이다. 반대로 우리에게 현재의 사회 생태적 위기는 자본주의의
무의미한 성장을 사회적 **데팡스** 수단을 통해 극복할 필요성을 강조한다.
데팡스는 진정한 집단적 지출을 의미한다. 공동 축제에서의 지출, 철학

을 논하는 계층을 보조하거나 숲을 내버려 두는 결정 등은 엄격한 경제적 의미에서 비생산적인 지출이다. 데팡스의 실천은 자본을 '소모'하고 자본의 순환을 늦춘다. 이러한 집단적인 '지출'은 개인적 용도나 자본의 유용성을 위한 것이 아니라, 정치적 용도를 위한 것이다. 또한 집단이 '좋은 삶'의 의미를 찾고 정의할 수 있도록 돕고, 환상 속의 무의미한 개인 생활에서 개개인을 구출한다.

데팡스는 공포를 유발한다. 이는 내핍 지지자들뿐만 아니라 케인즈주의자, 마르크스주의자, 그리고 일부 환경주의자들을 비롯한 모든 종류의 급진주의자에게 해당된다. 캐머런의 연설에 대한 반응을 보자. 진보주의자들은 캐머런 총리가 금으로 장식된 가구에 둘러싸인 호화로운 장소에서 내핍을 주장했다는 점을 지적했다. 우리는 중세 시대에 세워진 런던시 청사 같은 공공 기관의 호화로운 지출에 특별한 관심은 없다. 런던시 청사의 금은 자본주의보다 앞선 시대에서 반공리주의의 정수인 비생산적인 지출이다. 이 그림에서 케인즈주의자들이 질겁한 것은 나태한 부의 전시이다. 그러나 진짜 모순은 캐머런 총리가 금박 가구에 둘러싸여 내핍을 주장한 것이 아니라, 국왕이 데팡스를 꺼리지 않던 시대를 상징하는 장소에서 내핍 상태를 주장한 데에 있다.

런던시 청사는 공적 데팡스의 한 형태이다. 우리는 이를 재생산하길 원하지는 않지만 그렇다고 이를 비난하지 않는다. 우리는 런던 길드홀 시청사의 금이 대영 제국이 노동자, 식민지, 생태계를 착취한 결과라는 것을 안다. 우리는 이러한 강탈과 소모에 반대한다. 그러나 우리는 잉여의 원천이 아닌 사용처에 주목한다. 사회적 잉여는 종종 착취의 결과였지만, 반드시 그럴 필요는 없다. 공공의 부는 착취 없이 만들어질 수 있다. 캐머런의 연설을 문제 삼은 진보주의자들은 부의 전시와 내핍에 대한 주문 사이의 모순을 비난했다. 그러나 착취의 산물인 부와 노동자를 더 착취할 것을 요구하는 캐머런의 내핍 주장 사이에 다른 점을 찾기란 어렵다.

많은 환경주의자들은 비공리주의적 자원의 낭비를 받아들이기 힘들 것이다. 왜냐하면 그들의 **상상계**는 천연 자원 부족에 대한 인식과 매우 강하게 엮여 있기 때문이다. 그러나 부족이란 개념은 사회적이다. 석기 시대부터 우리는 기본 생활수준에 필요한 것 이상을 소유해 왔다. 마셜 살린스가 말한 풍요로운 사회에서 사람들은 많이 가져서 부족을 경험하지 않는 게 아니라 부족 상태가 무엇인지 몰랐고, 항상 충분히 가졌다고 생각했기 때문이다. 그들은 채집한 것을 소비했고, 결코 축적하지 않았다. 부족은 절약과 축적을 부른다. 이는 부족이 인간의 주요 문제점이라는 것이 산업 사회의 상식이 된 이유이다. 또한 부족이 자본주의의 필수 요소가 된 이유이다. 우리가 절약하는 생태주의자들에게 던지는 메시지는 자원을 좋은 목적에 사용하고 새로운 자원을 더 채굴하면서 환경 파괴를 가속화하는 것보다 공공 건물에 금박 장식을 하거나 축하연에서 마시며 낭비하는 것이 더 낫다는 점이다. 이는 **제본스의 역설**을 탈출하는 유일한 방법이다. 성장을 낳는 것은 낭비가 아닌 축적이다. 축소된 메타볼리즘을 가진 검소한 이들의 사회에서도 성장이 재활성화되지 않으려면, 없애야 할 잉여가 여전히 존재할 것이다.

쓸데없이 자원을 낭비하는 것을 제쳐 두더라도 기본 필요를 충족할 충분한 자원이 없다고 우려하는 이들에게 우리는 자본 순환 이외에 아무 목적이 없는 제로섬 지위 게임에 쓰이는 엄청난 양의 자원을 보라고 말하고 싶다(실제로 이는 크루그먼이 주문한 것이다). 경제학자들은 이제 거품은 일탈이 아니라 자본주의와 성장에 필수라는 사실을 깨닫고 있다. 프로 스포츠, 영화, 상업적 현대 미술, 금융 서비스, 그리고 모든 위치재 소비(최신이라는 순간적 가치만 지니는 자동차, 주택, 전자 제품)에 쓰이는 막대한 양의 자원을 생각해 보라. 스포츠와 예술 자금을 지원하고 이들 시장에서 많은 자본이 순환함에도 불구하고, 축구 경기는 50년 전 아마추어들이 하던 때에도 지금처럼 즐거웠고, 오늘날 영화나 회화는 그때보다 나아지지 않았다. '모든 이에게 페라리를'이라는 구호는 달성하기 힘든 성장의 꿈이다. 그러나 만약 모든 이가 페라리를 가지게 된다면 페라리는 그 세대에서 피아트로 여겨질 것이다. 경제학자들은 위치재 소비를 위한 제로섬 경쟁에 제한을 가해 진짜 성장을 위해 자원을 써야 한다고 주문해 왔다. 대신 우리는 이러한 자원을 기본 필요를 보장하는 데 쓰고, 나머지는 새로운 시대의 정치를 공언하는 집단 축제에 쓰기를 원한다. 탈성장 담론은 기본 필요를 충족하는 국가와 자치 제도에 대한 고민을 통해 주목할 만한 발전을 보였다. 이제 우리는 비생산적인 데팡스의 사회화에 대한 책임 있는 제도와 잉여 순환을 바꾸는 방안을 생각할 필요가 있다.

이와 동시에 자본주의 담론은 사회 차원에서 '생산 요인들'의 나태를 비난한다. 이들은 또한 낭비적 소비의 사유화를 지지한다. 즉 개인은 술에 취하고, 모든 저금을 카지노에서 쓰거나 호화로운 취미와 과시성 쇼핑에 쓰고, 샴페인과 캐비아가 준비된 개인 파티를 열거나, 난잡한 VIP 파티에 아름다운 남녀를 빌릴 수 있다. 이러한 모든 개인화된 데팡스는 개인이 사적 공간에서 삶의 의미를 찾는 자유라는 이름으로 종잡을 수 없이 허용된다. 현대 사회의 전제는 개인이 자원을 기본 필요 이상으로 축적하고, 그들이 이를 '좋은 삶'이라고 생각하는 것을 이루기 위해 이용할 권리이다. 그 결과 현재의 체계는 추상적으로 봤을 때 마치 개인이 권리를 지속적으로 추구할 기회를 허용하는 것처럼 보인다.

근대성의 중요 특징은 많은 마르크스주의 학파에도 영향을 주었다. 근대성은 모든 이가 물질적으로 풍요로운 삶에 도달함으로써 집단적인 해방을 바라는 꿈을 추구했다. 실제로 현존하는 사회주의 정부는 모든 이를 위한 기본 필요가 충족될 수 있다는 것을 알았다. 그러나 이들 정부는 개인의 데팡스를 억압하고 스타하노프[3] 관료들을 기리기 위한 군사 퍼

---

3 소비에트연합에서 생산 목표량을 초과한 노동자들을 일컬었으며, 소비에트연합 정부
  는 이들을 기려 노동 생산력 증가를 유도하는 운동을 진행했다.

레이드와 기념행사를 제외한 사회화된 데팡스를 부인했다. 우리가 제안하는 가설은 개인과 사회적 데팡스 억압이 이들 정권의 실패와 궁극적인 붕괴를 불렀다는 것이다.

우리가 상상하는 탈성장 사회는 데팡스를 공적 영역으로 다시 불러들이지만, 개인들은 진지하다. 개인적 진지함에 대한 주문은 재정적 결핍이나 생태적 한계, 혹은 도덕적 이유가 아니다. 우리는 내핍 지지자들에 대한 프로테스탄트적 요구를 하는 게 아니다. 우리가 진지함을 주장하는 이유는 개인적으로 삶의 의미를 찾는다는 것은 인류학적 환상이라는 전제 때문이다. 예를 들어 부자인 개인들이 모든 것을 가진 이후에 우울증을 앓거나 무엇을 해야 하는지 모르는 경우를 생각해 보라. 혼자 의미를 찾는다는 것은 모든 이를 위해 지속 가능하지 않기 때문에 생태적으로 유해하며, 사회적으로 부당한 결과를 이끌 수 있다. 우리가 상상하는 탈성장의 진지한 주체는 사적으로 물건 축적을 열망하지 않는다. 왜냐하면 그들은 개인적으로 삶의 의미를 찾는 필요성으로부터 자유롭길 원하기 때문이다. 사람들은 덜 심각하게 자기 자신을 받아들이고, 끝없는 선택의 견딜 수 없는 무게로부터 자유로운 삶을 누려야 한다. 〈피아니스트의 전설〉 속 피아니스트처럼 진지한 주체는 끝없는 건반의 피아노를 바라지 않을 것이다. 그 주인공처럼 진지한 주체는 언제나 무한한 도시보다 유한한 선박을 선호할 것이다. 진지한 주체는 관계 속에서 의미를 찾으며, 자기 자신 안에서 의미를 찾지 않는다. 개인적으로 삶의 의미를 찾는 프로젝트에서 자유로워진 이는 돌봄과 재생산을 중심으로 한 일상 생활에 헌신할 수 있고, 민주적으로 결정한 사회적 데팡스에 참여할 수 있다. 인류학적으로 이러한 탈성장 주체는 이미 존재한다. 바로 **나우토 피아**와 **생태 공동체** 주체들이다. 또한 토지에서 일하는 '**다시 땅으로**' 운동가들 가운데에서도 찾을 수 있고, **도시 텃밭**을 가꾸는 도시민들이나 광장을 점령하는 이들 가운데에서도 찾을 수 있다. 그러나 문제는 어떻게 이것을 확산시키고 되풀이할 것인가 하는 점이다. 이는 정치적 문제이지 개인의 문제가 아니다.

개인적 진지함과 사회적 데팡스의 짝은 사회적 내핍과 개인적 과잉의 짝을 대체하기 위한 것이다. 우리의 변증법적 상상계는 깊은 의미에서 '**정치**'이다. 이를 『레오파드』의 그 주인공처럼, 모든 것이 그대로 머무르게 하기 위해 모든 것을 바꾸기를 원하는 (심지어 외계인을 발명하면서까지!) 크루그먼의 추정상의 '정치' 경제와 비교해 보라. 이는 정치적이지 않아야 하는 현대 정치 경제의 진정한 모순이다. 즉 정치 경제는 (새로운) 삶의 의미를 찾는 데 참여해서는 안 되며, 삶의 의미는 개인과 사적인 네트워크에 남겨진다. 탈성장주의자들은 기본 필요가 보장되면, '좋은 삶'의 의미를 찾을 수 있으며, 새로운 시대의 '정치'가 자유로워지는 문제는 집단적으로 '무엇을 지출해야 할지'를 결정하는 일에 좌우된다고 주장한다. 의미의 영역은 필요의 영역이 끝날 때 시작된다. 탈성장 사회는 기본 필요와 다양한 데팡스 형태에 어떻게 자원을 집단적인 방법으로 사용할지 결정하는 새로운 제도를 만들어야 한다. '정치'는 기본 필요 충족으로 끝나지 않는다. 집단 축제, 올림픽, 나태한 생태계, 군사 지출, 우주여행 사이의 선택은 여전히 남아 있을 것이다. 민주주의와 자문 기관에 실리는 무게는 지금보다 더 클 것이다. 성장과 지속적인 재투자의 신조는 우리가 충분히 가진 다음에 무엇을 해야 할지에 대한 어려운 질문들을 회피해 왔다. 정치 경제는 지금껏 회피해 온 어려운 질문들에 다시 관심을 가질 것이다. 그리고 소수의 개인적인 즐거움을 위한 내핍의 경제는 진지한 개인들이 벌이는 공동의 축제 경제에 자리를 내줄 것이다.

공생공락의 탈성장이여 영원하길!
진지한 개인과 사회적 데팡스를 위해!

[참고 문헌]

서론

Amar, A. (1973) 'La croissance et le problème moral'. Cahiers de la Nef, 『Les objecteurs de croissance』, 52: 133.

Anderson, K. and Bows, A. (2011) 'Beyond "dangerous" climate change: Emission scenarios for a new world'. Philosophical Transitions of the Royal Society, 369: 2-44.

Ariès, P. (2005) Décroissance ou Barbarie, Lyon: Golias.

Blauwhof, F. B. (2012) 'Overcoming Accumulation: Is a Capitalist Steady-State Economy Possible?' Ecological Economics, 84: 254-61.

Bonaiuti, M. (2014) The Great Transition, London: Routledge.

Castoriadis, C. (1985) 'Reflections on "Rationality" and "Development"', Thesis, 10/11, 18-35.

Castoriadis, C. (1987) The Imaginary Institution of Society, Cambridge: Polity Press.

Cattaneo, C., D'Alisa, G., Kallis, G. and Zografos, C. (eds) (2012) 'Degrowth Futures and Democracy', Special Issue, Futures, 44 (6):515-23.

Conill, J., Cardenas, A., Castells, M., Hlebik, S. and Servon, L. (2012) Otra vida es posible: prácticas alternativas durante la crisis,Barcelona: Ediciones UOC Press.

D'Alisa, G., Burgalassi, D., Healy, H. and Walter, M. (2010) 'Conflict in Campania: Waste Emergency or Crisis of Democracy', Ecological Economics, 70: 239-49.

D'Alisa, G., Demaria, F. and Cattaneo, C. (2013) 'Civil and Uncivil Actors for a Degrowth Society', Journal of Civil Society, 9 (2):212-24.

Daly, H. (1996) Beyond Growth: The Economics of Sustainable Development, Boston: Beacon Press.

Demaria, F., Schneider, F., Sekulova, F. and Martinez-Alier, J. (2013) 'What is Degrowth? From an Activist Slogan to a Social Movement', Environmental Values, 22 (2): 191-215.

Georgescu-Roegen, N. (1971) The Entropy Law and the Economic Process, Cambridge: Harvard University Press.

Gordon, R. J. (2012) 'Is U.S. Economic Growth Over? Faltering Innovation Confronts the Six Headwinds', The National Bureau of Economic Research Working Paper No. 18315.

Gorz, A., (1980) Ecology as Politics, Montréal: Black Rosa Books. First published in 1977 as Écologie et liberté, Paris: Galilée.

Gorz, A. (1982) Farewell to the Working Class: An Essay on Post-Industrial Socialism, London: Pluto Press.

Gorz, A. (M. Bosquet) (1972) Nouvel Observateur, Paris, 397, 19 June. Proceedings from a public debate organized in Paris by the Club du Nouvel Observateur.

Grinevald, J. (1974) L'économiste Georgescu-Roegen: intégrer l'économie dans la problématique énergétique et écologique, Geneva: Uni information, Service de presse et d'information de l'Université de Genève.

Grinevald, J. and Rens, I. (1979) Demain la décroissance: entropie-écologie-économie, Lausanne: Pierre-Marcel Favre.

Harvey, D. (2010) The Enigma of Capital, London: Profile Books.

Hirsch, F. (1976) Social Limits to Growth, Cambridge: Harvard University Press.

Hobsbawm, E. (2011) How To Change The World: Tales of Marx and Marxism, London: Little, Brown.

Illich, I. (1973) Tools for Conviviality, New York: Harper & Row.

Jackson, T. (2009) Prosperity without Growth, London: Earthscan.

Kallis, G., Martinez-Alier, J. and Norgaard, R. B. (2009) 'Paper Assets, Real Debts: An Ecological-Economic Exploration of the Global Economic Crisis', Critical Perspectives on International Business, 5 (1/2): 14 – 25.

Kallis, G., Schneider, F. and Martinez-Alier, J. (eds.) (2010) 'Growth, Recession or Degrowth for Sustainability and Equity?', Special Issue, Journal of Cleaner Production, 6 (18): 511 – 606.

Kallis, G., Kerschner, C. and Martinez-Alier, J. (eds) (2012) 'The Economics of Degrowth', Ecological Economics, 84: 172 – 180.

Kallis, G., Kalush, M., O'Flynn, M., Rossiter, J. and Ashford, N. (2013) '"Friday off": Reducing Working Hours in Europe', Sustainability, 5 (4): 1, 545 – 67.

Kosoy, N. (ed.) (2013) 'Degrowth: The Economic Alternative for the Anthropocene', Special Issue, Sustainability, 5. Available online at www.mdpi.com/journal/sustainability/special_issues/degrowth (accessed 3 October 2013).Latouche, S. (2009) Farewell to Growth, Cambridge: Polity Press.

Latouche, S. (2011) Vers une société d'abondance frugale: Contresens et controverses de la décroissance, Paris: Fayard/Mille et unenuits.

Latour, B. (1998) 'To Modernize or to Ecologize? That's the Question', In: Castree, N. and Willems-Braun, B. (Eds) Remaking Reality: Nature at the Millenium, London: Routledge.

Lawn, P. (2005) 'Is a democratic – capitalist system compatible with a low-growth or steady-state economy?' Socio-economic Review, 3 (2): 209 – 232.

Martinez-Alier, J., Kallis, J., Veuthey, S., Walter, M. and Temper, L. (2010) 'Social Metabolism, Ecological Distribution Conflicts, and Valuation Languages', Ecological Economics, 70 (2): 153–158.

Meadows, D.H., Meadows, D.L. and Randers, J. (1972) Limits to growth. New York: Universe books.

Mishan, E.J. (1967) The costs of economic growth, London: Staples Press.

Odum, H.T., and Odum, E. C. (2001) A prosperous way down, Boulder: University Press of Colorado.

Saed (2012) 'Introduction to the Degrowth Symposium', Capitalism Nature Socialism 23 (1): 26–29.

Schneider, F., Kallis, G. and Martinez-Alier, J. (2010) 'Crisis or opportunity? Economic degrowth for social equity and ecological sustainability', Special issue, Journal of Cleaner Production, 18(6): 511–518.

Sekulova, F., Kallis, G., Rodríguez-Labajos, B. and Schneider, F. (2013) 'Degrowth: From theory to practice', Journal of Cleaner Production, 28: 1–6.

Skidelsky, R. and Skidelsky, E. (2012) How Much is Enough? New York: Other Press.

Whitehead, M. (2013) 'Degrowth or regrowth?' Environmental Values, 22 (2): 141–145.

Wilkinson, R. and Pickett, K. (2009) The Spirit Level: Why Greater Equality Makes Societies Stronger. New York, Berlin, London: Bloomsbury Press.

1장 탈성장의 지적 뿌리

반공리주의

Caillé, A. (1989) Critique de la raison utilitaire. Manifeste du MAUSS, Paris: La Découverte.

Caillé, A. (1998) Il terzo paradigma. Antropologia filosofica del dono, Torino: Bollati Boringhieri.

Dzimira, S. (2007) 『Décroissance et anti-utilitarisme』, Revue du Mauss permanente, 26 mai. Available online at www.journaldumauss.net/./?Antiutilitarisme-et-decroissance (accessed October 4 2013).

Mauss, M. (1954) The gift. Forms and functions of exchange in archaic societies, London: Cohen and West.

Romano, O. (2012) "How to rebuild democracy, re-thinking degrowth," Futures, 44(6): 582–9.

생물경제학

Bonaiuti, M. (ed.) (2011) From Bioeconomics to Degrowth: Georgescu-Roegen's 'New Economics' in Eight Essays, London, New York: Routledge.

Bonaiuti, M. (2014) The Great Transition, London, New York: Routledge.

Castoriadis, C. (2010) A Society Adrift – Interviews and Debates 1974–1997, New York: Fordham University Press.

Georgescu-Roegen, N. (1971) The Entropy Law and the Economic Process, Cambridge, MA: Harvard University Press.

Georgescu-Roegen, N. (1979). Demain la décroissance: entropie-écologie-économie, preface and translation by Ivo Rens and Jacques Grinevald. Lausanne: PierreMarcel Favre.

Illich, I. (1973) Tools for Conviviality, New York: Harper & Row.

개발 비판

Escobar, A. (1995) Encountering Development, Princeton: Princeton University Press.

Gudynas, E. and Acosta, A. (2011) 'La renovación de la crítica al desarrollo y el buen vivir como alternativa', Utopía y Praxis Latinoamericana, 16 (53), 71–83. Available online at. www.gudynas.com/publicaciones/GudynasAcostaCriticaDesarrolloBVivirUtopia11.pdf (accessed February 12 2014).

Rahnema, M. and Bawtree, V. (eds.) (1997) The Post-Development Reader, London: Zed Books.

Rist, G. (1997) The History of Development, London: Zed Books.

Sachs, W. (ed.) (1992) The Development Dictionary: A Guide to Knowledge as Power, London: Zed Books.

환경 정의

Agyeman, J., Bullard, D. and Evans, B. (2003) Just sustainabilities: development in an unequal world. Cambridge, MA: MIT Press.

Carmin, J. and Agyeman, J. (2011) Environmental inequalities beyond borders: local perspectives on global injustices. Cambridge, MA: MIT Press.

Park, L. S.-H. and Pellow, D. (2011) The slums of Aspen: immigrants vs. the environment in America's Eden. New York: New York University Press.

Schnaiberg, A., Pellow, D., and Weinberg, A. (2002) "The treadmill of production and the environmental state." In Mol, A. and Buttel, F. (eds.) Research in social problems and public policy. Greenwich, CT: Emerald.

Size, J. (2007) Noxious New York: the racial politics of urban health and environmental justice, environmental justice in America: A new paradigm. Cambridge, MA: MIT Press.

환경주의

Hays, S. (1959) Conservation and the gospel of efficiency: the progressive conservation movement, 1890 – 1920, Cambridge: Harvard University Press.

Martinez-Alier, J. (2002) The environmentalism of the poor: a study of ecological conflicts and valuation, Cheltenham: Edward Elgar.

Martinez-Alier, J. (2012) "Environmental justice and economic degrowth: an alliance between two movements," Capitalism Nature Socialism, vol. 23/n.1, pp. 51 – 73.

Martinez-Alier, J., Anguelovski, I., Bond, P., Del Bene, D., Demaria, F., Gerber, J. F., Greyl, L., Haas, W., Healy, H., Marín-Burgos, V., Ojo, G., Porto, M., Rijnhout, L., Rodríguez-Labajos, B., Spangenberg, J., Temper, L., Warlenius, R., and Yánez, I. (2014) Between activism and science: grassroots concepts for sustainability coined by environmental justice organizations, Journal of Political Ecology, 21: 19 – 60.

Vanhulst, J. and Beling, A. E. (2014) "Buen vivir: emergent discourse whithin or beyond sustainable development," Ecological Economics, 101: 54 – 63.

사회적 메타볼리즘

Fischer-Kowalski, M. and Haberl, H. (2007) Socioecological Transitions and Global Change: Trajectories of Social Metabolism and Land Use, Cheltenham, UK: Edward Elgar.

Georgescu-Roegen, N. (1971) The Entropy Law and the Economic Process, Cambridge, MA: Harvard University Press.

Giampietro, M., Mayumi, K., and Sorman, A. H. (2012) The Metabolic Pattern of Societies: Where Economists Fall Short, London: Routledge.

Giampietro, M., Mayumi, K., and Sorman, A. H. (2013) Energy Analysis for a Sustainable Future: Multi-Scale Integrated Analysis of Societal and Ecosystem Metabolism, London: Routledge.

Sorman, A. H. and Giampietro, M. (2013) "The Energetic Metabolism of Societies and the Degrowth Paradigm: Analyzing Biophysical Constraints and Realities," Journal of Cleaner Production, 38, 80 – 93.

정치생태학

Blaikie, P.M. and Brookfield, H. (1987) Land Degradation and Society. London:

Methuen.

Escobar, A. (2010) 'Postconstructivist Political Ecologies'. In M. Redclift and G. Woodgate (eds) International Handbook of Environmental Sociology, Second Edition. Cheltenham: Edward Elgar.

Hornborg, A., Clark, B. and Hermele, K. (2012) Ecology and Power: Struggles over Land and Material Resources in the Past, Present and Future. London and New York: Routledge.

Peet, R., Robbins, P. and Watts, M. (eds) (2011) Global Political Ecology. London and New York: Routledge.

Robbins, P. (2011) Political Ecology: A Critical Introduction, Second Edition. Chichester: Wiley-Blackwell.

Swyngedouw and Heynen (2003) 'Urban Political Ecology, Justice and the Politics of Scale'. Antipode 35(5): 898 – 818.

정상 상태 경제

Czech, B. (2013) Supply Shock: Economic Growth at the Crossroads and the Steady State Solution, Gabriola, BC, Canada: New Society Publishers.

Daly, H. E. (1991) Steady State Economics: 2nd Edition with New Essays, Washington, DC: Island Press.

Dietz, R. and O'Neill, D. (2013) Enough is Enough: Building a Sustainable Economy, San Francisco: Berret-Koehler and London: Routledge.

Farley, J., Burke, M., Flomenhoft, G., Kelly, B., Murray, D. F., Posner, S., Putnam, M., Scanlan, A., and Witham, A. (2013) "Monetary and Fiscal Policies for a Finite Planet." Sustainability, 5: 2, 802 – 826.

Victor, P. (2008) Managing Without Growth: Slower by Design, not Disaster, Cheltenham: Edward Elgar Publishing.

2장 탈성장의 핵심

자율성

Caillé, A. (1989) Critique de la raison utilitaire. Manifeste du MAUSS, Paris: La Découverte.

Caillé, A. (1998) Il terzo paradigma. Antropologia filosofica del dono, Torino: Bollati Boringhieri.

Dzimira, S. (2007) 『Décroissance et anti-utilitarisme』, Revue du Mauss permanente, 26 mai. Available online at www.journaldumauss.net/./?Antiutilitarisme-et-decroissance (accessed October 4 2013).

Mauss, M. (1954) The gift. Forms and functions of exchange in archaic societies, London: Cohen and West.

Romano, O. (2012) "How to rebuild democracy, re-thinking degrowth," Futures, 44(6): 582 – 9.

자본주의

De Angelis, M. (2007) The Beginning of History: Value Struggles and Global Capital. London: Pluto Press.

Harvey, D. (2010) The Enigma of Capital and the Crises of Capitalism. Oxford: Oxford University Press.

Ingham, G. (2008) Capitalism. Cambridge: Polity.

Latouche, S. (2012) 'Can the Left Escape Economism?' Capitalism, Nature, Socialism. 23(1): 74 – 8.

O'Connor, J. (1991) 'On the Two Contradictions of Capitalism'. Capitalism Nature Socialism, 2 (3): 107 – 9.

Watts, M. (2009) 'Capitalism'. In D. Gregory, R. Johnston, G. Pratt, M. Watts and S. Whatmore (eds). The Dictionary of Human Geography (5th ed.). Oxford: Wiley-Blackwell, pp. 59 – 63.

돌봄

Jochimsen, M. and Knobloch, U. (1997) 'Making the Hidden Visible: the Importance of Caring Activities and their Principles for an Economy', Ecological Economics, 20:107 – 12.

Mellor, M. (1997) 'Women, Nature and the Social Construction of 'Economic Man', Ecological Economics, 20(2):129 – 140.

Nussbaum, M. (1986) The Fragility of Goodness: Luck and Ethics in Greek Tragedy and Philosophy, Cambridge:University Press.

Picchio A. (ed.) (2003) Unpaid Work and the Economy. A Gender Analysis of the Standards of Living, London and New York: Routledge.

Tronto, Joan, (1993) Moral Boundaries: A Political Argument for an Ethic of Care, New York, NY:Routledge.

상품화

Bakker, K. (2003) An Uncooperative Commodity: Privatizing Water in England and Wales, Oxford: Oxford University Press.

Federici, S. (2004) Caliban and the Witch. Women, The Body and Primitive Accumulation, New York: Autonomedia.

Harvey, D. (2003) The New Imperialism, Oxford: Oxford University Press.

Luxemburg, R. (1951) The Accumulation of Capital, Monthly Review Press.

Marx, K. (1975/1842) "Proceedings of the Sixth Rhine Province Assembly. Debates on the Law of the Theft of Wood." In Karl Marx and Frederick Engels, Collected Works, Volume I, New York: International Publishers, pp 224 – 63.

Mauss, M. (1954) The Gift, New York: Free Press.

Polanyi, K. (1957) The Great Transformation: The Political and Economic Origins of Our Time, Boston: Beacon Press.

Proudhon, P-J. (1840) Qu'est-ce que la propriété? Paris: Chez J.-F. Brocard.

Sandel, M. (2012) What Money Can't Buy: The Moral Limits of Markets, New York: Farrar, Straus and Girou.

상품 개척 경계

Martinez-Alier, J. (2012) 'Environmental Justice and Economic Degrowth: An Alliance between Two Movements', Capitalism Nature Socialism, 23(1): 51 – 73.

Martinez-Alier, J., Kallis, G., Veuthey, S., Walter, M., and Temper, L. (2010) 'Social metabolism, ecological distribution conflicts, and valuation languages', Ecological Economics, 70: 153 – 8.

Marx K. (1976) Capital: A Critique of Political Economy, vol. 1, London: Penguin Classics.

Moore, J. W. (2000) 'Sugar and the Expansion of the Early Modern World-Economy: Commodity Frontiers, Ecological Transformation, and Industrialization', Review: A Journal of the Fernand Braudel Center, 23(3): 409 – 33.

Moore, J. W. (2003) 'The Modern World-Systems Environmental History? Ecology and the Rise of Capitalism', Theory and Society, 32(3): 307 – 77.

공유물

The Commoner, A web journal for other values. Available online at www.commoner. org.uk (accessed September 4 2013).

Benkler, Y. (2006) The Wealth of Networks: How Social Production Transforms Markets and Freedom, New Haven: Yale University Press.

Bollier, D., Helfrich, S., and Heinrich Böll Foundation (eds.) (2012) The Wealth of the Commons: A World Beyond Market and State, Amherst, Massachusetts: Levellers Press. Available online at hwww.wealthofthecommons.org (accessed March 3

2013).

Linebaugh, P. (Jan.8 - 10, 2010) "Some Principles of the Commons," Counterpunch, available online at www.counterpunch.org/2010.01/08/some-principles-of-the-commons (accessed July 1 2013).

Ostrom, E. (1990) Governing the Commons: The Evolution of Institutions for Collective Action, Cambridge: Cambridge University Press.

Weber, A. (2013) "Enlivenment: Toward a Fundamental Shift in the Concepts of Nature, Culture and Politics," Series on Ecology, No. 31, Berlin, Germany: Heinrich Boell Foundation. Available online at http://commonsandeconomics.org/2013/05/15/a-new-bios-forthe-economic-system(accessed 3 February 2014).

공생공락

Borremans, V. (1979) Guide to Convivial Tools, Library Journal Special Report, 13, Preface by Ivan Illich, New York: R.R. Bowker Company.

Brillat-Savarin, J. A. (1825) Physiologie du goÛt ou méditations de gastronomie transcendante, Paris: A. Sautelet.

Illich, I. (1971) Deschooling Society, New York: Harper & Row.

Illich, I. (1973) Tools for Conviviality, Glasgow: Fontana/Collins.

Illich, I. (1978) The Right to Useful Unemployment, London: Marion Boyars.

Illich, I. (1978) Toward a History of Needs, New York: Pantheon.

Latouche, S. (2010) Pour sortir de la société de consommation. Voix et voies de la décroissance, Paris: Les liens qui libèrent Editions

비물질화

Clugston, C. (2012) Scarcity - humanity's final chapter? Port Charlotte: Booklocker.

Dittrich, M., Giljum, S., Lutter, S., and Polzin, C. (2012) Green economies around the world? - Implications for resource use for development and the environment. Vienna: SERI.

European Environment Agency (2013) "Environmental pressures from European consumption and production." EEA Technical Report No 2/2013. Copenhagen.

Peters, G. P., Minx, J. C. Weber, C. L., and Edenhofer, O. (2011) "Growth in emission transfers via international trade from 1990 to 2008." Proceedings of the National Academy of Sciences, 108(21): 8903 - 8.

데팡스

Bataille, G. (1933) "La notion de dépense." La Critique Sociale, 1: 7.

Bataille, G. (1946) "L'Économie à la mesure de l'univers." In œuvres complètes (1976), vol. 7. Paris: Gallimard.

Bataille, G. (1949) "La Part maudite." In Œuvres complètes (1976), vol. 7. Paris: Gallimard.

Bataille, G. (1957) "Histoire de l'érotisme." In œuvres complètes (1976). vol. 8. Paris: Gallimard.

Bataille, G. (1976) Oeuvres completes, Tome VIII. Paris: Gallimard.

Bataille, G. (1988) The accursed share. An essay on general economy vol. I Consumption. New York: Zone Books.

Freud, S. (1990) Beyond the pleasure principle. New York: W. W. Norton & Company.

Riesman, D. (1950) The lonely crowd. New Haven: Yale University Press.

Romano, O. (2014) The sociology of knowledge in a time of crises. Challenging the phantom of liberty. London & New York: Routledge.

탈정치화

Abensour, M. (2011). Democracy Against the State. Cambridge: Polity Press.

Badiou, A. (2012). The Rebirth of History. London: Verso.

Rancière, J. (1998). Disagreement. Minneapolis: University of Minnesota Press.

Swyngedouw, E. (2010). 'Trouble with Nature: Ecology as the New Opium for the People'. in Hillier, J. and P. Healey (eds). In Conceptual Challenges for Planning Theory, Farnham: Aldershot.

Swyngedouw, E. (2011). 'Interrogating Post-Democracy: Reclaiming Egalitarian Political Spaces'. Political Geography, 30, 370 – 80.

Wilson, J. and E. Swyngedouw (2014). The Post-Political and its Discontents: Spaces of Depoliticization, Specters of Radical Politics. Edinburgh: Edinburgh University Press.

재앙 교육

Diamond, Jared (2005) Collapse, How Societies Chose to Fail or Succeed, Harmondsworth: Peguin.

Dupuy, J-P. (2002) Pour un catastrophisme éclairé. Quand l'impossible est certain, Paris: Seuil.

Jonas, H. (1984) The Imperative of Responsibility: In Search of Ethics for the Technological Age, Chicago: University of Chicago Press.

Jonas, H. (1990) Le principe responsabilité, une éthique pour la civilisation technologique, Paris: Editions du Cerf.

Klein, N. (2007) The Shock Doctrine: The Rise of Disaster Capitalism, Toronto: Knopf Canada.

Partant, F. (1978) Que la crise s'aggrave! Paris: Parangon.

Tainter, J. (1988) The Collapse of Complex Societies, Cambridge: Cambridge University Press.

엔트로피

Bianciardi, C., Tiezzi, E., and Ulgiati, S. (1993) "Complete recycling of matter in the framework of physiscs, biology and ecological economics." Ecological Economics, 8: 1 - 5.

Boltzmann, L. (1872) "Further studies on the thermal equilibrium of gas molecules" ("Weitere Studien über das Wärmegleichgewicht unter Gasmolekülen") In Sitzungsberichte der Akademie der Wissenschaften, Mathematische-Naturwissenschaftliche Klasse (pgs. 275 - 370), Bd. 66, Dritte Heft, Zweite Abteilung, Vienna: Gerold.

Georgescu-Roegen, N. (1971) The entropy law and the economic process. Cambridge, MA: Harvard University Press.

Khalil, E. L. (1990) "Entropy Law and exhaustion of natural resources: is Georgescu-Roegen's paradigm defensible?" Ecol. Econ., 2: 163 - 78.

Thomson, W. (1851) "On the dynamical theory of heat; with numerical results deduced from Mr. Joule's equivalent of a thermal unit and M. Regnault's observations on steam." Math. and Phys. Papers 1: 175 - 83.

에머지

Brown, M. T. and Ulgiati, S. (2011) "Understanding the Global Economic crisis: A Biophysical Perspective," Ecological Modelling, 223(1): 4 - 13.

Odum, H. T. (1988) 'Self Organization, Transformity and Information," Science, 242: 1,132 - 9.

Odum, H. T. (1996) Environmental Accounting. Emergy and Environmental Decision Making. New York, NY: Wiley.

Odum, H. T. and Odum, E. C. (2001) A Prosperous Way Down: Principles and Policies, Boulder, CO: University Press of Colorado.

국내총생산

Cobb, C., Halstead, T., and Rowe, J. (1995) "If the GDP is up, why is America Down?" Atlantic Monthly, October, 59 - 78.

Fioramonti, L. (2013) Gross Domestic Problem: The Politics Behind the World's Most Powerful Number. London: Zed Books.

O'Neill, D. W. (2012) "Measuring Progress in the Degrowth Transition to a Steady State Economy." Ecological Economics 84, 221 - 31.

Stiglitz, J. E., Sen, A., and Fitoussi, J.-P. (2009) Report by the Commission on the Measurement of Economic Performance and Social Progress. Available online at www.stiglitz-sen-fitoussi.fr (accessed May 6 2013).

van den Bergh, J. C. J. M. (2009) "The GDP Paradox." Journal of Economic Psychology 30(2), 117 - 35.

성장

Ayres, R. U. (2008) 'Sustainability Economics: Where do we Stand?' Ecological Economics, 67(2) 281 - 310.

Keynes, J. M. (1936) General Theory of Employment, Interest and Money. London: Palgrave Macmillan.

Layard, R. (2005) Happiness: Lessons from a New Science. London: Penguin.

Mill, J. S. (1848) Principles of Political Economy, Book IV, Chapter VI. London, UK: J. W. Parker. Page reference is to the 1970 Penguin Books edition.

Rostow, W. W. (1960) The Stages of Economic Growth: A Non-Communist Manifesto. Cambridge: Cambridge University Press.

Schumpeter, J. (1942) Capitalism, Socialism, and Democracy. New York: Harper & Row.

Turner, G. (2012) 'On the Cusp of Global Collapse? Updated Comparison of The Limits to Growth with Historical Data', GAIA - Ecological Perspectives for Science and Society, 2: 116 - 23.

Victor, P. A. (2008) Managing without Growth, Cheltenham, UK Edward Elgar.

행복

Diener, E. and Biswas-Diener, R. (2002) 'Will Money Increase Subjective Well-Being? A Literature Review and Guide to Needed Research', Social Indicators Research Vol. 57(2): 119 - 69.

Di Tella, R., Haisken-De New, J. and MacCulloch, R. (2010) 'Happiness Adaptation to Income and to Status in an Individual Panel', Journal of Economic Behavior and Organization, 76(3): 834 - 52.

Easterlin, R. A. (2003) Building a Better Theory of Well-Being, IZA Discussion Paper No. 742.

Kasser, T. (2002) The High Price of Materialism, Cambridge, MA: MIT Press.

Porta, P. L. and Bruni, L. (eds) (2005) Economics and Happiness, Oxford: Oxford University Press.

상상계의 탈식민화

Castoriadis, C. (1987) The Imaginary Institution of Society, Cambridge: Polity Press.

Castoriadis, C. (1996) La montée de l'insignifiance, Paris, Les carrefours du labyrinthe IV, Paris. English translation, The rising tide of insignificancy (The big sleep). Translated from the French and edited anonymously. Electronic publication date: 2003. Available at http://www.costis.org/x/castoriadis/Castoriadis-rising_tide.pdf (accessed 19 May 2013).

Castoriadis, C. (2010) Démocratie et relativisme, Débat avec le MAUSS, Paris, Mille et une nuits. p. 96.

Castoriadis, C., Escobar, E., and Gondicas, M. (eds) (2005) Une société à la dérive, Paris, Seuil. English translation (by Helen Arnold) (2010), A Society Adrift, New York: Fordham University Press.

Latouche, S. (2005) L'invention de l'économie, Paris: Albin Michel.

Traoré, A. (2002) Le viol de l'imaginaire, Paris: Actes Sud/Fayard.

제본스의 역설

Alcott, B. (2005) 'Jevons' paradox'. Ecological Economics 54(1): 9 – 21.

Jevons, W. S. (1865) The coal question, 3rd ed. 1965. New York: Augustus M. Kelley.

Khazzoom, D. (1980) 'Economic implications of mandated efficiency in standards for household appliances'. Energy Journal 1(4): 21 – 40.

Sanne, C. (2000) 'Dealing with environmental savings in a dynamical economy – how to stop chasing your tail in the pursuit of sustainability'. Energy Policy 28 (6/7): 487 – 495.

Sorrell, S. (2009) 'Jevons' paradox revisited: the evidence for backfire from improved energy efficiency'. Energy Policy 37(4): 1456 – 69.

신맬서스주의자

Boserup, E. (1965) The Conditions of Agricultural Growth: The Economics of Agrarian Change under Population Pressure. London: G. Allen and Unwin.

D'Eaubonne, F. (1974) Le féminisme ou la mort. Paris, France: Pierre Horay Editeur.

Erlich, P. R. (1968) The Population Bomb. San Francisco: Sierra Club/Ballantine Books.

Guichard, M. (2009) Yves Cochet pour la 『grève du troisième ventre』. Libération.

Available online at www.liberation.fr/societe/2009v/04/06/yves-cochet-pour-la-greve-du-troisieme-ventre_551067 (accessed January 28 2014).

Lacerda de Moura, M. (1932) Amai e não vos multipliqueis. Rio de Janeiro: Civilizacao Brasileira Editora.

Malthus, T. R. (1798) Essay on the Principle of Population. London: J. Johnson, in St. Paul's Church-yard.

Masjuan, E. (2000) La ecología humana en el anarquismo ibérico. (Urbanismo "orgánico" o ecológico, neomalthusianismo y naturismo social). Barcelona/Madrid: Editorial Icaria y Fundación Anselmo Lorenzo.

Ronsin, F. (1980) La grève des ventres. Propagande neo-malthusienne et baisse de la natalité en France 19-20 siècles. Paris: AubierMontaigne.

Ramaswami, E. V. "The Case for Contraception," In R. Guha (ed.) The Makers of Modern India, Penguin: New Delhi, pp. 258 - 9.

석유 정점

Campbell, C. and Laherrere, J. (1998) 'The end of cheap oil'. Scientific American, 278(3): 78 - 84.

Kerschner, C., Prell, C., Feng, K. and Hubacek, K. (2013) 'Economic vulnerability to Peak Oil.' Global Environmental Change, 23: 6, 1, 424 - 1, 423.

Murphy, D. J. and Hall, C. A. S. (2010) 'Year in review: EROI or energy return on (energy) invested'. Annals of the New York Academy of Sciences, 1185 (Ecological Economics Reviews), 102 - 118.

Sorrell, S., Miller, R. Bentley, R. and Speirs, J. (2010) 'Oil futures: A comparison of global supply forecasts'. Energy Policy, 38(9): 4,990 - 5,003.

단순성

Alexander, S. (2012) 'The Sufficiency Economy: Envisioning a Prosperous Way Down' Simplicity Institute Report, 12s. Available online available at: www.simplicityinstitute. org/publications (accessed 7 July 2013).

Alexander, S. and Ussher, S. (2012) 'The Voluntary Simplicity Movement: A Multi-National Survey Analysis in Theoretical Context', Journal of Consumer Culture, 12(1): 66 - 86.

Bode, C. (ed.) (1983) The Portable Thoreau, New York: Penguin.

Trainer, T. (2010) The Transition to a Sustainable and Just World, Sydney: Envirobook.

Shi, D. (2007, revised edition) The Simple Life: Plain Living and High Thinking in American Culture, Georgia: University of Georgia Press.

Weems, M. L. (1817) The Life of Benjamin Franklin, Philadelphia: M Carey.

성장의 사회적 한계

Frank, R. (2000). Luxury fever: Weighing the cost of excess. New York: The Free Press.

Galbraith, J. K. (1958). The affluent society. Boston: Houghton Mifflin.

Heeth, J. and A. Potter (2004). Nation of rebels. How counter-culture became consumer culture. New York: Harper Collins.

Hirsch, F. (1976). Social limits to growth. Cambridge: Harvard University Press.

Skidelsky, R. and Skidelsky, E. (2012). How much is enough? Money and the good life. London: Penguin.

3장 탈성장의 행동

'다시 땅으로'

Boyle, P. and Halfacree, K. (eds) (1998) Migration into Rural Areas: Theories and Issues, Chichester, UK: John Wiley & Sons.

Brown, D. (2011) Back-to-the-Land: The Enduring Dream of Self-Sufficiency in Modern America, Madison: University of Wisconsin Press.

Halfacree, K. (ed.) (2007) "Back-to-the-Land in the Twenty-first Century – Making Connections with Rurality", Tijdschrift voor economische en sociale geografie, 98(1): 3–67.

Jacob, J. (1997) New Pioneers: The Back-to-the-Land Movement and the Search for a Sustainable Future, Philadelphia: The Pennsylvania State University Press.

Wilbur, A. (2013) "Growing a Radical Ruralism: Back-to-the-Land as Practice and Ideal", Geography Compass, 7:149–60.

기본소득과 최대소득

Alexander, S. (2011) 'Property beyond Growth: Toward a Politics of Voluntary Simplicity', (doctoral thesis, University of Melbourne).

Alexander, S. (2012) 'The Optimal Material Threshold: Toward an Economics of Sufficiency', Real-World Economics Review 61: 2–21.

Fitzpatrick, T. (1999) Freedom and Security: An Introduction to the Basic Income Debate, New York: Palgrave.

Pickett, K. and Wilkinson, R. (2010) The Spirit Level: Why Greater Equality Makes

Societies Stronger, London: Penguin.
Raventós, D. (2007) Basic Income: The Material Conditions of Freedom, London: Pluto Press.

공동체 통화

Dittmer, K. (2013) 'Local Currencies for Purposive Degrowth? A Quality Check of some Proposals for Changing Money-as-Usual', Journal of Cleaner Production, 54: 3 – 13.
Gómez, G. M. (2009) Argentina's Parallel Currency: The Economy of the Poor, London: Pickering & Chatto.
North, P. (2007) Money and Liberation: The Micropolitics of Alternative Currency Movements, Minneapolis: University of Minnesota Press.
North, P. (2010) Local Money: How to Make it Happen in Your Community, Totnes: Transition Books.

협동조합

Birchall, J. (1997) The International Co-operative Movement, Manchester: Manchester University Press.
Johanisova, N. and Wolf, S. (2012) 'Economic Democracy: A Path for the Future?', Futures, 44(6): 562 – 70.
Réseau Intercontinental de Promotion de l'Economie Social Solidaire (2012) The economy we need: Declaration of the social and solidarity economy movement at Rio +20. Available online at www.ripess.org/ripess-rio20-declaration/?lang=en (accessed 10 July, 2013).
Seyfang, G. (2009) The New Economics of Sustainable Consumption: Seeds of Change, Basingstoke: Palgrave MacMillan.
Suriñach-Padilla, R. (2012) 'Innovaciones Comunitarias en Sostenibilidad, Cómo lidera la sociedad civil?', p. 124 – 38 in CRIC (ed.) Cambio Global España 2020/50. Consumo y estilos de vida, Barcelona, CCEIM.

부채 감사

Graeber, D. (2011) Debt: The First 5000 Years. New York: Melvillehouse.
Kallis, G., Martinez-Alier, J. and Norgaard, R. B. (2009) 'Paper Assets, Real Debts: An Ecological-Economic Exploration of the Global Economic Crisis'. Critical Perspectives on International Business, 5(1/2): 14 – 25.
Plataforma Auditoría Ciudadana de la Deuda (2013) 'Por qué no debemos pagar la

deuda?'. Razones y alternativas. Barcelona: Icaria Editorial.

Ramos, L. (2006) Los crímenes de la deuda: deuda ilegítima. Barcelona: ODG & Icaria Editorial.

Toussaint, E. (2012) The Long Tradition of Debt Cancellation in Mesopotamia and Egypt from 3000 to 1000 BC. CADTM. Available online at http://cadtm.org/The-Long-Tradition-of-Debt(accessed 10 October 2013).

디지털 공유물

Benkler, Y. (2006) The Wealth of Networks, New Haven, CT: Yale University Press.

Fuster Morell, M. (2010) Governance of Online Creation Communities, (Ph.D. thesis ed.), European University Institute.

Tapscott, D. and Williams, A. (2007) Wikinomics. Portfolio, New York, NY: Penguin.

Turner, F. (2006) From Counterculture to Cyberculture, Chicago, IL: University of Chicago Press.

불복종

de la Boetie, E. (2012) Discourse on Voluntary Servitude, Indianapolis, Indiana: Hackett Publishing Co.

Gandhi, M. K. (2012) Autobiography. The Story of my Experiments with Truth, CreateSpace Independent Publishing Platform. Available online at www.createspace.com (accessed April 3 2013).

Thoreau, H. D. (2008) On the Duty of Civil Disobedience, Radford, Virginia: Wilder Publications.

생태 공동체

Carlsson, C. and Manning, F. (2010) 'Nowtopia: Strategic Exodus?' Antipode, 42(4), 924-953.

Cattaneo, C. (2013) 'Urban squatting, rural squatting and the ecological-economic perspective', In: Squatting Europe Kollective (ed) Squatting in Europe, Radical Spaces, Urban Struggles. London, New York: Minor compositions - Autonomedia. Available online at: www.minorcompositions.info/wp-content/uploads/2013/03/squattingeurope-web.pdf (accessed 11 December 2013).

Gilman, R. (1991) 'The eco-village challenge'. Context Institute. Available online at www.context.org/iclib/ic29/gilman1/ (accessed 14 May 2014).

Illich, I. (1973) Tools for Conviviality. Available online at http://clevercycles.com/tools_for_conviviality/ (accessed 12 October 2013).

Kinkaid, K. (1994) Is It Utopia Yet? An Insider's View of Twin Oaks Community in Its Twenty-Sixth Year, 2nd edition. Louisa, Virginia: Twin Oaks Publishing.

인디그나도스(점령)

Asara, V. 2014. 'The Indignados movement. Framing the crisis and democracy'. Forthcoming in Sociology.

Della Porta, D. (2013) Can democracy be saved? Cambridge: Polity Press.

Macpherson, C. B. (1977) The life and times of liberal democracy. Oxford: Oxford University Press.

Offe, C. (1984). Contradictions of the welfare state. London: Hutchinson & Co.

일자리 보장

Forstater, M. (1998) "Flexible Full Employment: Structural Implications of Discretionary Public Sector Employment." Journal of Economic Issues, 32(2): 557 – 64.

Mitchell, W. F. (1998) "The Buffer Stock Employment Model and the Path to Full Employment." Journal of Economic Issues, 32(2): 547 – 55.

Wray, R. L. (1998) Understanding Modern Money: The Key to Full Employment and Price Stability. Northhampton, MA: Edward Elgar.

Wray, R. L. (2012) Modern Money Theory: A Primer on Macroeconomics and Sovereign Monetary Systems. New York: Palgrave Macmillan.

Wray, R. L. and Forstater, M. (2004) "Full Employment and Economic Justice." In C. Dell and J. Knoedler (eds.) The Institutionalist Tradition in Labor Economics. Armonk, NY: M.E. Sharpe.

공공 자금

Ingham, G. (2004) The Nature of Money. Cambridge: Polity.

Jackson, A. and Dyson, B. (2013) Modernising Money: Why our Monetary System Is Broken and How it Can Be Fixed. London: Positivemoney.

Mellor, M. (2010) The Future of Money: From Financial Crisis to Public Resource. London: Pluto Press.

Robertson, J. (2012) Future Money: Breakdown or Break through? Totnes: Green Books.

Ryan-Collins, J. Greenham, T., Werner, T. and Jackson, A. (2011) Where Does Money Come From? A Guide to the UK Monetary and Banking System. London: New Economic Foundation.

신경제

Jackson, T. (2009) Prosperity without Growth: Economics for a Finite Planet. London:Earthscan.

나우토피아

Carlsson, C. (2008) Nowtopia: How Pirate Programmers, Outlaw Bicyclists, and Vacant-Lot Gardeners Are Inventing the Future Today, London: AK Press.

Gorz, A. (1982) Farewell to the Working Class: An Essay on Post-Industrial Socialism, Boston: South End Press.

Gorz, A. (1999) Reclaiming Work: Beyond the Wage-Based Society, Malden, MA: Blackwell Publishers Inc.

Holloway, J. (2002) Change the World without Taking Power: The Meaning of Revolution Today, New York: Pluto Press.

Holloway, J. (2010) Crack Capitalism, New York: Pluto Press.

탈정상 과학

Cattaneo C., D'Alisa G., Kallis G., and Zografos C. (2012). "Degrowth Futures and Democracy," Futures, 44(6): 515 - 23.

Funtowicz, S. O. and Ravetz, J. R. (1990) Uncertainty and Quality in Science for Policy, Netherlands: Kluwer Academic Publishers.

Funtowicz S. O. and Ravetz J. R., 1994. "Uncertainty, Complexity and Post Normal Science," Environmental Toxicology and Chemistry, 12(12): 1,881 - 5.

Giampietro, M. (2003). Multi-Scale Integrated Analysis of Agroecosystems, London: CRC Press.

Ravetz, J. R. (1971) Scientific Knowledge and its Social Problems, Oxford: Clarendon Press.

Ravetz, J. R. (2011). "Postnormal Science and the Maturing of the Structural Contradictions of Modern European Science," Futures, 43(2): 142 - 8.

노동조합

Arendt, H. (1958/1998), The human condition, Chicago, IL: University of Chicago Press.

Arias, T. C. (2008) Intervención en las jornadas CGT "Una realidad de lucha y compromiso contra la crisis del capital," 26 de septiembre [Taibo Arias C. (2008), speech for the meeting of the Spanish CGT "A reality of struggle and commitment against the crisis of the capital," on September 26]. Available online at www.cgt.

org.esgeb (accessed 17 August 2013).

Confederación General del Trabajo y Ecologistas en Acción (2008), Ecologia y Anarcosindicalismo, Manual Corso [General Confederation of Labor and Ecologists in Action- Spain (2008), Ecology and Anarchosyndicalism, Handbook Available online at www.cgt.org.es/sites/default/files/IMG/pdf/pdf_ecologismo_y_sindicalismo.pdf (accessed May 20 2017).

Confédération Nationale du Travail (2011), "Sortir du nucléaire? Le minimum syndical," communiqué du 7 mars National Confederation of Labor - France (2011), "Fazing out nuclear power? The least we can do," communiqué, on March 7.

도시 텃밭

Lawson, A. (2005) City Bountiful: A Century of Community Gardening in America. Berkeley: University of California Press.

Lyson, T. A. (2004) Civic Agriculture: Reconnecting Farm, Food, and Community, Civil Society. Medford, Mass., Lebanon, NH: Tufts University Press; University Press of New England.

McClintock, N. (2010) "Why Farm the city? Theorizing Urban Agriculture through a Lens of Metabolic Rift." Cambridge Journal of Regions, Economy and Society 3(2): 191 - 207.

Mougeot, L. (ed.) (2005) The Social, Political, and Environmental Dimensions of Urban Agriculture. London: Earthscan.

Schmelzkopf, K. (1995) "Urban Community Gardens as Contested Space." Geographical Review 85(3):364 - 80.

일자리 나누기

Coote, A. and Franklin, J. J. (eds.) (2013) Time on Our Side: Why We All Need a Shorter Working Week, London: New Economics Foundation.

Gorz, A. (1999) Reclaiming Work: Beyond the Wage-Based Society, Cambridge: Polity.

Knight, K. W., Rosa, E. A., and Schor, J. B. (2013) "Could Working Less Reduce Pressures on the Environment? A Cross-National Panel Analysis of OECD Countries, 1970 - 2007," Global Environmental Change, 23(4): 691 - 700.

Schor, J. B. (2011) True Wealth: How and why Millions of Americans are Creating a Time-Rich, Ecologically-Light, Small-Scale, High-Satisfaction Economy, New York: Penguin.

4장 탈성장의 연맹

부엔 비비르

Escobar, A. (1992) 'Imagining a Post-Development Era? Critical Thought, Development and Social Movements', SocialText 31/32: 20-56.

Gudynas, E. (2011a) 'Buen Vivir: germinando alternativas al desarrollo', América Latina en Movimiento, ALAI, 462: 1-20.

Gudynas, E. (2011b). 'Buen Vivir: Today's Tomorrow', Development 54(4): 441-7.

Gudynas, E. (2013) 'Development Alternatives in Bolivia: the Impulse, the Resistance, and the Restoration', NACLA Report on the Americas 46(1): 22-6.

영속의 경제

Kumarappa, J. C. (1945) Economy of Permanence, Varanasi: Sarva Seva Sangh Prakashan.

Kumarappa, J. C. (1951) Gandhian Economic Thought, Bombay: Vora & Co.

Kumarappa, J. C. (1958a) Economy of Permanence: A Quest for a Social Order Based on Non-Violence, Wardha (India): Sarva Seva Sangh.

Kumarappa, J. C (1958b) Why the Village Movements? Rajghat: Akil Bharat Sarva Seva Sangh (ABSSS).

Lindley, M. (2007) J. C. Kumarappa: Mahatma Gandhi's Economist, Mumbai: Popular Prakashan Pvt. Ltd.

Victus, S. (2003) Religion and Eco-Economics of J.C. Kumarappa: Gandhism Redefined, New Delhi: Ispck

페미니스트 경제학

Dalla Costa, M. and James, S. (1972) The power of women and the subversion of the community, Bristol: Falling Wall Press.

Elson, D. (1998) 'The economic, the political and the domestic: businesses, states and households in the organization of production', New Political Economy, 3 (2), 189-208.

Federici, S. (2004) Caliban and the witch: women, the body and primitive accumulation, New York: Autonomedia.

Picchio, A. (1992) Social reproduction: the political economy of the labour market, Cambridge: Cambridge University Press.

Picchio, A. (2003) 'An extended macroeconomic approach', In Unpaid work and the economy, a gender perspective on standards of living, London: Routledge.

우분투

Bohm, D. (1980) Wholeness and the implicate order, London: Routledge and Kegan Paul.

Bujo, B. (1998) The ethical dimension of community, Namulondo Nganda Cecilia (trans.) Nairobi: Paulines Publications Africa.

Griaule, M. (1965) Conversations with Ogotommeli, Oxford: Oxford University Press.

Maathai, W. (2009) The challenge for Africa, London: William Heinemann.

Ramose, M. B. (1999) African philosophy through Ubuntu, Harare: Mond Books Publishers.

옮긴이의 글

  이 책을 처음 접한 계기는 2015년 영국 리즈대학교에서 열린 유럽생태경제학회에서였다. 유럽의 학자들이 열띤 자세로 탈성장을 논하는 모습을 보면서 한국에서도 이러한 토론이 좀 더 확산되길 바라는 마음으로 번역을 자청했다.

  그 후 약 3년 동안 한국 사회는 많이 변했다. 촛불의 힘으로 정권이 바뀌었고, 대통령이 탈핵 사회로 나아가겠다고 천명했다. 탈성장이 정책선상에 오르내리기엔 아직 갈 길이 멀어 보이지만, 변화는 서서히, 그러나 꾸준히 일어나는 듯하다. 2년 전 정권 교체를 예상할 수 없었던 것과 마찬가지로, 탈성장 역시 언젠가 예상치 못한 때, 예상치 못한 속도로 우리에게 다가오지 않을지 희망이 고개를 든다.

  아직 낯선 개념들이 많아 번역이 쉽지만은 않았다. 그러나 한편으로 재미있는 도전이기도 했다. 개인적으로 가장 흥미로웠던 개념은 '비생산적인 지출'이라고 정의되는 데팡스이다. 절약과 절제가 환경과 자원 보전을 위한 유일한 길은 아니라는 주장, 제본스의 역설로 인해 효율성을 높일수록 오히려 자원 소비량이 늘어나기 때문에 합의를 통한 사회적 데팡스가 필요하다는 논리는 우리에게 진정으로 지속 가능한 길이 무엇인지에 대한 고민을 던져 준다. 환경 정책을 공부하는 나로서는 도전 의식을 자극하는 연구 주제이다.

그러나 이 책은 탈성장의 정당성을 무조건 설파하지만은 않는다. 다양한 필자들이 쓴 글 가운데에는 탈성장을 비판하는 내용도 많다. 판단은 독자의 몫이다. 탈성장을 옹호하는 책 속에서 그에 대한 비판을 읽는 것은 스스로 생각을 정리해보는 재미를 덤으로 준다. 저자들도 적었듯 탈성장은 하나로 정의된 개념이 아니며, 각자 사회에 맞는 탈성장에 대한 고민은 누군가 대신 해 주는 것이 아닌, 우리 스스로의 몫이기 때문이다.

탈성장의 여건은 이미 무르익고 있다. 2017년 여름 한국이 겪었던 가뭄은 기후 변화가 비껴갈 수 없는 문제임을 보여 준다. 고속 성장 위에 세워진 경제가 애써 유지되어 가는 듯 보이지만, 번번이 찾아오는 위기를 언제까지 버틸지 위태롭기만 하다. 최근 빠르게 일어났던 한국 사회의 변화에도 어딘가 부족하다고 느끼는 독자에게 우리 사회가 앞으로 나아갈 방향에 대한 생각의 실마리를 제공해 주는 것이 이 책의 역할이 아닐까 생각한다.

번역을 처음 해 본 것은 아니지만, 한 권의 책을 번역하는 데 얼마나 많은 시간과 노력이 드는지 몰랐기에 선뜻 나설 수 있었던 듯하다. 단어와 문장을 최대한 쉽게 번역하고자 애를 썼지만, 여전히 읽기 쉽지 않다면 역자의 서투름을 탓해 주시길 바란다. 늦어지는 일정에도 묵묵히 기다리고 또 응원해 준 저자들과 그물코 출판사에 감사드린다.

2018년 9월 베를린에서

강이현

자코모 달리사(Giacomo D'Alisa)
경제학 박사이며 생태경제학자이자 정치생태학자이다. 2012년부터 바르셀로나자치대학
교 환경과학기술연구소에서 일하고 있다. 이탈리아 캄파니아의 불법 폐기물 처리 문제를
연구했다. Research & Degrowth 회원이다. 탈성장 사회로 전환이란 사회적 데팡스에 뜻
을 둔 개인의 점차적인 변화라고 믿고 있다. giacomo_dalisa@yahoo.it

페데리코 데마리아(Federico Demaria)
바르셀로나자치대학교 환경과학기술연구소 박사 과정. 인도 자와할랄네루대학교 과학정
책센터 소속. 생태경제학과 정치생태학을 연구하며 인도의 폐기물 정책에 초점을 두고 있
다. 생태적 분배 갈등과 환경 정의를 분석하는 세계적 연구 프로젝트인 EJOLT(www.ejolt.
org)에 참여하고 있다. 2006년 이후 탈성장 운동과 토론에 참여해 왔으며 Research &
Degrowth 공동 설립자로 참여했다. federicodemaria@gmail.com

요르고스 칼리스(Giorgos Kallis)
생태경제학자. 유럽정치생태학네트워크 코디네이터. 바르셀로나자치대학교 교수 임용 전
그리스 에게해대학교에서 환경정책과 계획으로 박사 학위를 받았으며, 미국 버클리대학
교 에너지와 자원 팀에서 박사후 과정으로 일했다. 스페인 바르셀로나 폼페우파브라대학
교에서 경제학을, 영국 임페리얼 칼리지 런던에서 화학과 환경공학을 공부했다. Research
& Degrowth 회원이다. giorgoskallis@gmail.com

옮긴이 강이현
1983년 수원에서 태어나 연세대학교 정치외교학과를 졸업했다. 2006년부터 2010년까지
《프레시안》 사회팀 기자로 일하며 교육, 문화, 인권, 환경 등의 취재를 했다. 이후 환경 문
제에 대한 공부를 시작해 영국 서식스대학교에서 기후 변화와 개발학 석사 학위를 받고
국제노동기구, 한국환경정책·평가연구원에서 일했다. 현재 독일 뮌헨공대에서 기후 변
화 정책에 관한 박사 논문을 쓰고 있으며, 자연 환경과 사회가 공존하는 방법과 이를 위한
정책에 관심이 많다. 2007년 '삼성 사태'를 취재한『삼성왕국의 게릴라들』, 지역 먹거리
정책과 식량 주권 운동을 다룬『밥상 혁명』을 다른 기자들과 공동으로 펴냈다. sealovei@
gmail.com

탈성장 개념어 사전

무소유가 죽음이 아니듯, 탈성장도 종말이 아니다

1판 1쇄 펴낸날 2018년 9월 20일

엮은이 자코모 달리사, 페데리코 데마리아, 요르고스 칼리스 외
옮긴이 강이현
펴낸이 장은성
만든이 김수진

출판등록일 2001.5.29(제10-2156호)
주소 (350-811) 충남 홍성군 홍동면 광금남로 658-8
전화 041-631-3914 전송 041-631-3924
전자우편 network7@naver.com 누리집 cafe.naver.com/gmulko

ISBN 979-11-88375-10-3 03300